大 学 问

始 于 问 而 终 于 明

守望学术的视界

清代的法律、社会与文化

社会与文化

黄宗智 著

民法的
表达与实践

广西师范大学出版社

·桂林·

清代的法律、社会与文化：民法的表达与实践
QINGDAI DE FALÜ SHEHUI YU WENHUA: MINFA DE BIAODA YU SHIJIAN

图书在版编目（CIP）数据

清代的法律、社会与文化：民法的表达与实践 / 黄宗智著. -- 桂林：广西师范大学出版社，2024.7
（实践社会科学系列）
ISBN 978-7-5598-6735-3

Ⅰ．①清… Ⅱ．①黄… Ⅲ．①法制史－中国－研究－现代 Ⅳ．①D929.49

中国国家版本馆 CIP 数据核字（2024）第 022424 号

广西师范大学出版社出版发行

（广西桂林市五里店路 9 号　邮政编码：541004）
（网址：http://www.bbtpress.com）

出版人：黄轩庄
全国新华书店经销
广西民族印刷包装集团有限公司印刷
（南宁市高新区高新三路 1 号　邮政编码：530007）
开本：880 mm ×1 240 mm　1/32
印张：10.625　　字数：240 千
2024 年 7 月第 1 版　　2024 年 7 月第 1 次印刷
印数：0 001~5 000 册　定价：89.00 元

如发现印装质量问题，影响阅读，请与出版社发行部门联系调换。

"实践社会科学系列"总序

中国和美国的社会科学近年来多偏重脱离现实的抽象理论建构,而本系列丛书所强调的则是实践中的经济、法律、社会与历史,以及由此呈现的理论逻辑。本丛书所收入的理论作品不是由理论出发去裁剪实践,而是从实践出发去建构理论;所收入的经验研究则是那些具有重要理论含义的著作。

我们拟在如下三个子系列中收入精选后的重要作品,将同时推出中文版和英文版;如果相关作品已有英文版或中文版,则将其翻译出版。三个子系列分别是"实践法史与法理""实践经济史与经济学""中国乡村:实践历史、现实与理论"。

现今的社会科学研究通常由某一特定的理论立场出发,提出一项由该理论视角所生发出的研究问题,目标则是证明(有时候是否证)所设定的"假说"。这种研究方法可以是被明确说明的,也可以是未经明言的,但总是带有一系列不言而喻的预设,甚或是无意识的预设。

因为当下的社会科学理论基本上发端于西方,这种认识论的进路经常伴随着西方的经验(诸如资本主义、自由市场、形式主义法律等),以及其理论抽象乃是普适真理的信仰。而在适用于发展中的非西方世界时,社会科学的研究基本上变成一种探索研究对象国家或地区的不足的工作,经常隐含或者公开倡导在西方"模式"道路上的发展。在经济学和法学领域内,它表现得最为明显,这是因为它们是当前最形式主义化和意识形态化的学科。而中国乡村的历史与现实则是最明显与主流西方理论不相符的经验实际。

我们的"实践社会科学系列"倡导把上述的认知过程颠倒过来,不是从源自西方的理论及由此得出的理论假说出发,而是从研究对象国家的实践历史与现实出发,而后进入理论建构。近代以来,面对西方在经济、军事及文化学理上的扩张,非西方国家无可避免地被卷入充满冲突性斗争的历史情境中——传统与西方"现代性"、本土与引进、东方与西方的矛盾。若从西方理论的视野去观察,在发展中国家的历史社会实践中所发生的现象几乎是悖论式的。

我们从实践出发,是因为不同于理论,实践是生成于研究对象国家自身的历史、社会、经济与政治的情境、视域和话语内的。而且由实践（而非理论）出发所发现的问题，更有可能是所研究国家自身的内生要求，而不是源自西方理论/认知所关切的问题。

实践所展示的首先是悖论现象的共存——那些看起来自相矛盾且相互排斥的二元现实，却既真实又真切地共存着。例如，没有（社会）发展的（全球化的）商业化、没有民主的资本主义，或者没有相应司法实践的西化形式主义法律。其挑战着那些在它们之间预设因果关系的主流西方理论的有效性，因此呼吁新理论的构建。此外，理论往往由源自西方的形式演绎逻辑所主导，坚持逻辑上的前后一贯，而实践则不同于理论，惯常地容纳着看起来是自相矛盾的现象。从实践出发的认知要求的是，根据实践自身逻辑的概念化来建构理论——比如中国的"摸着石头过河"。

从实践出发的视野要求将历史过程作为出发点，要求由此出发的理论建构。但是，这样的实践和理论关怀并不意味着简单地拒斥或盲目地无视西方的社会科学理论，而是要与现有理论进行自觉的对话，同时自觉地借鉴和推进西方内部多样的非主流理论传统。此类研究还可以表现在实际层面上，在西方主流的形式主义理论以外，有必要结合其他理论传统去理解西方自身的经验——例如，结合法律实用主义（以及马克思主义和后现代主义）和主流的"古典正统"法学传统，去理解美国法律实践的过去和现在，或者结合马克思主义、实体主义和主流的亚当·斯密古典自由主义经济学传统,去理解西方的实践经济史。更重要的还在于,要去揭示这些存在于实践中的结合的运转理论逻辑,在这些看起来相互排斥的二元对立之间,去寻找超越"非此即彼"之逻辑的道路。

我们的丛书拟收入在实践法史与法理、实践经济史与经济学,以及中国乡村的实践历史、现实与理论研究领域内的此类著作,也包括讨论中国创新的著作。这些创新已经发生在实践内,却尚未得到充分的理论关注和表述。我们的目标是要形成一系列具有比主流形式主义研究更适合中国历史、现实的问题意识和理论观念的著作。

黄宗智

重版代序

此书第一版(原版书名《民事审判与民间调解:清代的表达与实践》,中国社会科学出版社 1998 年版)出来之后,我于 1999 年 3 月先后在北京大学、中国政法大学、中国社会科学院经济所和历史所、中国人民大学清史所、中山大学等单位介绍了我近十年来的研究,约有一半的内容是对此书的总结介绍。该报告的讲稿,因是特地为国内听众写的,可能比英文原作的序更贴近国内读者的话语环境。这次重版,谨以该稿的有关部分,稍加修改补充,作为代序。

我这本书,除了过去人们常用的资料,主要使用了地方诉讼档案,包括四川巴县(今属重庆)、顺天府宝坻县及我国台湾地区淡水分府和新竹县的档案。另外用了一些民国时期的诉讼档案,以资比较。再则是南满洲铁道株式会社(以下简称"满铁")的调查资料,它有相当丰富的关于村庄亲邻调解的资料。

我从诉讼档案得出的一个主要结论是:法律制度的实际运作与清代政府的官方表述之间有很大的差距。本书称之为"实践"与

"表达"之间的"背离"。

清政府的表达

先谈谈国家政权的表达。它本着儒家的统治思想对人民摆出的首先是一副仁者的面孔,譬如国家禁止"违禁取利",抑制高利贷,把合法的利息禁止在月三厘,并且规定利息总额不允许超过所借的本额。又譬如,国家规定地主不允许"以威力制缚人"、私禁其佃农或对之用刑。这是国家保护弱者的儒家仁慈的一面。

同时,国家在人民面前也摆出法家严肃的另一面。君主总揽大权,人民没有独立于君权的权利。国法主要是一套犯禁惩罚的条规。违犯国家关于结婚程序、继承规则、土地买卖等的规定,是要用笞杖刑的。

国家这两副面孔合并起来,即所谓"父母官"。地方县令相对人民,既是严父也是慈母,人民好比年幼的孩子。这是国家在人民面前摆出的自我形象。

从意识形态来说,国家政权的统治手段是仁政。地方官员是儒家的仁者君子,他们以身作则,感化子民,使大家和睦相处,无争无讼。这是儒家的理想。

伴随这套统治思想的是一整套的官方话语,我这里只扼要举两个例子。县官既然是仁者君子,地方政治如果没能达到理想,一个可能是县官不仁,但更普通的是地方胥吏不好,鱼肉人民。这是清政府构造的现象和道理。《大清律例》对这个构造的现象有个专用名词——"衙蠹",它主要是指胥吏和衙役。清代官方认为,这种

"小人"像蛀虫蛀坏书一样,蛀坏衙门的政治。

与"衙蠹"一词相似,清代官方话语中另有两个标准化了的名词:"讼师"和"讼棍"。在儒家的理想之中,仁人君子本着儒家精神不会与人有争,更不会涉讼上法庭。一个执行仁政的县官,他会感化子民,使他们也不会涉讼。这样,如果还是有人上法庭,应该归咎于一些不道德的小人:《大清律例》把这种唆使良民涉讼的人统称为"讼棍"和"讼师"。前者一般在衙门活动,不少是衙蠹之中的分子;后者在社会上活动,唆使好人涉讼,从中取利。这是清政府的另一建构。(这里需要稍加补充:"讼师"一词,原有它良性的一面,是指深通法律为人申冤的法律专家——"师",《大清律例》就有这样的解释。但是,在仁政底下无诉讼的强大意识形态之下,"讼师"后来变为只有恶性含义的法律用语。)

清代这套话语有它的内在逻辑。与执行仁政的父母官相对立的是衙蠹,君子的反面是小人,贤良的县官的反面是恶毒的衙蠹。同样地,懂得道德、知道让人的君子和"良民"的反面是不仁的讼师讼棍(又或是"刁民")。这样,好人坏人成对并列,区别鲜明。地方政治决定于这种好坏鲜明的对立。这是清代官方的建构和话语之中的逻辑。

当然,清代官方话语不完全是道德说辞,它也有比较实际的一面。《大清律例》本身就是一个多层面的混合体。一般来讲,它的四百三十六条律比较道德化、理想化,而它在清末的将近两千条例则比较实际。举一个例子:第八十七条律规定(台湾学者黄静嘉对薛允升 1905 年的《读例存疑》做了仔细的编校,为各条律例加了顺序的编号。我这里用的是他的编号):"凡祖父母父母在,子孙别立户籍分异财产者,杖一百。"表面看起来,清代法律是不允许父母在世的时候分家的。但大家知道,小农家庭比较普遍地在弟兄成婚之后就分家。《大清律例》有它实际的一面,它接着在例八十七第一条上写明:"其父母许令分析者听。"这样,律例在表明儒家理想状态的同时,也实际地容纳了社会习俗。

这里,我们可以区别道德化话语和实际性的话语,对清代法制的官方话语本身做出多层面、多元性的研究。再举一个例子:清代《牧令书》和《幕学举要》这类官箴书,也就是说县官和刑名幕友"手册"类的著作,一般都要做一些公式性的道德化说教;诸如仁政的理想,教诫人民不要涉讼,以及对胥吏衙蠹和讼师讼棍的怪罪。这些都是当时比较标准化了的话语。但在这个层面以外,这些手册性的书里还都有比较实际和具体的指示。这点我下文还会提到。

但是,总的来讲,关于民事诉讼,清代官方表达给我们呈现的是这样一幅图像:

(1)民事诉讼不多。首先是国家意识形态认为这种诉讼不应当有,即使有,也不过是"细事",中央政府不大关心,由州县来"自理"。(2)再者,一般良民是不会涉讼的,如果涉讼,多半是受了不道德的讼师讼棍的唆使。(3)县官们处理民事诉讼案件的时候,一般是像父母亲处理孩子们的争执那样,采取的是调处的方法,用道德教诲子民,使他们明白道理,并不都依法律判案。这些表达,都与我上面讨论的仁政意识形态有关。

法律制度运作的实际

然而,诉讼案件档案显示的却是不同的图像:

第一,民事诉讼案件占了县衙门处理案件总数的大约三分之一。这是我从巴县、淡水-新竹和宝坻县档案得出的比例。到了20世纪30年代,民事案件的比例上升到大约一半。清代的诉讼案件占三分之一,这个比例也可以见证于刚才提到的县官和刑名幕友手册类的资料(详见本书第二、七两章)。用一句话说,清代官方话语所谓的"细事"案件,实际上是地方衙门处理事务之中极其重要和占相当比例的一部分。方大湜在他的《平平言》中说得很明白:"户婚田土钱债偷窃等案,自衙门内视之,皆细故也。自百姓视之,则利害切己,故并不细。"方更进一步说明,"一州一县之中重案少,细故多"。他又劝诫他的同僚们说:"必待命盗重案,而始经心,一年能有几起耶?"像方氏这样的话,就是我刚才提到的官方话语之中比较实际性的话语。

第二,诉讼当事人大多数是普通人民,上法庭多是为维护自己的合法利益而迫不得已。我从628件案件之中,鉴别了正好500名原告的身份背景,其中有189人是普通农民,20人是农村的雇农,51人是普通地主,另外82人是城镇的普通居民,25人是功名士子,33人是商人,剩下的是少数的大地主、大贷户、集体团伙,等等。他们不符合官方话语中形容的诉讼当事人。

第三,衙门处理纠纷的时候,要么让庭外的社区和亲族调解解决,要么就是法官听讼断案,依法律办事。但县官本身极少在庭上进行调解。我统计了628件案件中221件经过正式堂讯的案件,其中只有11件案件是由县官仲裁处理的,令双方都做出退让,其他的全是法官当场断案,明判是非。从案件档案来看,清代法庭很少像官方表达的那样,从事法庭调解。

我们稍加思考便可以理解,一个县令,是不会,也没有可能采取老解放区和改革以前那种马锡五办案方式去处理案件的,也就是说不会由法官循着"群众路线"深入调查,访问当事人的亲属邻居,然后做思想工作,说服纠纷双方息事宁人。他没有这样的意识,也没有如此的空闲。他们一般都是"坐庭判案"的。还有,县令们虽然在自己的写作之中,喜欢按照当时官方话语的习惯,把自己表达为一个仁人君子,凭道德感化开导子民,但他们实际上是一个庞大复杂的官僚机构的底层分子。为自己的官僚前途计,对他们来说,最安全妥当的办案方法是按律例规章行事。

汪辉祖在这一点上,说得最实际最透彻。他在《学治臆说》里清楚区分了法官堂讯的"断"和民间社区和亲邻的"调解"或"调处"。他是这样说的:"盖听断以法,而调处以情","可归和睦者,则莫如亲友之调处"。意思是:法官是凭法听断的。做调解的是亲邻,不是法官。他进一步解释说:"法则泾渭不可不分","情则是非不妨稍借"。他的意思是:要是能在庭外通过亲友和睦解决纠纷,大家不伤感情,那最好。但上了法庭,就只好秉公办事,依法断案,使是非分明。这样,败诉的一方多半会怀恨于心,双方长期互相敌视,所以不如由亲友调解那样可以和睦了结。因为认为知县要凭法听断,他告诫当县令的同僚,必定要熟读律例,叫他们"每遇工余,留心一二条,不过数月,可得其要。惮而不为,是谓安于自怠,甘于作孽矣"。

这里,我要对知县的听断,稍微做一点比较具体的说明。譬如,一个典卖了一块土地的农民,可能会在十几年之后向买主要求回赎土地。而买主,因为他已经长期掌握了这块地的使用权,对它的占有意识会是比较强烈的,他很可能拒绝让卖主回赎。要是闹到官府,而又坚持到堂讯,县官一般首先要检验原来的典契。如果上面写了"绝卖""永不回赎"字样法律有明文规定者,是不可以回赎的。如果没有,法律同样明确规定,在三十年期限之内,一概允许回赎(例第九十五条之七)。诉讼案件之中,像这样的案件比较多。知县的判决都很明确,没有什么"调解"可言。

再则是,一个孀妇,如果平日和堂侄子们相处得不好,可能会想从另外的同宗侄子们中另选一个嗣子。但她的叔伯们肯定会有意见,因为他们认为他们的儿子才是法律上"应继"的嗣子。明清以来,这样的纠纷比较多。从乾隆四十年(1775)之后,法律明文规定,允许孀妇不选"应继"侄子,另选她比较喜欢的"爱继"侄子(例第七十八条之五)。这是因为国家法律考虑到她的赡养问题。像这样的案例,一般也没有什么"调解"可言。知县判案,都是非常明确的。

此外,债务纠纷之中,法律立场也很明确,欠债是要还的。在这个大原则下,知县听断,也没有什么调解可言。当然,他可能会考虑到欠债人的困难,允许延期或分期偿还。

最后,是婚姻纠纷。比较多的是一方违反婚约,因此闹上法庭。律例在这方面的规定,也相当明确。订立婚约过程之中,不允许一方歪曲事实,欺骗对方。一旦成立,不允许拖赖不依婚约完成婚事。

《大清律例》关于类似这些比较普遍的争执的规定,并不比《中华民国民法》简略。我们不要以为清代法律只是一个刑法,没有民事内容。它与民事有关的规定,总共有八十多条律、三百多条例。其中关于继承的规定就相当详细,有一千一百多字。中华民国成立之后,并没有立刻采用沈家本等根据1900年德国民法典所拟的新民法草案,而是援用了旧律例的民事部分(即经过修改,自称《大清现行刑律》的"民事有效部分")。直到1929—1930年颁布了《中华民国民法》才停止。我用的221个知县听断案例主要是上述这些类型。

大家也许会问:628件案件之中如果有221件是经过正式堂讯结案的,那其他的案件是怎样结案的呢?不出所料,大部分是经过民间调解解决的。我这里又要做一些说明。清代社会,遇到纠纷第一步就是亲邻调解。调解不成,才会由一方的当事人告上法庭"打官司"。但是,进入官府,并不意味着亲邻调解就此停止。相反,他们会更积极地试图解决问题。同时,当事人因为事情搞得严重了,又或是以为庭判将会对自己不利,常会在这种情况下做出进一步的退让。这样,事情很可能就此解决。按照清代法律制度的程序,在这种情况下当事人应该向法庭正式具呈,恳请销案。618件案件之中,有114件案件有这样的记录。

此外,除了这114件案件和另外221件案件有明确判决,剩下的是没有明确结局记录的案件。其中有的有中止的理由记录,较多的是出去传讯的衙役回报找不到当事人,共36件案件。再剩下来的是没有明确记录中止理由的案件。数量最大的,是档案停止于知县批说决定受理而饬令发出传讯。这样的案件里面应该有相当一部分,是因为民间的进一步调解解决了纠纷。但即使解决,当事人也没有像法律程序要求的那样,到衙门正式具呈要求销案。因此,在记录之中便没有明确的结局。我们也许可以估计,在当事人呈状之后,通过进一步民间调解解决的案件,应该最起码占全数的三分之一。这是大家意料之中的现象。

我这里要强调的是,我们不要混淆法庭的行为和民间的调解。清代县官堂讯办案,一般都依法断案,是非分明。他们极少像官方一般的表达那样,以情来调解,使双方和睦解决纠纷。这是儒家的理想和官方话语的描述,不是实际运作之中的情况。

我们把清代法庭想象为以调停为主要处理民间纠纷方法的习惯,主要原因是受到清代官方表达的影响。此外,革命以来,法庭大规模地实行法官调解,把过去民间的调解纳入官方法律(和党政行政机关)系统之下,又宣传说法庭调解乃中国旧有的优良制度,致使我们把清代的法庭也想象为革命以来的法庭那样。档案所显示的事实,是清代县官绝少在庭上进行调解,而多像汪辉祖说的那样依法断案。

民间调解

民间的调解则和衙门法庭审判不同。满铁对华北三个村庄的调查资料中,有41件纠纷案件的详细资料(其中有18件案件后来演变为诉讼案件)。这些资料证明,民间的调解,正如汪辉祖说的那样,是以妥协而不是以法律为主的,它的目的不在于执行国法,而在于维持社会的和睦人情关系。

在表达层面上,民间调解在官方话语的影响之下,也谈到"情""理""法"三个因素,但它对这些词语的理解和使用,是与官方话语不同的。"理"指的主要是普通意义的"道理",而不是儒家意识形态之中的"天理";"情"指的主要是人际关系中的那种"人情"(如"做个人情"或"送个人情"),而不是儒家意识形态中那种仁者的同情心。

广义的清代法律制度在其运作之中,同时包含了国家官方的"正式"司法制度和民间的"非正式"纠纷处理制度。一个是以国法和审判为主的,一个是以妥协和调解为主的。另外,正式和非正式的制度相互影响,相互作用。知县对各个状词的批词,当事人一般都能看到,这样知县的批词会在正式堂讯之前影响到社区调解的进展。同时,在社区进行的调解,如果成功,正式制度进行中的诉讼便会中止。像这样由国家法庭和民间调解相互作用组成的空间,我称之为法律制度中的"第三"或"中间"领域。

对清代法律制度的理解

本书的中心论点是:清代的法律制度是由背离和矛盾的表达和实践组成的。官方的表达和法律制度的实际运作,既矛盾又统一(我这里讲的"矛盾",当然不是完全对立的那种矛盾,而是既对立又统一,既背离又抱合的那种矛盾)。清代法律制度,一方面具有高度道德化的理想和话语,另一方面它在操作之中又比较实际,能够适应社会实际和民间习俗,这是此制度之所以能够长期延续的秘诀。我们既不能只凭它的表达和意识形态来理解它,也不能只凭它的实际行为来理解它,而应看到它在表达和实践双方面的互相依赖和互相矛盾。

清代法律制度的表达不仅决定了它的话语,也决定了它的许多行动。这里简单举两个例子。它的君主集权意识形态阻碍了法律制度向司法独立和公民权利的方向演变,法律制度始终可能受到行政权威的干预。另外,它对民事的表达(由州县自理的细事)阻碍了民事法律制度的充分细致化和标准化,妨碍了程序法的充分发展。因此,我们不应陷入行为主义的误区,忽视表达的重要性。

这里,我要简略地提一下我和日本学者滋贺秀三及其学生寺田浩明之间的争论。主要可以分为三项:第一是出于误解的。我在这本书出版之前,先发表了两篇实证性的论文,其中并没有提出我这本书的中心论点。但他们却以为我是行为主义者,无视表达的重要性;又以为我是计量主义者,认为行为的定量是历史的决定性因素。第二是在一个实证问题上的分歧。我从诉讼档案看到的现象是知县听讼,一般不做调解,堂讯一般当场断案,是非分明。而滋贺认为县官听讼,主要行动是调解。这一分歧其实没什么好讨论的,将来使用档案的人多了,这问题会自然解决。第三是我们在研究方法和历史观上的分歧,这才是真正的分歧。滋贺他们研究法制的方法,主要是德国传统的法理学,要求抓住一个法律传统的甚至整个社会和文化的核心原理。滋贺特别强调情、理、法的结合。而我的研究方法,首先要求区别不同层次的官方表达,再注意到官方表达和民间表达的不同。我认为不可以把两者的相同作为前提,两者背离之处有时正是关键问题之所在。更重要的是表达和实践的背离,官方所说常与所为不一致。我们不应把官方的表达等同于实践。滋贺对情理法原理的分析,我认为主要是对官方表达的分析,有它一定的价值,但不能等同于法律实践和整个法律制度。最后,我们研究社会史的人,讲究的是在一个结构/环境之中,不同当事人所做出的抉择。滋贺基本不理会这个问题,这是我们的另一个分歧。

我和滋贺在分析方法上的不同,可以用下面的例子来进一步说明。清代法律制度要求当事人在法官做出判决之后,具结说他心甘情愿接受并遵循法官的判断。滋贺认为这个制度正好证明了他对清代法理的分析,说明它是一个"教谕性调停"的制度。但档案资料显示的,是这种具结只不过是形式性的东西。知县一旦做出判决,当事人是没有选择余地的。负方非具结不可,不然是会受刑或被押不放的。所以,这种制度虽然在理念上与西方的判决不同,但绝不可看作是真正的调解制度。当时的知县,就像汪辉祖说的那样,把县官的"听断"和民间的亲邻调解,看作性质完全不同的两码事,也就是汪辉祖的所谓"听断以法""调处以情"。一个是法庭所为,一个是亲邻所为。滋贺没有区分法官的"听断"和民间的"调处",这是不符合当时实际的。而他之所以有这样的看法,是他把理念等同于实际操作。区别表达与实践,这是我的中心论点,也是我和他的基本不同(滋贺和我的论争可以见于日文学刊《中國——社會と文化》的"小特集",13号,1998年)。

正如上面提到的,我这本书区分了《大清律例》和知县及其幕友"手册"中道德化的和比较实践的说辞,再则是官方话语和民间话语的不同。譬如,官方的"天理""人情""国法"与民间调解中的"情理"的不同;更重要的是表达与实践之间的不同,如清代"细事""调处""衙蠹""讼师""讼棍"等的表达和衙门实践的不同;另外是官方正式审判制度和民间调解制度的不同;最后是清代法律制度中的结构和抉择。本书从这个角度区分法律制度的结构和当事人的种种行为和策略,并区分了两种法律制度运行的模型:一个是商品化程度较高的19世纪下半期的淡水-新竹,一个是属于比较纯粹的小农社会的18至19世纪上半期的巴县和19世纪的宝坻县。

最后是与过去影响较大的马克斯·韦伯理论的对话。韦伯在他构造抽象类型的那部分写作中,企图把中国作为西方的"他者",把西方近代等同于"理性"的"形式主义"法制,把中国等同于非理性的"实体性"的"卡迪法"。他这个二元对立构造是不符历史实际的。其实,韦伯本人在讨论中国的历史实际时,便已初步考虑到其抽象类型构造的不足。本书从他自己提出的"实体理性"尝试性命题出发,加以新的解释和延伸,说明中国的法律制度乃是一个由矛盾的表达和实践共同组成的,是一个包含既背离而又抱合的因素的统一体。它的正式制度和非正式制度,以及它的君主集权世袭主义(patrimonialism)意识形态和它的官僚制(bureaucracy)实践,如它的道德化表达和实际性运用一样,是一个制度的两个方面。两者的既对立而又统一,是清代法律制度的根本性质。

中文版序

此书原稿是用英文写的,对象是美国学术界的同行。现在翻译成中文,由国内读者来看,难免会显出一些话语上的间隙。长期以来,美国学术界对中国法律文化有种基本的看法:中国法律传统中政治自由权利不发达,而此种自由,乃是英美现代民法的根本,缺乏这种传统,便不可能具备现代型的民法。为此,学术界一般认为,清代并无"真正的"民法可言。拙作为了纠正这一误识,花了相当的篇幅论析民法的概念和实际。对国内读者来说,这些讨论可能会显得多余。清代具有民法,早已是国内同仁的共识。中国法制传统中,一直都没有把民法等同于政治权利或今日的所谓"人权"。

此外,本书书名中用"表达"(representation)一词,国内读者乍看可能会觉得不太好理解。我用"表达"首先是指对事实的描述,它可能符合真相,也可能与之背离。清代国家对其法制的描述,多有背离实际之处。区别其描述与实践,乃是此书的一个主题。其次是事实的理想化。国家政权一般都会提出一套理想,作为其统治思想的一个主要部分。清代此种理想对事实的歪曲,也是本书的一个主题。最后是描述与理想的深层构成逻辑。本书的"表达"一词,同时具有这三重含义。

再者,阐明中心论点时,此书英文版多次用了"paradox"一词。"paradox"主要是指两个似乎相悖的主张或事实的并列,为此给人一种难以置信的直觉,但实际上却是真实的。我过去的写作中,用了"悖论"一词来翻译"paradox",那是为了突出它与以往经典理论的相悖。例如,"没有发展的商品化"和"没有发展的增长"。此书的论题,不牵涉到经典理论,主要强调表达与实践之间的背离和统一。因此,"悖论"一词并不恰当,倒是国内通用的"矛盾"比较贴切。清代官方有关其法制的表达与实践相互矛盾,但又共同组成一个不可分割的整体,这是本书的中心论点。

本书使用的主要资料,是清代巴县、宝坻县和淡水分府-新竹县的诉讼档案。回想15年前,我曾经呼吁学术界多注意乡村社会经济史,使用地方政府档案和实地调查资料。今日想在此提议多研究法律文化史,使用各县诉讼档案。法律文化史不同于社会经济史,它必然涉及表达的一面,促使我们兼顾实践与表达两方面。同时,诉讼案件档案,尤其使用县级民事案件的学者极少,这是一个等待发掘的宝库。希望历史学界和法制史学界的同仁,都去多多利用。

此书的翻译工作,由我的两位博士生刘昶和李怀印分担。他们是前途无限的中青年学者。他们从自己宝贵的研究写作时间中抽空为我翻译此书,谨此向他们表示衷心的感谢。译稿经我自己三次修改校阅已基本准确。但因是翻译稿,文字没有能够达到与原作相等的水平,尚请国内读者见谅。

英文版序

在做了 15 年的乡村社会经济史研究并写了两本书之后,法律制度史对我来说是一个新的尝试。法制史不仅是课题本身,而且就其资料的性质来说,都与我以前所熟悉的历史资料大异其趣。譬如说,与农作物的生产记录不同,法律资料通常同时包括表达与实践这两个方面。一个案子中的告状和辩诉词,包含了告辩双方对案情的陈述表达,以及关于他们的行动的迹象。法庭的判决则包含了县官的陈情推论和实际裁决。而《大清律例》和"牧民须知"之类的手册,也同时包含着意识形态的说教和对实际操作的指导。对我来说,最令人感兴趣的是法律制度中实践与表达之间最终表现出来的相互背离。这一事实提醒我们这两个领域的相对独立,而只有两者兼顾才能把握历史真实。这点正是本书所关注的中心。

不过在基本方法上,与我 1985 年和 1990 年的两本书一样,这本书的研究也是从一批鲜为人们所用的资料(这次是法庭记录)入手。像之前一样,在仔细阅读了原始资料后,我发现许多现象无法用本学科的一些现存的观点来解释。于是,我试图提出新的概念来思考这些新的实证材料。在这样做的时候,我参阅了一些理论文献,不过我尽力避免机械地套用现成的理论模式,或以论证中国和西方一样(亦即不分优劣)来反对某些理论家把中国看成不同于(即劣于)西方的"他者"。我的目的是寻找有用的理论概念来理解经验证据或建立经验证据间的联系,如属必要我也不惮于修改和推进这些理论概念。虽然我从好几位理论家那里得到启发,但我的论点与他们本来的想法之间最终却有相当的差异。

在一个重要的方面,这本书得益于我以前的工作。我以前所用过的"满铁"的日本学者所做的田野调查资料,也包含了现存关于村庄纠纷的最翔实资料。我对相关村庄的了解,使得我能够运用这些资料来重建那些法律案件的社会背景。这本书的课题同时包括了官方法律制度和村庄社区的民间调解。

我很庆幸在这次研究中有许多出色的学者和我一起工作。白凯(Kathryn Bernhardt),我的同事和妻子,与我的研究同时开始从事宋代至民国的法律与妇女的研究。我从我们一起在相关领域的研究工作中获益良多。学问的乐趣因得以与知己共享而更加浓厚。我们还有一批出色的研究生也选择了相关但不同的法制史课题,他们是唐泽靖彦(Karasawa, Yasuhiko)、白德瑞(Bradly Reed)、苏成捷(Mathew Sommer)和周广远。我从他们那里学到的可能和他们从我这儿学到的一样多。他们的博士论文不久将会成书出版。

过去的七年,张伟仁、经君健、郑秦、张晋藩和夫马进诸位先生曾先后来加利福尼亚大学洛杉矶分校短期教学访问,使我得益于与他们的讨论。我和白凯组织的由鲁斯基金会资助的多次学术研讨会,也为我们提供了向前辈法制史学者如包恒(David Buxbaum)、杰罗姆·柯恩(Jerome Cohen)、兰德·爱德华兹(Randle Edwards)和斯坦利·鲁布曼(Stanley Lubman)学习的机会,虽然我与他们中一些人意见相左。此外,年轻历史学家像麦丽莎·麦考利(Melissa Macauley)和马克·艾力(Mark Allee)亦为我们提供了他们的研究成果。读者也会清楚地看到德克·卜德(Derk Bodde)和克莱伦斯·莫里斯(Clarence Morris)、戴炎辉、滋贺秀三和黄静嘉等学者的开创性研究对本书的影响。此外,安守廉(William Alford)、毕仰高(Lucien Bianco)、宋格文(Hugh Scogin)和罗威廉(William Rowe)在本书写作的不同阶段提供过有益的建议。特别是白凯,我的几本书的书稿都经她阅读和评论。本书英文稿定稿杀青时,我再次有幸与芭芭拉·米努金(Barbara Mnookin)合作,而她为一本已经相当成熟的书稿所做的修改润色再次使我惊奇。

最后我要感谢中国的档案工作者并再次感谢"满铁"的研究者们,没有他们的工作,我就无法看到法律如何实际地运作,并把它放到民间调解的背景中来理解。美中学术交流委员会和鲁斯基金会提供的基金,使我能够在1988年和1990年去中国的档案馆访问并复制法律案件。

我要提醒读者,不同于其他历史文件,法律案件总是戏中有戏。每件案件都包含了不同课题的有用材料,如法律程序、县官裁决或土地买卖和遗产继承,但同时也记录了一幕人生戏剧。选择在这幕戏中表现什么和省略什么,是一个棘手的难题。我希望本书的处理适可而止,既插入了一些生动的细节,又不至于冲淡本书的主题。

黄宗智

1996 年 2 月于 Pacific Palisades

目　录

第一章　导论　1
　研究资料　4
　"民事法律"和"民事调判"　6
　一些初步的思考和结论　12
第二章　范畴的定义：共产革命胜利前华北村庄的纠纷
　　　　和诉讼　25
　家庭纠纷与诉讼　29
　邻里纠纷和诉讼　38
　契约纠纷和诉讼　39
　其他的纠纷和诉讼　49
　刑事司法系统　52
　村庄诉讼和县法庭记录　54

第三章　处理纠纷的非正式系统：共产革命胜利前华北农村的民间调解　*59*

契约和交易：中间人　*60*

社区和宗亲调解人　*66*

调解的原则和方法　*70*

民间调解中的妥协、道德和法律　*75*

民间调解的滥用　*78*

民间调解与权力关系　*80*

第四章　处理纠纷的正式系统：大清律例与州县审判　*86*

土地案件　*89*

债务案件　*99*

婚姻案件　*104*

继承案件　*110*

妥协的运用　*113*

无胜负案件　*114*

从法律实践看大清律例　*117*

第五章　介于民间调解与官方审判之间：清代纠纷处理中的第三领域　*123*

清代诉讼的三个阶段　*124*

中间领域的纠纷处理　*136*

第三领域中的弊端及其原由　*143*

正式性、非正式性及第三领域的纠纷处理　*148*

第六章　清代民事调判制度的两种型式　*152*

宝坻-巴县型式　*155*

淡水-新竹型式　*159*

横向(共时)型式与纵向(历时)变化　185

第七章　诉讼的规模、费用和各种策略　188

　　民事诉讼的规模　189

　　民事诉讼的费用　201

　　"衙蠹"　206

　　当事人的抉择与策略　210

第八章　从县官"手册"看清代民事调判　220

　　仁治的理念　220

　　视事实情　223

　　州县活动中的德治文化与实用文化　225

　　受理状词　234

　　"细事"与"民事"　239

第九章　马克斯·韦伯和清代法律及政治制度　245

　　法律制度　245

　　政治制度　253

　　"支配"和"权力"　258

附录A　262

附录B　272

引用书刊目录　273

索引　288

表目录

表1 华北三个村庄的纠纷,20世纪20年代至20世纪40年代 26

表2 华北三个村庄的诉讼案件 27

表3 顺义县案件,20世纪初至20世纪30年代 28

表4 巴县、宝坻、淡新三县案件,18世纪60年代至20世纪初 28

表5 1927年顺义县法院新收民事案件 54

表6 民国时期华北三个村庄及顺义县民事诉讼的主要类别 55

表7 淡水-新竹和宝坻的民事与刑事案件比例,1833—1894年 56

表8 全国和5个县中的民事与刑事案件比例,1918—1944年 57

表9 革命胜利前华北三个村庄的纠纷及诉讼结果 60

表10 单方胜诉土地案 90

表11 单方胜诉债务案 100

表12 单方胜诉婚姻案 105

表 13　单方胜诉继承案　110
表 14　宝坻、巴县和淡新多次堂审发生率(N=堂审案件)　154
表 15　多次堂审的原因(N=多次堂审案件)　154
表 16　原告的社会背景　160
表 17　陕西各县衙门每月审结"细事"案件,1901—1908 年　192
表 18　宝坻县各年案件,1833—1835 年,1861—1881 年　195
表 19　全国(236 个县)及 5 个个别县的民事案件数,1918—1944 年　197
表 20　清代、民国以及革命后的中国与当代美国每十万人之民事案件数　199
表 21　沙井村长工工资、土地价格及小麦价格,1936—1942 年　202
表 22　巴县、宝坻、淡新经民间解决、法庭审决及记录不完整的案件　212

表 A.1　研究的案件(按县份和年代)　262
表 A.2　巴县、宝坻和淡新案件(按年代和类别)　263
表 A.3　巴县、宝坻和淡新案件的结局(按类别)　265
表 A.4　巴县、宝坻和淡新记录不完整的案件(按类别)　267
表 A.5　巴县法庭案件(按案件类别和判决依据)　268
表 A.6　宝坻法庭案件(按案件类别和判决依据)　270
表 A.7　淡新法庭案件(按案件类别和判决依据)　271

第一章 导论

本书的出发点是这样一个问题：在何种程度上新近开放的法律案件可以印证清代国家对它自己法律制度的表达？譬如，清代法庭是不是真的很少审理民事纠纷？好人是不是不打官司，而法律诉讼的增多只是由于奸诈之徒和邪恶的衙门胥吏的无中生有，挑唆渔利？再譬如，县官是不是偏向道德训诫而非法律条文，在审理民事案件时他是否更像一个调停者，而不像一个法官？

这些清代对自己法律制度的表达，在很大程度上影响了我们对它的看法。西方学者、日本学者和中国学者都在不同程度上，至少是部分地接受了上述的观点。过去由于缺少其他的资料，我们难免不受这种官方表达的摆布。本书试图用清代法律的实践来检验它的官方表达，其目的是要理解清代法律制度的真正面目。

法律制度中处理土地、债务、婚姻和继承这四种最常见的民事纠纷和诉讼的部分，是本书经验研究的主要对象。按照清代的表达，这类案件，即使被法庭注意的话，与那些受到国家严重关注的重情要案相比，也只是无关紧要的"细事"。民国和当代的法律则注意到这类诉讼的广泛存在并明确地区分"民事"与"刑事"案件。在本章以下的讨论中，我将在民国和当代中国法律的意义上使用"民事"这一概念。

我之所以研究民事而非刑事案件是同前面的问题相关联的。因为正是在民事领域里，法律的官方表达和具体实践之间的背离表现得最为明显。也正是在这一领域我们可以发现什么人为了什么理由而上法庭。换句话说，这一领域是检验我们以往假设的很好的实验场。

此外，由于清代法律主要关心的是刑事和行政事务而不是民事，如果县官们真的倾向于法外调解而非拘守法律条文，那么他们在处理民事时就更是如此。用中国传统的政治话语来说，清代的民法比刑法更强调道德化的"人治"而非严苛的"法治"。在西方的理论话语中，按照马克斯·韦伯（Max Weber）的说法，这种建立在县官个人意志之上的清代民法更接近于专断随意的"卡迪法"①，而非"理性的"现代法律（韦伯，1968，976—978；2：812—814，844—848；并参见2：644—646）。反过来说，如果我们的流行看法对民事案件来说是不正确的，那么，它们对刑事案件也必然是错的。

不仅如此，法律制度中的民事领域是国家机构与广大民众相接触的主要领域。除了缴粮纳税，广大民众只有在土地买卖、财产继承等日常事务中遇到纠纷需要官方介入时才直接和国家政权组织打交道。因此，县官老爷们如何处理这些纠纷可以揭示国家与

---

① "卡迪"（kadi）一词指的是伊斯兰教的地方官，韦伯著作的英译者使用了不同的拼法，亦作 khadi。

社会关系的基本图像:如国家如何在社会面前表现自己,国家官员如何行使他们的权力,一般民众如何看待国家,他们如何对待官方权威。我们如果要修正我们对民法制度的通常看法,就必然要同时修正我们对清代国家性质及它同社会之间关系的看法。

更进一步说,法律不同于国家制度和国家与社会关系的其他方面,因为它最为明显地包含了表达与实践这两个方面。司法行政总是带有刻意经营的意识形态的缘饰,研究法律制度因此必然要同时研究国家的统治思想。另外,法律文件不仅是国家和它的官员们对其行为的解释,还同时记录着他们的行为。法律资料因此与纯意识形态的宣告和记录各朝大事的实录不同。法律案件可以让我们看到法律从表达到实践的整个过程,让我们去探寻两者之间的重合与背离。在这里我们需要考察的是国家会不会说一套做一套,而不应去预设国家言行必然一致。

当然,这并不意味着国家说的只是空头文字,而法律的真实性质只体现在其实际行动中。本书要澄清的是,清代法律制度就像清代国家一样,只能通过其道德表达与具体实践的系统相关来理解。而表达和实践之间的背离才真正界定了这一制度的本质。

对县官和诉讼当事人的心态和行动也必须这样来理解。县官老爷们的道德辞令和具体做法乍看相互抵牾,正像一些诉讼当事人表面上的懦弱温顺与实际上的无耻狡诈看上去难以共存一样。本书所要争辩的是:清代法律文化中这些似是而非的矛盾,只有放在一个同时考虑表达和实践这两个矛盾方面的解释体系中才可能得到理解。

研究资料

从三个县收集来的 628 件民事案件构成了本书所用资料的主要部分。它们是 1760—1850 年间四川巴县的档案、1810—1900 年间河北宝坻县的档案,以及 1830—1890 年间台湾地区淡水分府与新竹县的档案。① 淡新档案已经开放多年,但巴县与宝坻的资料直到 20 世纪 80 年代才向研究者开放。②

平均而言,一份简单完整的法庭案件的档案大约有七张纸,通常包括原告的状词,上面通常写有县官的意见和批示;然后,如果有的话,是被告的诉词,上面同样有县官的批示;接着是原被告双方的原始口供;再下面是衙役的报告;跟着是法庭的传票;再接下来是涉案者的法庭供词;然后是县官的简短的判语;最后则是涉案者接受判决的甘结。如果有来自涉案双方的多份状词和抗辩提交法庭,这件案件的档案就会十分冗长。而如果一件案件处理经过多次法庭审理,这件案件的档案甚至会有几百页之多。

为了比较,本书也用了一些民国时期的法律案件。民国时期的资料是河北顺义县民国初年至 20 世纪 30 年代间的 128 件民事

---

① 在 1875 年,淡水分府析为淡水、新竹两县,但新竹的案子仍然由淡水分府处理,直到 1878 年年底新竹知县上任为止。本书中我把所有这里的案子都简称为"淡新档案",或"淡水新竹法庭案件"。
② 包恒(Buxbaum,1971)和马克·艾力(Mark Allee,1987,1994)都使用过淡新资料。关于巴县档案的早期报道,请参见黄宗智,1982。曾小萍(Madeleine Zelin,1986)用巴县资料做过租佃关系的研究。我在 1985 年出版的关于华北的书中,用过宝坻的资料来分析 19 世纪县以下半官方的乡保的角色。

案件。这些案件系首次使用。它们通常包括原被告双方的状词和辩诉及他们所提供的补充证据,法庭传票,以及从 20 世纪 20 年代后期开始使用的法庭速记记录和一份详细正规的法庭判决。这份判决先概述涉案者的陈情,然后是法官对案情的看法,以及他所做判决的法律依据。

我们将会看到,在民国时期,法律制度的变化主要在城市而不在农村,主要在其表达而不在其实践。比较民国和清代的案件记录,就可以看到民事裁判的实践在县城和村庄这一层次的基本延续。以当代法律的眼光来看,民国时期在法律表达方面所发生的变化是这一时期法制变化的一个极为重要的组成部分。我将在关于民国和当代民事调解与审判的后续研究中更充分地讨论这一变化。

最后,我运用关于村庄一级民事纠纷的实地调查资料来重建了那些民事诉讼案件发生的社会背景。村庄是最大多数人口居住的地方,清代和民国时期大多数民事诉讼案件都是从村庄的纠纷开始,只有当它们无法由社区和宗族调解时,才会上诉至法庭。因此,我们需要仔细考察这些诉讼案的原委。遗憾的是,据我所知,关于清代村庄纠纷的文字资料基本阙如。因此,我只能用民国时期的资料来填补这个空缺。而我所能看到的最有价值的这类资料,是满铁于 1940—1942 年间在三个华北村庄所做的实地调查。这三个村庄都在河北,它们是顺义县的沙井、栾城县的寺北柴和昌黎县的侯家营。① 这些调查包含发生在1920—1942年间的41起纠纷的详情,其中有18件最后演变为诉讼案件。

这些实地调查资料明白地告诉我们,村庄社区和宗族调解的实践在民国时期变化甚少。当我们结合这一时期和清代的县法庭记录来考察时,我们也可以清楚地看到在村庄生活中正规法律的作用和内容大致不变,许多重要的变化都发生在共产党革命胜利之后。因此,这些村庄的资料可以用来作为研究清代诉讼案件的社会背景。

"民事法律"和"民事调判"

在讨论本书的主要结论之前,我想先解释一下我对"民事法律(民法)"和"民事纠纷的民间调解和法庭审判(民事调判)"这两个概念的使用。我在使用"民法"这个词时,对它的定义与当代中国的"民法"概念相同,指的是与刑事相对的用以处理民事的成文法律条文。② 1929—1930年颁布的《中华民国民法》以"债编""物权编""亲属编"和"继承编"为其四编的标题,它恰当地反映了民法的内容和范围。③

我们将会看到,我的资料所揭示的清代和民国时期常见的民

---

① 关于满铁调查的详细讨论请参见我1985年著作的第二章。在清代,河北是直隶的一部分。直隶还包括今属河南省的大名府。顺义县今属北京市。关于这些村庄的具体地理位置,请看该书第36页上的地图。
② 按照一个早期的规范化说法,"凡因诉讼而审定罪之有无者刑事案件",而"凡因诉讼而审定理之曲直者属民事案件"(《各级审判庭试办章程》,1907:第一条)。
③ 第一编(总则)、第二编和第三编颁布于1929年,第四编和第五编则颁布于1930年。

事纠纷和诉讼,恰好能用这四编的标题来归类。土地、债务、婚姻和继承恰恰是"物权编""债编""亲属编"和"继承编"所关心的主要对象。

这些标题也与清代法律所指"户、婚、田土细事"相吻合。按照清律的概念,这类事务应主要由社会自己来处理。不论从国家关切的程度或从可以施与的处罚来考虑,它们都是细事。清律主要是用"户律"中的律和例来处理这类事务的,并将其分为七章,其中包括"田宅""婚姻""钱债",继承则归入"户役"之下。① 虽然按照官方的表达,"户律"一章大多谈的是细事,但它却占了1740年清律四百三十六条律文中的八十二条,占了1900年左右薛允升所编律一千九百零七例中的三百例。这些律和例构成了我称之为清代民法的主体。

这里必须指出,民国法典中"民法"的概念接近于近代西方法律中大陆法系的传统。该法典事实上是以1900年《德国民法典》为蓝本的。它同样分为五编,除了少数例外,它与1900年《德国民法典》使用的语言和概念也基本相同;它的一千二百二十五个条款中的大多数都来自其德国蓝本(《德国民法典》英译本,1907)。

不过,我的"民法"概念不同于西方的两种通常用法。特别是对当代的英语读者来说,"民事"(civil)这个词运用于法律场合时不可避免地会让人联想到比财产、债务、婚姻和继承更多的东西;这个词还有政治权利的含义,如用在"政治自由"(civil liberties)、

---

① "户"和"户律"同时具有家庭(family)和税收(revenue)的含义。我(英文翻译)倾向于用"户"(household)这个词,因为它在某种程度上表达了清律中这些部分对税收和家庭的双重关心。"户律"的其他各章则是"市廛""仓库"和"课征"。

"民权"(civil rights)这类概念中,其引申的含义则是个人的人权。"民法"也常常和"私法"(private law)通用,更使人联想到"个人的权利"。事实上,"民事"这个词还隐含以社会与个人(私)为一方,而以国家(公)为另一方的两者之间的对立,如将其用在"市民社会"(civil society)这一概念时。

"民事"一词的众多含义和用法容易使人相信民法必然包含人权。没有这一基本要素,就没有民法。从这一观点出发,人们会得出这样的结论:清代和1949年以后至20世纪80年代改革之前的中国根本没有民法,而民国时期和改革开放以来的中国则可视为民法的初步尝试时期。这样的观点反过来会引起主张中国和西方相同的人们的反驳。①

我觉得我们应该把这类价值观念的争论放在一边,而从一开始就承认中国向来就缺乏自由民主主义传统意义上的那种个人政治权利。② 我甚至认为,在中国的整个政治话语传统中都找不到国家权威和个人权利,或国家权威和市民社会这样一对对立的概念。我们知道,这样一对对立的概念是西方自由民主思想的出发点(黄

---

① 威廉·琼斯(William Jones)对1949年以后中国的研究,或许把上述第一个倾向推向了最极端。他认为,1949年以后至20世纪80年代市场经济改革以前,中国只有行政法而无民法。至于当代中国最重要的有关民事处理的婚姻法,他认为只是"以反复无常的方法来处理次要事务的东西"(Jones,1987:318)。另外,包恒(Buxbaum,1971)则根据淡新档案中清代地方法庭对大量民事案的处理,认为清代法律和现代西方法律一样是符合韦伯的"理性"概念的。
② 罗伯托·昂格尔(Roberto Unger)的比较理论研究对这点做了有力论述(1976;特别是第二章)。而安守廉(Alford,1986)则指出昂格尔把源自西方的自由价值观念普遍化,从而把中国法律传统简单化。请参见我在1991年对这一辩论所做的分析(黄宗智,1991a:322—324)。

宗智，1993a)。中国的政治文化坚持在国家与个人及社会之间存在本质上的和谐。这种看法无疑在相当程度上是长期以来国家通过科举制度控制知识分子思想的产物。这一长期的传统在一定程度上仍然强有力地体现在20世纪中国的法律之中。

但是，民事自由是否构成民法之必要条件？事实上并非如此。譬如，1900年的《德国民法典》对政治权利就只字未提。坚持民法必须体现自由民主传统意义上的个人政治权利，会引导人们去争论自己头脑中的理想价值而忽略中国社会的实际。我们所应该做的，是面对清代中国事实上存在的民事法律，并力图去理解它的逻辑和实践。

与我的用法不同的另一个用法，是将"民法"严格限定在西方大陆法传统的民事法典上，譬如1803年的《法国民法典》和1900年的《德国民法典》。接受这样一个用法就等于接受一整套现代西方民法的规范，包括以权利而不是像清代法律那样以禁与罚来定义的民事概念，以及认定法律独立于行政权力，而不是像清代法律那样，把法律看作统治者绝对权力的产物。一些比较法专家还会进一步据此区分大陆法传统和英美习惯法传统，认为后者显然缺乏成文的民法典(如华生[Watson]，1981)。

这样的民法观点会剥夺我们对清代法律中处理民事的那个部分进行思考的概念范畴，还会诱导我们去争论中国法是否符合一个预定的理想标准。因此，我要再次建议把价值观念的争论放在一边来思考清代法律的实际。诚如卜德和莫里斯(1967)所指出的：清代法律在民事方面确实强调禁与罚而非正面地肯定权利，在官方表达的层面尤其如此。不过我们很快会看到，在实践中，清代法制在处理民事案件时几乎从不用刑,并且经常对产权和契约加以保护。虽然1929—1930年以后的民法在语言和概念体系上有了很大的变化,但这一实践基本延续到了民国。对于清代和民国时期的法律在表达和实践之间的背离所提出的问题,我在本章的后面还要做更充分的讨论。

重要的是,对"民法"这一概念相对宽泛的运用,可以使我们从表达和实践两个层面上来观察中国法律如何处理民事纠纷。这样,我们就不会因为清代法律的官方表达而忽视其民法存在的事实,也不会因为民国时期的民法以德国民法典为蓝本就将其等同于现代西方的民法。那样做只会使我们的研究降格为对法律表达的单方面考察。

我的"民法"概念也可以让我们去思考清代和民国时期民法的延续和间断。

同德国民法典一样,民国的民法尽管在一些重要的方面脱离了传统,但它还是建立在长期以来形成的民事处理的传统之上。因此,只有与清代比较,我们才能理解民国的民法;同样地,只有与民国比较,我们才能理解清代的民法。

或许关于清代有民法存在的最有力的证据,来自民国初年的立法者本身。在民国初年,他们虽然采用了晚清新修的刑法,但没有采用其按德国民法典新修的民法典。相反,他们宁愿保留原来《大清律例》中的民法部分,让其作为民国的民法继续运作了近二十年。他们这样做,是因为他们相信这部旧法比新修的民法更接近中国的实际,而法律变革需要有一个过渡。新修法典在经过修改变得更接近中国社会生活的实际之后才最终颁行。① 我们不能无视民国立法者的这些立法实践,而只是把清律看作一部刑法。

最后,我要简单解释一下本书中其他一些重要术语的含义。我把成文的官方法律制度称为"民法"(civil law),但事实上大多数纠纷并未演变成诉讼案件,而是由宗族和社区来调解的。我用"民事调判"(civil justice)这样一个涵盖性的术语来同时包括非官方(unofficial)的和非正式(informal)的,即民间的调解,以及官方的(official)和正式的(formal)审判。② 其中也包括我所称的中间领域或"第三领域"(third-realm justice),它指的是前两者之间交搭的空间,民间调解和法庭意见在这里相互作用。一个诉讼案件在未经堂审之前通过法庭外调解而获解决,一般是在县官初步批示意见的影响之下进行的调解。

在我看来,如果不结合民间的调解制度来考虑,官方的中国法制是无法理解的。也许传统中国和现代西方在司法制度上的最显著区别,就在于前者对民间调解制度的极大依赖。即使在今天的中国,成文的民法仍然是相对笼统的,大多数的民事纠纷仍然是在法庭外通过其所发生的社区来调解的。正因为如此,本书的研究不可能只局限在官方的法律制度之内。

---

① 在我下一本对民国民法典、社会习俗与法庭实践的研究著作中会对这一课题做详细探讨。
② 在本书中"官方的"和"正式的"两词可相互通用,一如"非官方的"和"非正式的"。而"形式主义"和"实体主义"则只在讨论马克斯·韦伯的理论时才使用。

一些初步的思考和结论

一旦对我们自己的文化解释做了自觉的反省,我们就很容易走到文化相对主义的立场,主张中国的法律根本就应该用中国自身的范畴来研究。然而,本书要强调的是清代对自己的解释同样可以是误导性的。我们的批评眼光不仅要对准我们自己,也要对准清代中国的解释范畴。我们不仅需要把我们的解释与中国的实践区分开来,而且应该把清代官方的解释同它的具体实践区分开来。

民法的官方表达和具体实践

按照清律成文法的解释,"细事"主要是社会本身而非国家所关心的事。与那些必须立刻处理、及时详细上报以便审核的重情大案不同,民事纠纷如果闯进了官方体系,它们只能在指定的日、月收受,并规定是由州县自己来处理。对清代这样一个主要关心行政和刑事事务的制度来说,民事诉讼被认定和解释为琐细的干扰,最理想的状态是这类诉讼根本不存在。

因此,毫不奇怪,上一代的学术研究把这个法律制度描绘成一个对民事纠纷不大关心的制度。由于没有接触实际的法律案件,我们的看法只能为这个制度的官方表达所左右;这一表达体现在成文律例、牧令须知、判案范例汇编之类文献资料中。而我们头脑中的法律制度则大体上反映了国家及其官僚们对它的表达。①

然而,档案资料显示,民事案件事实上占了州县法庭承办案件的三分之一。与不理民事的说法相反,清代地方法庭实际上花费了大量时间与精力在民事案件上。同样地,与无关紧要的说法相反,民事案件在实践中是国家法律制度的一个重要组成部分。②

清代的官方表达也要我们相信,民事诉讼的增加是由于奸狡之徒与邪恶胥吏挑起讼案以求不义之财的结果,善良百姓则总是远离法庭。以往的研究由于无法接触法庭记录,所以不能质疑这样一幅图像。③ 而本书的研究将向我们展示,大多数涉讼者都是普通民众,他们求助于法庭是为了保护自己的合法权益和解决难以调解的争端。普通乡民进入法庭的数量足以使法律诉讼成为大多数村庄集体记忆的一个组成部分。

普通民众频繁求助于法庭的事实同时也提出了一个问题:我们应该如何看待清代官方关于衙门胥吏都是贪婪无耻之辈的说

---

① 比如卜德和莫里斯(Bodde and Morris,1967)的研究,是上一代中最出色的研究。他们翻译了190件案件,其中只有21件案件是民事案件。这一图像在我们这个学术领域中的影响,可以从费正清所编教科书对帝制时代中国法律的概述中清楚看到(Fairbank,1983:117ff,特别是122—123)。中国大陆的学者则长期以来一直坚持帝制时期即已存在民法(最新的教科书是张晋藩1994年所编)。
② 包恒(Buxbaum,1971)根据淡新档案所提出的关于这方面的争论并没有得到足够的重视。这可能是由于他对清代法律制度的过分夸张,也可能是那些来自台湾这个边疆省份的证据被看作例外。由于有了来自其他县的新证据,对于这个论点已经无可怀疑了。请参见白凯和黄宗智1994年的详细讨论(Huang and Bernhardt,1994a:3—6)。
③ 郑秦根据宝坻档案做过出色的研究(1988),这一研究比当时中国所有其他同类工作要更重视具体的司法实践。不过即使是他也未对这些官方的表达提出质疑(特别是234—235,243—244)。

法? 若他们的敲诈勒索果真如此,应该会使大多数的人对法庭望而却步。事实上,我从法律诉讼案件中发现的证据要求我们对这种衙门胥吏胡作非为的传统说法重新加以思考。

此外,我们通常认为县官更像一个调停人而非法官,这样的想法来自清代民事诉讼甚少而官方法律制度并不关心民事的假设。按照儒家的理论,国法只是广泛道德原则中一小部分的体现。① 既然国法对民事讨论甚少,这就明白地意味着这类事务应主要由社会的道德原则而非法律来解决。特别是对民事纠纷,县官的处理应该本着被滋贺称为"教谕的调停"(didactic conciliation)的原则。② 根据这幅图画,县官更像一位调停子女争吵的仁爱父母,而非执法严厉的裁判官(滋贺秀三,1981)。

我们将要看到的案件记录显示,县官们在处理民事纠纷时事实上是严格按照清律的规定来做的。只要可能,他们确实乐于按照官方统治思想的要求采用庭外和社区的调解。但是,一旦诉讼案件无法在庭外和解而进入正式的法庭审理,他们总是毫不犹豫地按照《大清律例》来审断。换言之,他们以法官而非调停者的身份来行事。被以往研究大量使用的《牧令书》和《幕学举要》之类手册,事实上也指示县官们要仔细研究律例并严格遵行之。检视县官对民事案件的实际判决,会引导我们去注意清代法律中那些运

---

① 用滋贺秀三的话来说,就像是大海与冰山一样(滋贺,1981,1984)。
② 这是滋贺从旦·费诺·亨德森(Dan Fenno Henderson,1965)那里借用来的一个原来是用于日本法律的说法。这样一幅关于县官是一个调停人和仲裁者而非法官的图像,影响了几乎所有现存关于清代民事裁判的著作。当代中国的研究大都把这样一个表达当作事实并将其视为中国法律制度的一个显著特征(例如郑秦,1988:特别是241—246)。

用最频繁的"例",这些例文通常被埋藏在那些误导人的律文之下。

社区调解

官方法律制度中表达与实践之间的背离也延伸到民间调解。按照儒家的观点,民间调解应当比官方审判更强调人情、天理或情理。国法所起的作用则极微。

但是,具体的社区调解案例与它的官方表达不同。首先,"理"的意义在社区调解中更接近于通俗意义上的一般人的是非对错意识——道理,而非儒家理论中的抽象天理。同样地,"情"指的是人情或人际关系,它所强调的是在社区中维持过得去的人际关系,而非儒家理论中与"仁"这一概念接近的道德化的同情心。① 在实际操作中,"情"意味着通过妥协互让来解决争端。

国法、常识意义上的是非对错及和解妥协,是指导民间调解的三个互相鼎足的原则,而和解妥协是其中最重要的一条。但这并不意味着国法在这里无关紧要。在官方表达中,国家力图否认或至少大大贬低民法,这事实上助长了我们认为民间调解受官方法律影响甚少的看法。然而,事实告诉我们,国法在民间调解中绝非毫无作用,它为和解妥协提供了一个基本框架。与官方的表达相反,在村庄生活中,告诸法庭或以上法庭相威胁是常见的。卷入纠纷的各方几乎总是可以选择官方裁判而非社区或宗族调解。而

---

① 熟悉滋贺关于"天理""人情"和"国法"解释的读者,可能会觉得我的分析与他的相类似。但是,滋贺把这些概念与正式的法律制度相联系,而我则把它们应用于民间的制度。更为重要的是滋贺并未明确区分这些概念的官方表达与其实践意义(滋贺秀三,1984:263—304)。

且，大家也都知道，如果社区调解失败了，案子就很可能告诸法庭。因此，国法始终是民间调解中的一个重要因素。之所以如此，是因为清代的法庭对于民事纠纷事实上相当开放，人们因此频繁地求助于它来解决争端。

这一研究也凸显了官方审判和民间调解之间的中间领域。我们所看到的大多数民事案件的解决，不是通过正式的法庭审判，而是由非正式的社区调解结合法庭的意见来完成的。一个案子一旦起诉而进入法庭审理，社区调解的努力也会加强。同时，县官对告状和诉词所做的批语，诉讼当事人通常都能看到。这些批语向他们预示了正式法庭判决的可能结果。民间的调解一般是在县官意见的这种影响之下实现的。

表达主义与客观主义的对立

在第一个分析的层面，本书运用新近开放的案件记录，辅之以村庄实地调查的资料，来分析清代的民法制度是如何具体运作的。由于官方表达与实践之间的背离，我们过去对清代民法存在误解。我之所以选择民事调判作为本书的主题部分，原因正是想纠正这种误解。因为正是在民事领域，法律的官方表达和具体实际之间的背离最为明显。

然而，由清代民事调判所提出的问题并不止于此。我的目的也不是仅仅用"客观主义"的观点来取代"表达主义"，即争辩清代法律制度的性质取决于它如何做而不是它如何说。① 相反,我之所以强调实践和表达之间的背离是想凸显由主观解释和客观实践之间微妙的关系所提出的复杂问题。表达和实践之间的背离会引导我们超越简单的客观主义观点而进一步追问:首先,关于表达,法律实践告诉了我们什么? 或者,我们应该如何从法律实践的角度来重新阅读成文法的条文?

在这一方面,民事审判的记录使我们注意到清律中法律条文的多重层面。中国法律一开始是以法家思想为主干的行政和刑事法典,但以后渐渐糅合了儒家社会等级和道德关系的理论。上一代的学者已经对中国法律的这些方面做了充分的研究(瞿同祖,1962;卜德和莫里斯,1967),仍旧值得我们特别注意的是明清时期对"律"和"例"的区分。相对不变的律反映的是道德和行政–刑事原则,不断增加和变化的例则反映了法律对变化着的社会与政治现实的调适。② 案件记录凸显出最为频繁应用的例,而这些例常常附在看上去并不相干的律文之下。对照案件来看,我们就会对清律事实上同时包含操作性的条例和道德化的包装一目了然。

但是,我们不能到此为止。我们还应该用表达主义的眼光来思考客观主义的问题。纯客观主义的立场忽视表达性的解释对实践的强有力的影响。如,把行政权威定义为仁慈但绝对的,防止了其法庭制度向司法独立或自由民主的公民权利的方向发展。再譬

---

① 我这里用"表达主义"这个词而非"主观主义",是因为"主观"和"主观性"这些词近年来已具有多重的意义。当然,在这里我可以在其原来意义上使用"主观主义"来与"客观主义"相对。
② 威廉·琼斯最近对清律的翻译(Jones,1994),没有包括一条例文。黄静嘉在1970年为薛允升1905年编纂的清律所写的导言则对律和例做了恰当的区分。

如,把民事案看作是由地方官代表皇帝来自行处理的"细事",阻碍了民法制度的充分细致化和标准化。所以,尽管事实上县官大都是依法办案,司法体制却始终可能受到行政权威的干预。这只是官方表达的实践影响的一个重要例证。

司法体制的矛盾结构

本书认为,如果能同时考虑清代法律制度的表达和实践、官方和民间的各个方面,我们就会强调这个制度的内在矛盾。把这一制度单方面地等同于其官方表达或其具体的运作和结果都是不正确的。只有从其内在矛盾着眼才可能理解这一制度。

关于产权的法学观点可以说明这一点。清律并不使用"所有权"之类的概念,而是就事论事地讨论对侵犯他人财产或破坏合法的土地买卖的行为的惩罚。在这个意义上,我们可以说清代法律关心的只是社会秩序,它没有绝对权利意义上的独立于统治者行政和刑罚权威之外的产权观念。然而,事实上许多诉讼当事人还是成功地通过法庭保护了自己的财产。在这个意义上,我们可以说,不管法律本身的意图是什么,它的实际结果是保护了产权。因此,人们或许可以得出结论:无论它的表达如何,清代法律都有保护产权的实质。

对于法庭审判的官方表达也是一样。正如滋贺所指出的,按照清代国家的理想图景,县官们并不决定事实的真相,相反他们的职责是让犯人自觉坦白以便于事实真相的揭露。与此相对照,当代西方法律的原则则认为,法官必须在法庭的可能范围内判定真相,虽然他只可能接近真相,而不可能掌握(唯有上帝才可能掌握)

绝对真相本身。这一西方的观点导致对程序标准化的强调,以及区分法庭真相和实在真相;不管"真实的"真相如何,法庭真相必须是在确定的程序范围内建立起来的(滋贺秀三,1974—1975,特别是33:121—123;韦伯,1968,2:809—815)。因此,从表达主义的观点来看,在中国的司法制度中根本不存在西方意义上的法庭判决。然而,事实是清代的县官们经常在核断什么在他们看来是真实的。他们以各种手段,包括在刑事案件中使用酷刑,来迫使人们的"坦白"符合他们的核断。在向上司报告时,他们通行的做法是按自己所建议的裁决之需要来安排关于事实的陈述(周广远,1993)。由于这类呈报通常要求照录供词原文作为报告的一个组成部分,县官们为了达到期望的目的有时甚至把一些话强加到犯人的口供中(唐泽,1994)。尽管按照清代国家理论上的表达,法官们的职责只是推动事实真相的揭露,但事实上他们经常按自己的观点和意见来行事。换句话说,从客观主义的立场来看,他们经常在做裁决性的判断。

这里我们可以再次看到,一个忽略了表达方面的客观主义观点是无法抓住清代法律制度的实质的。因为表达论所要求的县官不得对事实真相做裁决是有实际后果的。譬如,它导致了民事案件中的这样一种做法,即要求诉讼当事人具结服从法庭裁判。这样的安排事实上构成了对县官权力的一种制衡(虽然是微弱的)。因为通过拒绝具结接受一项判决,诉讼当事人可以阻挠该案的正式结销,从而对抗县官的权力。我们因此应该把这一制度看作一个表达和实践相互影响的结构。

同样地,县官的抉择和行动也只有在这样一个表达和实践互相背离的关系中才能得到理解。一方面,县官是皇帝的代理人和地方百姓的父母官。他像皇帝一样,在地方上行使着绝对和不可分割的权力。① 在处理民事纠纷时他更明显地可以专断独行。另一方面,县官又处在一个严密组织起来的官僚系统的底层,这个官僚体系有着一整套行为则例及报告和审查制度。在司法领域里,他的行动还进一步受到成文法律的制约,这些法律中既包括原则性的律文,又有实践性的条例。即使在民事案中,都有可能上诉和复审,这也是对他的制衡。因此,在实践中,县官只是个下级官僚,为了不危及自己的仕途,他必须在已确立的制度中循规蹈矩。

  在这种情况下,大多数县官都选择按律例来办案。考虑到考核县官政绩的审核制度,这种选择是不奇怪的。不过,我们也应同时注意到,那些县官们在撰写《牧令书》之类的笔记和编纂判案范例时所坚持的却是儒家观念的表达。在民事案件的处理上他们强调的是道德辨别而不是依法断案,张扬的是道德上的审慎明辨,而不是司法中的规行矩步。这种言行选择上的明显矛盾只有从他们所处的那个矛盾性结构里才能得到理解。清代司法制度中的这种矛盾也表现在其官方审判和民间调解的结合上。滋贺秀三倾向于把这两者混合为一,由此导致他认为县官们关心调解胜于判决。然而,事实上清代的民事调判制度是建立在两者的结合之上的,即以判决为主的正式系统和以和解为主的非正式系统的结合。这套制度的运作取决于两者的相互配合,以及两者之间相互作用的空间。社区调解的运作减轻了法庭裁判的负担,也降低了民事纠纷

---

① 确实,我们很容易受这种官方表达的影响而把它与现实等同起来。

演变为诉讼案件的比例。

几乎所有的诉讼当事人,即使对这套制度心存恐惧,也都会同时利用正式和非正式的调判系统。许多人投告官府只是为了对进行中的调解施加压力,而不一定是要坚持到法庭的最终审判。不少人为了在法庭意见和社区调解之间得到想要的折中而在两者间反复取舍。值得注意和记取的是,这两套系统的相辅相成给了人们操纵利用的空间。

因此,清代法律制度的特征,或者更广义地说中国法律文化作为一个整体的特征,在于它同时具有官方的和民间的,以及道德的和实用的这两个层面。只是把这一整套制度等同于其中的一个层面是错误的。

长时期的趋势

通过整体性的结构和诉讼当事人的抉择之间的相互作用,我们还可以看到这一制度长时期的变化趋势。诚然,这一制度的灵活和长期沿用的关键在于其内在的结构性矛盾。不过这也为那些有钱有势善于权谋的诉讼者把持和滥用这个制度开了方便之门。这一制度在对付那些易于恐吓的村庄小民时最为有效,而在对付那些有老练的讼师为其出谋划策的人时它就显得力不从心了。

我所掌握的县府档案显示了这个制度在运作中有两种截然不同的模式。一种是19世纪宝坻和18世纪至19世纪中叶巴县的模式,它相对简单明了,其运作与其设计也大致吻合。大多数的案子只需一次开庭就能较快结案。而高度商业化和社会分化的淡水-新竹则向我们展示了另一种模式。在这里,有钱有势的诉讼者在职业讼师的帮助下,通过反复陈情告诉把案情搞得扑朔迷离,从而阻挠法庭采取确切的行动。其结果是法庭不堪负荷。到19世纪晚期,它已越来越无力应付民事纠纷,反复庭讯和缠讼不决成为司空见惯的事。在此情况下,若非当事人再三催呈,法庭很少采取主动。

这两种模式显示了清代法律制度同时态的变异和历时态的演化。同时态的变异与不同地区商业化、社会分化及人口密度相关,而历时态的演化则与清代许多县社会经济的长期发展趋势相关。把这两种模式放在一起来考察,我们可以看到清代法律制度在某些条件下确实能运作正常,而当这些条件发生变化时它就开始失控失灵。

县官手册的再认识

如果以上观察基本正确,那么它们是否也能从那些长期以来左右了我们对清代法律制度认识的县官和刑名师爷的指导手册中得到证实呢?如果是的话,如何来证实?如果不是,又如何来理解其间的背离?就我从新开放的案件记录中发现的初步结果,我将试图求证于这些旧有的手册。

同本章所争论的整个法律制度的特征一样,这些手册同样显示了表达和实践的背离。诚然,这些手册是用道德说教包装起来的,而反复宣扬儒家道德理念根本就是清代法律话语的一个组成部分。但是,作为实用的手册,它们同时备有指导日常行动的具体指示。这些具体指示为本书强调的论点提供了进一步的支持。本书第八章从县官的视角来讨论民事裁判问题,同时也对本书的主要论点做了回顾和总结。

一些理论问题

最后,清代法律制度的性质是什么,在现代西方学术话语中它该如何来定义?针对韦伯的两分法(以专断的"卡迪法"为一端,以理性的现代西方法律为另一端),尽管近年来的实证研究已经超出了它的界限,但它在理论文献中至今仍然很有影响。① 在学术讨论中,为了反对一种论点我们很容易走到这一论点的理论架构的另一面。譬如,用中国法律同样具有西方理性来反驳把其看作"卡迪法"的观点,用中国有西方标准的民法来对抗中国没有民法的论点。这种倾向在中国史研究的其他领域里也可以看到。譬如用中国也有资本主义萌芽来对抗认为中国经济停滞的观点,或用中国也有"公共领域"的发展来对抗认为中国缺乏民主因而与西方不同的观点(黄宗智,1991a,1993a)。这是学术话语结构所造成的一种陷阱。我们现在需要做的是超越这种简单的二元对立并寻求新的理论概念。本书最后一章重新检视韦伯的原始论述。根据他关于"实体理性"的第三范畴的提示,我试图提出一个新的概念来更好地概括清代法律制度的真相。

以上所说已经超前了本书将要讲述的经验故事。在对中国法

---

① 昂格尔(Unger,1976)的著作是这种理论文献的一个很好的例证。近年来有一些出色的学术研究,比如布洛克曼(Brockman,1980)、安守廉(Alford,1984,1986)、宋格文(Scogin,1990)、亨德森和托伯特(Henderson & Torbert,1992),以及滋贺(1981,1984)、夫马(1993)、郑秦(1988)和张晋藩(1994[编])的工作。关于目前的学术研究,请参阅白凯和黄宗智(Huang and Bernhardt,1994)所编著作的导论与各篇文章。

律制度的整体结构、运作特征及中国法律文化的独特性做出新的假说之前,还有关于社区调解和官方审判的实际情况的大片空白有待我们填补。下一章我将从概述中国的民事纠纷,以及民事调解制度如何处理这些纠纷开始,来填补这一空白。

第二章 范畴的定义:共产革命胜利前华北村庄的纠纷和诉讼

现有关于中国村庄个案研究的英语著作中很少或根本没有法律诉讼的内容。这样的研究给人的印象是村民们从来不涉足法律诉讼,除了刑事和行政事务,国家法律与村庄社会毫不相干。[①] 这一广为人们接受的假设与我所掌握的关于清代和民国时期的县法庭记录相矛盾,它也和满铁的村庄调查资料相矛盾。满铁调查者记录了沙井、寺北柴和侯家营这三个村庄从20世纪20年代到20世纪40年代的41起纠纷,其中有18起最后演变成法庭诉讼案。表1和表2分类列出了这些纠纷和诉讼案件。

当然,满铁的实地研究资料只记录了三个村庄中那些引起调

---

① 请参见例如费孝通,1939;杨庆堃,1959;克鲁克夫妇(Crook and Crook),1959;甘布尔(Gamble),1963。杨懋春(1945;157—172)关于村庄冲突的讨论,是所有村庄研究著作中最详细的,这或许是个例外,因为该村存在基督徒和非基督徒之间的对立,该书谈到的大多数冲突与这一事实有关。

查者注意的纠纷,不能视为村庄民事纠纷的全部。而我们接着要讨论的顺义县法庭从20世纪初至20世纪30年代的案件存档,以及1927年一年的完整案件登记簿,向我们展示了一幅比较完整的图像,且在整体上和上述村庄的资料显示的情况是一致的(顺义是沙井村的所在县)。这点并不奇怪,因为村民是县法庭的主要使用者,而大多数民事诉讼起源于村庄的纠纷。这些资料虽然仍不完整,但却为我们提供了民国时期华北农村民事诉讼的一个粗线条的分类。

表1 华北三个村庄的纠纷,20世纪20年代至20世纪40年代

类别		沙井	寺北柴	侯家营	总计
土地	田界	2		2	4
	买卖	1	2	1	4
	租借		1		1
债务		1		2	3
婚姻			2	1	3
财产继承①		7	6		13
宗祧继承			1		1
养赡			1		1
行政		2	1	3	6
其他		3		2	5
总计		16	14	11	41

注:本表只包括满铁调查者提问所讨论到的纠纷,不应视为这三个村庄纠纷的全部。事实上,在《惯调》涉及的六个村庄中,只有这三个村庄的纠纷被问得比较仔细。在另外三个村庄,只提到3件纠纷(历城县的冷水沟2件,恩县的后夏寨2件,都在山东)和1件诉讼(河北良乡的吴店村)。

①所有纠纷均为"分家"事件,即兄弟们平分家庭财产以组织各自的家庭。

资料来源:沙井,《惯调》,1—2;寺北柴,《惯调》,3;侯家营,《惯调》,5。

表2 华北三个村庄的诉讼案件

类别		沙井	寺北柴	侯家营	总计
土地	田界	1			1
	买卖		2	1	3
债务				1	1
婚姻				1	1
财产继承			2		2
宗祧继承			1		1
养赡			1		1
行政		2		2	5
村际		1			1
其他				2	2
总计		4	7	7	18

资料来源:同表1。

不仅如此,如果把民国和清代的资料相比较,特别是同与顺义相邻的宝坻县的案件存档(表4)及下面将要讨论的法庭登记相比较,我们可以清楚地看到它们之间的延续。虽然1929—1930年颁布的民国法典,与清律在术语、范畴、原则(特别是关于妇女在财产和离婚权利方面)相去甚远。但我们将会看到这些成文法典的变化对地方司法确实有些实际的影响(特别是在城镇地区),不过就

27

整体而言,民国时期民事诉讼的内容与之前没有什么本质上的不同。除了下面将要涉及的例外,清代和民国的诉讼都分为这样几类:土地、债务、婚姻和继承(包括养赡)。这些范畴赋予了民国法律中的"民事"一词以具体内容,正像它们赋予清律中的"户、婚、田土细事"以具体内容一样。

表3 顺义县案件,20世纪初至20世纪30年代

类别	1910—1919	1920—1929	1930—1939	总计
土地	5	15	22	42
债务	7	9	7	23
婚姻	—	9	24	33
继承	2	16	12	30
总计	14	49	65	128

资料来源:顺义县档案。

表4 巴县、宝坻、淡新三县案件,18世纪60年代至20世纪初

类别	巴县	宝坻	淡新	总计
土地	100	23	125	248
债务	96	51	51	198
婚姻	99	32	9	140
继承	13	12	17	42
总计	308	118	202	628

注:按年代、结局和其他具体情况编制的明细表请见附录A。
资料来源:巴县、宝坻和淡新档案。

从法庭资料来看,清代和民国村庄纠纷的内容也大致相同。直到共产党取得政权以后,它们的内容才发生了显著变化。本章对村庄纠纷的叙述,是要给作为本书研究核心的法庭案件记录提供一个较为广阔的社会背景。

下面我将从事实的叙述开始,先讨论分家、财产、宗祧继承、婚姻、养赡等家庭纠纷;接着讨论邻里纠纷,特别是关于宅基和耕地边界的纠纷;最后是与债务和土地买卖有关的契约纠纷。我将把那些后来变成法律诉讼和没有变成诉讼的纠纷区分开来,我也会把民事问题与刑事和行政事务区分开来,以便更清楚地刻画这一研究中所用的"民事调判"和"民法"这两个术语所涵盖的范围。在讨论过程中,我将把村庄的资料同县法庭的记录与清代和民国的法典结合起来考察,以揭示清代和民国之间的延续和变化。

家庭纠纷与诉讼

我所掌握的资料中有相当一部分纠纷发生在家庭之内,其中以兄弟之间的纠纷最为典型,其次是夫妇间的纠纷,偶尔也有父母和子女之间的纠纷。纠纷的焦点通常是但并不总是物质利益。

财产继承:分家

根据村民向"满铁"调查者的讲述,已婚而未分家的兄弟间的争吵是村庄中最为常见的纠纷,通常的解决办法则是分家。正如一位村民所说,十户中八户分家是因为争吵,剩下两户分了家而未吵是因为他们把争吵藏在心里(《惯调》,1:189;参见《惯调》,1:137,153;3:32;4:359;5:70—71)。在沙井的寺北柴,13件分家纠纷构成了所有记录在案的纠纷的1/3以上。

其中的道理显而易见,村民们是生活在这一矛盾中的:一方面是上层社会的理想对他们的影响,另一方面则是日常生活的实际对他们的压力。正统儒家的理想是父母和兄弟们合家而居,这一理想在《大清律例》中得到维护:"凡祖父母父母在,子孙别立户籍、分异财产者,杖一百。"(律八十七)在这种文化理想的影响之下,几乎每一个家庭都试图合家共居。分家被看作应该努力避免的事,分家纠纷的调解人通常首先试图说服当事人和解不分(例如,《惯调》,5:424)。

而生活的实际是,几对夫妇住在一个屋檐之下,不少是处在严重的财务困境中。按照一个男性村民的意见,婚姻是兄弟间发生摩擦的最主要因素。尽管兄弟们是一块儿长大的,大多能和睦相处,但他们的妻子则是外来人,不大容易和睦相处。妻子们之间的争吵通常会变成兄弟间的纠纷。这个意见当然可能反映了一种女人是祸水的意识,但下面的意见大致是符合实际的。那就是经济上的困境,譬如年成不好,会加剧兄弟间的摩擦。如果一个家庭没有足够耕作的土地,因而一个或几个兄弟必须佣工或负贩,这样兄弟间的收入和对家庭的贡献就会不同,那么兄弟间的关系也就会特别紧张。一个懒惰、无能或挥霍的兄弟也是冲突的原因,而当家庭处在经济压力之下时这种冲突就会更甚(《惯调》,1:241,251;5:70—71,424)。

事实上,父母在世而兄弟分家是频繁发生的。这一事实在清律中也得到了反映。附于禁止分家律文后的一条例文说:"其父母许令分析者听。"(例第八十七条之一)在现实中,只要父母无异议,父母在世而兄弟分家是合法的。不仅如此,这条例文也意味着一旦父母去世,兄弟分家是理所当然的。

虽然1929—1930年民国的民法摒弃了反对分家的禁律,但传统上层文化的理想和社会生活实际之间的冲突仍然存在,特别是在村庄之中。尽管大多数已婚兄弟都分家析居(其中很多人是父母在世就已分家),但村民们仍视未分家的大家庭为理想:在与日本调查者的访谈中,没有人提到新民法及它在这方面包含的新意识形态。

分家的基本原则是家庭财产在兄弟间平均分配,这在清律中说得很明白(例第八十八条之一)。① 尽管民国的民法赋予女儿和儿子同等的权利(第1138条),但直到20世纪40年代,村庄里财产继承的原则还是原来的一套。这一原则适用于土地和几乎所有的其他不动产(特别是住宅),以及所有的动产如农具、家具、耕畜。只有明确属于个人所有物的东西除外,如妇女的嫁妆和她个人的零花钱,夫妇的卧房用品和个人的衣物。②

分家过程是充满潜在冲突的。分家时最大宗的财产一般是土

---

① 这里我无意去详细追溯兄弟间财产均分制度的起源。在别处我曾经讨论过,这一实践的形成可能与秦汉统一帝国的政治经济制度有关。因为当时国家法令规定析产继承,其目的是鼓励早婚和人口增长(黄宗智,1990:326—329)。
② 费孝通在他的书中(1939:58—59)对不同性质的财产做了一个有用的分类。押腰钱是新娘出嫁前得自她亲戚的,它与嫁妆不同。嫁妆是要公开展览的,其数量多少众所周知。而押腰钱的数目即便是丈夫也要在婚后若干时日才会知道(《惯调》,5:509)。

地。经过许多代人的分割,土地通常已变成许多小块。其中大一点的还可以平均分割,但小块的常要根据大小、质量、离家远近等因素来搭配考虑以便公平分配(例如《惯调》,1:290—292)。住宅的分割也有同样的困难。如果家境富裕,遇到婚娶或添丁时能盖新房,则事情比较简单。但一般情况是要分割老宅。厢房、堂屋、院子,甚至猪圈都在平均分割之列。在这种情况下,必须遵循"半斤八两"的公平原则以避免日后的冲突和争执。单件物品如车、农具、犁、水车都要遵照这样的原则来分割。

农村中产生了一套细致的惯行来处理这一过程,为的是减少可能的冲突。分家习惯上要有几个中间人在场("中间人"又称为"说合人""中保人""中说人"等:《惯调》,1:290—292,319;3:93,96,102,103),这些中间人通常是宗亲、姻亲、邻居和社区领袖。① 哪怕是为了很小的一宗财物的分割,要取得兄弟间的同意也常需讨论上大半天。分一个家花上两个整天的工夫算是比较快的(《惯调》,3:96)。

在兄弟间对财产的公平分割达成协议之后(譬如,一辆车被等同于一小块土地,一张桌子或凳子等于一件小农具),就通过拈阄来分配财产(参见《惯调》,3:96;1:290—292)。为了防止日后可能发生的争执,一旦达成协议,就由在场作证的族人和中间人拟成一份分家单(参见《惯调》,1:290—292,319;3:93,95—96,102,123。

---

① 我倾向于用"宗亲"(common descent group)而不用"宗族"(lineage)。"宗族"一词最好专用于那些拥有相当数量共同财产的宗亲集团。而大多数华北的宗亲组织只拥有很少的共同财产(黄宗智,1990:144;伊伯利[Ebrey]和华生[Watson],1986:5)。

上面载有真实的分家单)。①

在我所见的有详细记录的13件分家案中,有两件最后上了法庭。其中一件涉及一对同父异母的兄弟,两兄弟中的一个已过继给他的舅舅,但在其舅破产之后他又回来要求分得他病逝父亲的一半财产(《惯调》,3:153—154)。另一件则是一个再嫁的寡妇和她两个女儿告她前夫的兄弟。这位寡妇要为她的两个女儿争取她们父亲所应得之其祖父财产的一半。这样的案件独此一件,反映了对村庄传统的挑战,因为新的民国民法赋予了她们这种权利(《惯调》,3:155)。

根据县法庭的资料,关于分家的诉讼相当少。在宝坻的35件有关田产和继承的案件中只有一件与分家有关,而且情况非常特殊。三位花甲之年的兄弟已议定分家多年,因母亲健在故仍住在一起。其母死后,他们才根据多年以前的协议正式丈量分地。由于产生了争议,弟兄们最终只好对簿公堂(宝坻,104,1867.8)。更为显著的是,1916—1934年间顺义县72件涉及田产和继承的案件中没有一件与分家有关。事实上现今中国档案学者对清代档案进行分类时并不用"分家"这一范畴。

19世纪台湾地区的淡新案件也反映了相同的情况,在142件与田产和继承有关的案件中只有两件涉及分家(表4)。其中一件涉及两兄弟间的分家,族中长老们反对他们分家,因为弟弟是个鸦片烟瘾者。于是他们决定让兄长每月付给弟弟一笔生活费。当弟

---

① 卫大卫(Wakefield)1992年的博士论文引用了大量从《惯调》和其他资料中收集到的分家单。

弟以没有拿到生活费为由打官司要求分家时,县官拒绝了他的状子,理由是"同胞兄弟,理应敬事,何得因月费细故遽行兴讼。不准"(《淡新档案》,22524,1891.223[土-104])。在另一件案子里,一个家庭的财产被其叔父吞并了。当该户的继承人向法庭提起诉讼时,他的状子也同样被县官所拒绝。县官命令他们的族人自己去处理这个案子,并说:"须知同室操戈有讼,则终凶之戒。"(《淡新档案》,22522,1891,2.11[土-1021])

按照清代的理想,社会秩序是建立在家庭等级制度之上的,法律通过惩罚破坏这一制度的行为来维护社会秩序,但并不直接干预这一制度的正常运作。分家被看作应由宗亲组织按常规惯行去处理的事务。根据我们所掌握的案件资料,清代法庭确实尽量把分家纠纷推给宗亲组织去处理。由兄弟阋墙所引起的分家纠纷可能是村庄中最常见的纠纷,但它们并不构成县法庭诉讼案件的主要来源。

婚姻纠纷

除了兄弟阋墙导致分家,夫妻争执显然是村庄调查中反映出来的最常见的一种纠纷。接受日本调查者访问的村民们把这种争执归咎于丈夫的懒惰或挥霍(《惯调》,1:239),娘家和婆家之间收入的差别,丈夫对媳妇丑陋的不满等(《惯调》,4:63)。但是仅有很少的夫妻争执会导致离婚这种最极端的结局,即使在民国时期也是如此。

虽然在清代离婚对男子来说相对容易,对一个不幸的妻子却并不是一个实际的选择。清律规定,一个女人只有当她被丈夫离弃三年以上(例第一百一十六条之一),或强迫她与别人通奸(律第三百六十七条),或把她卖给别人(律第一百零二条),或将她牙齿、手指、脚趾或四肢打断(律第三百一十五条),才允许同丈夫离异。至于受公婆虐待,她必须受"非理"毒打致残方允离异(律第三百一十九条)。在19世纪宝坻的32件婚姻案中,只有一件是由一个妇女提出的离婚案,其理由是丈夫的遗弃:她已13年未得到丈夫的任何消息(宝坻,162,1839.6.1[婚-7])。

因此,事实上那些不幸的农民妻子唯一求助的是返回娘家。在宝坻的32件婚姻案件中有13件牵涉妻子的"出逃"。进一步的分析表明其中6件是妻子返回娘家长住,而被丈夫控告为出逃,这样做的目的是让她们的行为在县官面前显得有罪(例如宝坻,170,1814.6[婚-16];166,1837.5.22[婚-4])。同样地,在民国时期的顺义,33件婚姻案中有10件牵涉妻子"出逃"。其中五件是妻子不顾丈夫的反对跑回娘家居住。

在理论上,民国的民法赋予了妇女较大的离婚权,包括通奸和虐待也成了可以接受的离婚理由(第1052条;参见白凯,1994)。侯家营的村民提到由一位妇女提出的离婚案。这位妇女的侯姓丈夫于十多年以前离村出外谋生,但从未给家里捎过信,也无人知道他的去向。该妇女最后回自己娘家居住,并和李宝书同居怀孕。她的娘家于是向她的公公提出让她同其子离婚以便她和李结婚,但遭到她公公的拒绝。她娘家于是向法院提起诉讼(《惯调》,5:139—140)。

另外两件发生在侯家营的纠纷,一是通过当事人协议而非诉讼解决的,赵洛和的儿子结婚已五年,其妻子与一村民通奸。赵报告了警察,但警察未予以处罚。结果双方家庭协议离婚(《惯调》,3:125—126)。另一纠纷是侯小单与其妻子无法和睦相处,终日争吵。他们未曾生育,婚姻显然很不美满。在结婚八年之后,双方同意悄然离婚(同上)。

顺义县的案件记录包括了城镇和村庄的案件,这些案件反映了在离婚问题上更为广泛的变化。在33件婚姻案件中有12件涉及离婚,而其中八件是由妻子主动提出的,其理由为虐待(6件)、遗弃(1件)、重婚(1件)。但是民国的法律改革对村庄生活的影响是缓慢的。更大的变化要等到共产党革命胜利以后,那时,妇女离婚权的扩大才成为通过法律推进社会变革的前导。

继承

在一个没有亲生子嗣的家庭,继承会成为纷争的焦点。按照清律所认可的村庄惯例,该家庭应从最近的父系亲属中过继一个嗣子(例第七十八条之一)。但是,如果一个拥有财产的户主未能在活着时确立自己的继承人,继承纠纷就很容易发生。

这里,寺北柴的一个例子很能说明问题。在一个三兄弟的家庭,长兄没有子嗣,两个弟弟都要求他们各自的一个儿子继承大哥的财产。由于村庄社区的调解失败,这个案子只好上诉法庭(《惯调》,3:88)。

从宝坻的案件记录中可以看到同样的纠纷和其他由过继子嗣所引起的纠纷。有一个案子讲到四兄弟争相要把自己的儿子过继给他们的一个没有儿子的兄弟(宝坻,182,1874.12.2[继-12])。在另一个案子里,父亲和继子的关系恶化,导致财产纠纷并最终诉诸法庭(宝坻,182,1859.9.10[继-8])。在第三个案例里,一个过继出去的儿子陷入穷困而回原家要求得到生父的财产(宝坻,183,1904.5[继-3])。

在顺义县30件与财产继承有关的案件中有12件牵涉宗祧纠纷。其中7件源于要求过继者之间的争执,3件发生于养父母和继子之间,剩下2件则发生于继子和宗亲之间。

一个重要并相关的问题是寡妇的财产权。虽然村庄资料中没有这方面的例子,但在宝坻的12件和顺义的30件财产纠纷中,前者有5件后者有3件是关于寡妇与其夫家父系亲属的财产纠纷。

养赡

养赡与宗祧和财产继承密切相关。根据一个村民的意见,如果只有一个儿子,一般不会有养赡纠纷。只有当一个家庭有两个或两个以上的儿子,关于谁应当负多少养赡责任才会成为纠纷。这位村民告诉我们的两个例子,是几个兄弟为了其父母的养老地的耕种责任问题发生的争执(《惯调》,4:189—190)。按照理想的惯例,儿子们应平均分摊父母养赡的责任。例如,寺北柴村长郝国梁和他的四个兄弟平均负担老母的供养,包括每年两石小米、两石麦子和每月两吊零花钱。这是一个口头协议,是当初分家时通过族长调解所达成的(《惯调》,3:93)。在另一个例子中,三兄弟每人耕种一亩他们母亲的养老地,而老母则五天一轮流在三兄弟家里吃饭(《惯调》,3:79)。

清代和民国法律都规定了赡养老年父母是儿子的责任。清律是从惩罚的角度出发:儿孙若不赡养他们的父母重责一百(律第三百三十八条),而民国的民法则强调长辈有"权利"让晚辈来赡养(第1114—1116条)。无论如何,成文法律和村庄惯行之间的契合,在村庄社区内形成了一种对子女的道德压力,使他们负担起对年老父母的责任。

村庄资料中有一个例子是关于一个贫穷的寡妇和她已婚的儿子之间的养老纠纷。徐老太太要卖断家中一亩已经出典的地,她的儿子徐福玉作为户主不同意,母亲于是告到法院说她的儿子不赡养她(《惯调》,3:153)。在19世纪宝坻的12件和民国时期顺义的30件财产继承案中,各有3件和7件案子也涉及养老,其中四件牵涉寡妇的财产继承(宝坻和顺义各两件)。

邻里纠纷和诉讼

可以想象,邻居间的争执是纠纷的一个主要来源。耕地和宅基地边界的争执最普遍,在各类村内纠纷中仅次于分家(见表1;《惯调》,4:359;参见《惯调》,1:140,189—190)。在一个这样的例子中,当事人双方因相邻耕地的确切界线而争执(《惯调》,1:240)。在另一个例子中,两位邻居为一棵树而发生争执。这棵树种在甲家却长到与之相邻的乙家去了(《惯调》,5:154)。在第三个例子里,两个邻居为一堵墙是否侵占了邻居的地及双方地产的确切边界而发生争执(《惯调》,5:270)。在第四个例子中,叔叔卖掉了自己的宅基地却未和相邻的侄子商量(该侄子拥有这块宅基地中的一条通道权),这场纠纷最后演变成一场官司(《惯调》,1:162—170)。在宝坻的23件和顺义的42件土地案件中各有10件和8件牵涉邻里间的边界纠纷。

契约纠纷和诉讼

华北的农民在村内和村外都有着各种契约关系,这种关系也经常引起纠纷。这些纠纷通常是与借贷、买卖或土地租赁有关。虽然婚姻协议也是一种契约并涉及几乎每个村民,但它不像契约争执或婚后兄弟间的争执那样,因此并不是纠纷的一个主要来源。

钱债

在三个村庄的调查中,我们可以看到借贷大体上分为两类:一类是亲戚和邻里间小额和短期的非正式借贷,这类借贷没有利息,也不需要中人、保人或抵押;另一类正式借贷则要付利息,并需要有中人、保人或抵押品,还常写有字据。

非正式借贷 根据村民的陈述,非正式借贷通常是为了救急,诸如年底还债、度过青黄不接的季节,或应付春季耕作之需。据冷水沟的一位村民估计,村内270户至280户贫户(全村共350户至370户)和60户至70户中等收入户中,大约有10户都通过这样的办法来借钱。其中前者借款在10元和30元之间(没有超过50元的),后者则在10元和100元之间(《惯调》,4:217;参见《惯调》,1:38)。在沙井,从商店赊买也是一种非正式借贷,不过在冷水沟则没有这样的例子(《惯调》,2:197—201;4:217—221)。

上述情况为19世纪宝坻的51件债务案件所证实。30元以内的小额借贷经常是非正式地发生在亲邻朋友和熟人之间,只需口头承诺,借期很短,一般只不过几天。更大的借贷则至少要有一个中人或保人。

在村庄资料中我们看到两件关于非正式借贷的纠纷。其中一件是两个亲戚中一人向另一人借了半斗粮食却赖账不还,结果发生激烈的斗殴不得不由警察来处理(《惯调》,5∶155)。另一件纠纷则是侯定义的儿子赊卖了一些甜瓜给一个长工,这个长工后来没有给钱,造成双方间的斗殴。侯定义告了这个长工(同上)。

根据宝坻的案件记录显示,非正式借贷很容易引起纠纷和诉讼。在51件钱债案中有21件与非正式借贷有关。举一例如下:孙均借给两个侄子十吊钱,他们答应十数天内归还,可是却没有还。孙去讨债,双方发生了斗殴,最后演变为一场官司(宝坻,186,1830.11.10[债-181])。

宝坻的诉讼案也有因赊买引起的。譬如,唐国祥在六月一日向他的族兄唐五赊买了一斗高粱(价值1.6吊),约定二十日还钱。但是,在当月十二日,唐五要求他提前立刻还清。为了这笔小债,三天以后双方发生了斗殴;结果唐国祥提起了诉讼(宝坻,187,1850.6.16[债-47])。在宝坻的24件非正式借贷案件中,有12件是赊买纠纷。

顺义的资料反映了同样的情况。在23件钱债案中有7件是关于非正式借贷的(5件为亲戚之间,另2件是朋友和邻居之间)。譬如,王绍支无息借给侄子20元,没有中人,也没有抵押。这个侄子赖账不还引起斗殴,结果变成一场官司(顺义2∶108,无日期[债-8])。与宝坻不同,在顺义虽然赊买纠纷要比宝坻少,但23件钱债案中仍有2件这种案件。例如,张洛宗向一个叫刘起祥的小贩赊买了34元的鸡,刘告张赖账不还(顺义3483,1931.5.21[债-19])。

看来,因其交易的非正式性,上述借贷给赖账或至少是误解留下了很大的空间。当然,在许多场合贷方的善意能够得到其亲戚、邻居或朋友的回应。但是,这样的和谐取决于借方还债的意愿和能力,或贷方体谅借方的困难而放弃债权的意愿。对一个处在生存压力之下的人来说,亲戚邻里间的"面子"可能是一件不堪负担的奢侈品。或者由于借贷的非正式性会使他简单地认为他不必还欠。无论出于何种原因,其结果都会造成难以调解的冲突。许多债主试图不经第三者而自己讨债,这种贷方和借方的直接交涉更增加了斗殴和伤害的可能性,并因此引起法律诉讼。

正式借贷 正式借贷的数目一般比较大,多用于结婚或丧葬,间或也用于购买耕畜或土地。这类借贷借期大都较小额救急借贷要长,在五至十个月之间,以春、冬两季作物中的一季或两季为抵押。借款要付息,利率通常为每月二至三厘。现金借贷在100元以内只需有保人或中人,不过有时也必须以土地为抵押。若贷款数目更大则贷方几乎一定会要求有实物抵押。借方则可能抵押其土地的耕作权(不是真正的让渡),并有中人作证写下字据。一般贷方会贷给借方其抵押土地价格的50%。如果借方通过典卖的形式让渡其土地的使用权,但保留其所有权,这样他可以在还清债务后赎回土地。这样的安排同样有中人作证并写有字据。典地借钱通常可达到地价的70%(《惯调》,4:217—221;1:38,300;2:197—201,208—209;3:319—323)。

与非正式借贷相比,正式的契约借贷有其内在的解决冲突的机制,那就是中人或保人。借款人通常会找一个自己熟悉的有资产或声望的人作保,在贷款人面前这代表了他的信用。若有赖账,贷方可通过中人来讨债。虽然原则上说中人所负的只是一种道义的责任,但如果借方赖账人们还是指望他来还债(《惯调》,1:210—211,300)。

根据村民们的反映,每年总有一两件因债务而起的纠纷(《惯调》,1:189—190;4:11;5:25)。不过大致说来,这种通过中/保人和物权抵押来层层防止纠纷的安排,相当有效地减少了法律诉讼。因此,村庄资料中没有一件因正式借贷而引起的官司。

这并不是说在这方面就没有法律纠纷。事实上,19世纪宝坻的51件案件中有13件是由正式借贷引起的。譬如,孙大夸借给外村刘某十吊钱。孙并不认识刘,借贷是通过中人张奎完成的。后来刘某欠债不还,孙便向张讨债(宝坻,192,1906.9[债-45])。在另一个例子里,赵连借给张景禹九十八吊钱,张以土地为抵押。景禹后来只还得出八吊。双方关系恶化,后因一些小事打起来,最后引出一场官司(宝坻,186,1839.5.11[债-21])。

不过,总的说来,正式借贷所引起的法律诉讼比非正式借贷所引起的要少:在宝坻的案件记录中是13:24,在顺义是3:7。而村庄里的两件钱债诉讼是关于非正式借贷而不是正式借贷的。

土地买卖

明清时期农村经济的商品化,和进入20世纪在世界经济影响下的农村经济加速商品化,导致土地的频繁买卖和租赁(黄宗智,1985,1990)。毫不奇怪,围绕这种交易而起的纠纷和诉讼为数不少。

典卖 如上所述,告贷的农民会通过典卖的方式来避免绝卖自己的土地(典价是土地市价的70%左右)。一般来说,"出典人"(这是民国民法所用的术语,见第九百一十一至九百二十七条)会同意在一定的时间内付还典价,凭此赎回自己的土地。另外,若"典权人"同时又是债权人,则有权在这一时期内使用这块土地,自耕或出租。但耕者常常就是出典人(关于这方面更详细的情况,请参见黄宗智,1990:106—108)。不过,这样的安排常常只是推迟出典人最后绝卖自己土地的日期而已。他在经济压力下只能典出自己的土地,他的收入会进一步减少,只能看着自己步步倒运。在清代,一个通常的惯例是出典人眼看赎地无望,会将其卖断给典权人,以获得该土地的典价和市价间的差额。这种做法叫作"找贴"。在这种情况下出典人自愿放弃自己的地权,尽管是十分勉强的。

不过,常常有这种情况,当典期结束时,出典人既无力还清典价,又不愿放弃地权。很少出典人会承认他将永远不能赎回自己的土地。他会死守着那块地的地权,几年甚至几十年,而拒绝卖断给典权人。① 结果造成一个长期的僵局,典权人和出典人都握有部分地权。典权人可以使用但不能出卖这块土地,出典人虽不能使用这块土地但能制约典权人对其行使充分的所有权。

清代的法律对化解这种僵局并无什么帮助。相反,它在这一问题上的暧昧立场在很大程度上助长了这种情况。虽然法律承认土地买卖愈益频繁的社会现实,但它仍试图坚守维护原业主产权的长期政策,坚持除非是绝卖(这种情况事实上是相当少的),卖者有无限期的赎回自己土地的权利(例第九十五条之三)。这样,法

---

① 由于许多典卖为了避免纳税而私下进行交易,因此情况变得更为复杂(经君健,1994:70)。作为逃税者的典权人显然是不可能把一个固执的出典人送上法庭的。

律实际上鼓励出典人长期抓住部分产权不放。立法者在1753年增加了一条例,限定赎典权的期限为三十年(例第九十五条之七),不过这样长的时限规定对消除上述的纠纷无补于事。

清代常见的通货膨胀进一步加剧了土地典卖的纠纷。土地价格在典卖期间的上涨,使找贴的公平价格成为问题。所谓"找贴",就是出典人可以凭恃法律用回赎典地来要挟典权人付给他因价格上涨而形成的差价。价格的持续上扬会导致不断的找贴要求。例如,1695—1823年间苏州沈氏宗族的土地买卖文件,记录了为许多土地反复多次支付找价的事实(洪焕椿,1988:99—144),①这种情况一直持续到1730年,这年清政府增加了新的条例,规定每一典卖交易只允许找贴一次(例第九十五条之三)。

对于典权人来说,他当然有理由希望不要回赎,因为土地和典权的价值已超过了当初典入时的价格。他也会希望继续维持这种典权的状态以期土地进一步增值。如果他想买断,他会试图坚持当初典卖时的地价,而不愿付出现时市场上的价格。

即使没有地价的上涨,随着时间的推移,典权人一般也会对典入地产生越来越强的产权意识。他若自己耕作典地,那么年复一年,他会觉得他理所当然有权使用这块土地。若他将地出租,他也会视其地租收入为理所当然。

但是,当事隔多年之后,出典人或他的继承人决定要赎回土地时,麻烦就发生了。典权人,或他的继承人,甚至他的佃户,都会很不情愿放弃土地的使用权。而同时,出典人或他的继承人根据清

---

① 这里我要感谢白凯让我使用她所做的关于这些资料的笔记。

律的规定则觉得自己有充分的理由赎回典地。这样的冲突很难通过中人或族人及社区的调解而获得解决,因此经常引起法律诉讼。

例如,在宝坻,辛旺的祖父将地典卖给李祥的祖父。两代人以后,在 19 世纪 80 年代,辛和李因土地产权问题卷入了一场官司(宝坻,106,1882.2.18[土-22])。另一个同样的例子是刘和、刘顺家租种一个姓项的地主的十亩地已有 45 年之久,突然发现他们与赵永卷入了一场官司。赵说要赎回这十亩地,因为这是他曾祖在 1788 年典卖给项家的(宝坻,104,1865.5.22[土-167])。

顺义的档案清楚地显示了这样的典卖纠纷延续到民国时期,在该县 42 件土地纠纷案中有 7 件是典卖纠纷。譬如,王永增的父亲锡全典卖了三亩地,虽然王付清了典价赎回了土地,但在 1922 年他还是卷入了一场官司。对方是个第三者,因为他从典权人手中典买过这三亩地中的一亩(顺义,2:212,1992.7.4[土-81])。

民国的民法试图消除这类纠纷的部分根源,它规定若典约有明确的期限,则出典人在期满后只有两年的回赎权(第九百二十三条)。但问题是许多典约并无明确的时间规定,对于这样的情况民国民法只能沿用清代的惯例,允许人们有 30 年的回赎期(第九百二十四条)。这样,在顺义的一个典卖交易中因为没有载明确切的期限,交易双方在成交四年之后为各自的权利发生了争执(顺义,3:478,1937.6.24[土-19])。

典卖的情况在三个村庄中也很普遍,特别是在高度商业化和种植棉花的寺北柴。在 1942 年,该村 140 户村民中有 70 户典卖过土地(《惯调》,3:附表)。虽然在日本调查者的访谈记录中未看到有关这些交易的纠纷,但我们很难相信会没有这样的纠纷。

绝卖 即便是绝卖,在法律上也不总是那么直截了当的。首先,土地边界的不清楚就常常会引起纠纷。一个业主和他的继承人可能在许多年中对自己的土地的界线只有一个大概的印象。在买卖土地时,通常由中人当着所有当事人的面对将要出卖的土地做一丈量,以确定它与地契上所载相吻合。他的量具是一把尺(五英尺左右),它必须符合当地认可的度量衡标准(《惯调》,3:161—162)。一般情况下,丈量的结果会与人们的印象吻合。不过也可能发现地契和实际情况之间的误差。譬如,在冷水沟,杨汝栋在李文斗卖地时丈量了与自己相邻的地块,结果发现他实际耕作的面积比地契上所载和丈量所显示的要少0.4亩。另一个相似的例子是,李长华卖给杜延年2.4亩地,丈量显示他的刘姓邻居侵占了他的一部分地(《惯调》,4:11)。

这样的误差很容易引起纠纷,而如果调解无效则会演变成法律诉讼。1936年,侯家营的侯老荫卖给侯治东15亩地。在当地,丈量土地的单位是垄(垄是狭长土埂用以分割田块),通常四垄地为一亩。当老荫的60垄地丈量出来后,发现它显然少于15亩。老荫愿再给对方两亩地和解,但治东后来还是向县法庭提起诉讼(《惯调》,5:286)。虽然宝坻的案件记录没有关于这种纠纷的案例,顺义的资料中只有一件,但根据村庄的资料我们可以猜测这种纠纷相当普遍。

纠纷和诉讼的第二个起因,来自乡村中普遍存在的做法,即在土地交易时不向政府注册以避免纳税。在这种情况下,买卖双方使用的是"白契"。白契有别于官方的"红契",后者向县府注册过并付过税。在寺北柴,刘生兰的祖父多年前曾买了一点地,但未曾注册。生兰的表兄弟李俊知道后跑去要他付了一笔600元的罚款,李自己扣下了400元。后来刘发现了事情的真相,非常愤怒,以讹诈告李(《惯调》,3:215—216,333)。虽然在这方面我们掌握的县档案资料中同样没有相应的例子,但根据村庄的资料,我们还是可以推断这种情况可能存在。

绝卖纠纷的第三个起因是毁约。1926年寺北柴的郭明玉向郝老凯买了二十七亩地并付了200元的定金,此事由中人郝常东作证并书写了买卖文书。后来郭毁约,声称他买地的钱给土匪抢去,要求郝退还定金。郝向县法院提出诉讼要郭遵守契约,被判败诉;郝于是向天津高级法院上告,最后赢了这场官司(《惯调》,3:253)。

顺义县档案还揭示了土地纠纷的另外两种原因,都属当地的特殊情况。一个牵涉旗地,这是清初朝廷赐给满洲贵族和旗人的土地,在京城附近的顺义县特别常见。大多数旗地后来都被变卖而与民地无异(黄宗智,1985:98—99)。但是,民国政府宣布逊清及其旧贵族所拥有的任何旗地都归国家所有,这使得一切旗地的所有权都产生了问题。顺义案件中有3件与这一原因有关。另一个引起纠纷的原因是濒河地产,频繁的水灾不可避免地会模糊田块的边界,从而引起产权纠纷。

租佃契约 根据宝坻和顺义的案件记录,地主和佃户之间因租佃和相关原因发生的纠纷是一个始终存在并可能愈益频繁的事实,民国时期顺义的42件土地案件中有10件与此有关。相比之下,清代宝坻的23件中只有4件与此有关。这些案件中的一些关系到的不仅仅是地租。例如,有个大地主的分成佃户试图隐瞒部分他所耕作的田地。当这个地主为此与他冲突时,他和另外10个佃农一起把地主打了一顿。该地主于是提起诉讼(宝坻,98,1839.7.18[土-11])。另一个案子是关于一个分成佃户因歉收而要地主对他播的种子予以补偿(宝坻,100,1839.5.18[土-12])。还有一个案子是一伙农民开垦了四百五十亩荒芜多年的涝地,后来还伪造了地契。该地的原业主欲夺回自己的土地因而提出诉讼(顺义,2:88,1916.8.31[土-1])。第四个例子是一个新业主想增租或换佃,但遭原佃户拒绝,该佃户声称拥有永佃权,因为他家佃种该地已经好几代。业主因此告到法庭(顺义,3:682,1933.7[土-26])。

在沙井、寺北柴和侯家营,我们只有一个记录下来的关于租佃纠纷的例子。王赞周是寺北柴最大的地主,他要撤刘永祥的佃,因为刘没有交租。刘耕种的地是他典卖给王后又再向王租种的。村长张乐卿调解了这一纠纷(《惯调》,3:178—179)。在另一个村庄(后夏寨),村民们提到一件一个小业主与其佃户间的纠纷。双方关于租率有一个三年的协议,租金以货币计算。当粮价上涨后,该业主想把地租改为实物,但佃户则坚持原先议定的货币租(《惯调》,4:473—474)。

一些日本调查人员竭力想从村民口中得到更多业佃冲突的例子。其中有两人问得特别仔细(《惯调》,2:89;4:166),但也未能得到更多的信息。不过,寺北柴村长张乐卿曾经提到,佃户们无论怎样不满,他们总是尽量保持沉默以免丧失佃权(《惯调》,3:193)。沙井的中农杨泽比较坦率地解释说,佃户不敢说话是因为地主几乎可以为所欲为(《惯调》,1141)。战时农产品价格的上涨使得那几年间耕作成为一种人们争着要干的工作,土地租佃市场也由此成为一个卖方市场。

第二章 范畴的定义:共产革命胜利前华北村庄的纠纷和诉讼

其他的纠纷和诉讼

在沙井、寺北柴和侯家营,有6件纠纷是由于民国时期地方政府试图强化对村庄的控制,和通过村庄行政的官僚化来增加税收所引起的。正如我曾经指出过的(黄宗智,1985:第三部分),地方政府的这种努力与由社会经济变化所带来的社区凝聚力的减弱汇合在一起,造成了权力的真空,给了土豪恶霸僭取村庄权力的可乘之机。这三个村庄至少都有一件这样的纠纷,而全部6件中有5件演变成法律诉讼。

其中有一件诉讼发生在沙井。1939年当合格的社区领袖无人愿意出头时,一个叫樊宝山的无赖僭取了乡长的职位。除了其他的种种劣迹,樊还将县当局发下的铁道枕木窃为己用,并栽赃给另一个村民。村庄的首事们联合起来把他告到县里,撤了他的职,并判他二年刑(黄宗智,1985:268;参见41—42;《惯调》,1:197—198, 200—201)。同样在寺北柴,1935年村庄首事们联合起来赶走了滥用权力的村长李严林。李因敲诈村民被判有罪(黄宗智,1985: 269—270;《惯调》,3:50—51)①。这两个例子显示正式的法律系统有时能有效地保护村民以对抗滥用的权力。

但是,另外两个例子则告诉我们这种保护常常是很有限的。譬如,这个无赖樊宝山,在服刑二年之后于1942年又回到了沙井。当满铁调查期间他正和城里的一个和尚勾结,试图侵吞村内的二

---

① 吴店的村民于1941年罢免了他们的村长赵凤林,因为他贪污了90元税款(黄宗智,1985:271;《惯调》,5:408,421)。

十亩庙产（黄宗智，1985：41—42；《惯调》，1：194—203）。同样地，1942年，侯家营一位勇敢的年轻教师上告齐姓的泥井镇长，但被判败诉。齐当过兵，是一个烟鬼和赌鬼，他不断地向村民敲诈钱财。当刘姓教师告他时他恐吓所有的村民，使他们无人敢开口，结果刘以诬告被罚鞭笞五十（这是根据清律而非民国的民法）（黄宗智，1985：273—274；参见《惯调》，548，50—51）。

其他几件纠纷由征收新的摊款所引起。在侯家营，侯定义几年前曾告过一个人，说他以乡的名义向侯收过一种特别摊款，但事后否认有其事（《惯调》，5：154—155）。1927年，还是在这个村，同属刘姓宗亲的村长和副村长同族内的富户通同作弊，隐瞒了六七百亩土地没有纳税（全村耕地总共是三千三百亩）。由于新税是摊在村庄整体头上的，这样做就加重了其他村民的负担。侯姓村民在侯心如和侯荫堂的带领下在县里提出抗议，迫使刘姓村长下台，并让侯姓的族人当了村长（《惯调》，5：38—39）。在19世纪的宝坻，乡村行政纠纷大都与村庄之上的乡保有关。乡保是清代县以下最低一级的准官员。在宝坻的档案中有三百多个案子与乡保的任免有关。我曾经指出，乡保处于帝国官僚机构和乡村社会的交接点上，时时受到国家和乡村社区间利益冲突的挤压。这个位置是份吃力不讨好的苦差，人们避之唯恐不及。宝坻的档案告诉我们许多关于这种紧张关系的细节，如被提名的乡保竭力逃避正式的任命，乡保的滥用权力，以及官府为捐税和治安而加在乡保身上的压力。这些例子可以看作上述民国时期村庄一级的行政纠纷和诉讼在清代的表现。

在民国时期的顺义县，随着官僚机构的向下伸延，国家与乡村

第二章 范畴的定义:共产革命胜利前华北村庄的纠纷和诉讼

社会冲突的交叉点从村庄之上的乡保下移到村长身上。在顺义的档案中有大约 120 个案例是关于村长的任免(顺义,3:42,50,1929.1—12;2:281,1925.4)它们表明国家对村庄行政官僚化的努力和不断增加的税收,严重地加剧了国家与乡村社会间的紧张关系。在顺义,拒绝出任村长人数的比例超过了在宝坻拒绝出任乡保的人数比例。

当代中国的档案学者通常把这样的案件同其他的民事案件分开。譬如巴县的档案就把这种案子笼统地归入"内政"这一类。戴炎辉对淡新档案的分类也同样把它们归入"行政"一类。本书不打算分析这类案例,它们需要由专书来研究。

最后,有五件日本调查人员所记录的纠纷不能恰当地归入任何一类。其中有两件牵涉到村庄集体。一件是沙井与北法信乡政府因修路产生的纠纷。乡政府要沙井参加修路,沙井村民觉得这条路与他们无关因而拒绝。乡长于是召集沙井和其他村的村长开会来解决这一纠纷(《惯调》1:190)。另一件纠纷上告到了法院,但在法庭正式裁决前和解了。这件纠纷牵涉到沙井和邻村石门村为八亩沼泽地而起的争执。这八亩地位于两村之间但属石门村所有,原先弃置不用,沙井村民在这里种植芦苇出售赚钱,石门村上告法庭以要回土地(《惯调》,1:474—475)。

另一件发生在侯家营的纠纷也值得一提。该村的新式小学建于 20 世纪 20 年代,建成后从传统私塾拉去了不少学生。两个学校之间的冲突最后变成一场法律诉讼。它显示了民国时期村庄内有限的现代化给乡村社会所带来的紧张关系(《惯调》,5:154—155)。

刑事司法系统

村庄资料还告诉我们一些关于刑事司法系统的情况。几乎每个村民都接触过庄稼或耕畜被盗的事情,特别是在动乱的民国时期。但是,抓获窃贼时,村民们通常自行处罚而不是将其送交官府的刑事机构。一个贫穷的流浪窃贼,在这时期常是一个鸦片烟鬼,会被打一顿然后放走(《惯调》,3:50)。如果窃贼是本村人,这种情况很经常(《惯调》,4:50,356,423;5:45,444);或来自邻村,他可能会被罚款,这钱有时是由他的族人付的。在释放前他必须保证不再犯。这可以是他签字画押的书面文字,也可以是在菩萨面前的焚香发誓(如在寺北柴;《惯调》,3:42,206)。或者,若犯者是孩子,则他的族人须担保他不再犯。也有时候,窃贼和被盗人可通过村长或窃贼的亲属达成金钱上的和解(《惯调》,1:120;3:42)。所有这些情况,大都不报告官府,村庄也不把窃贼扭送司法当局。

村庄自己处理偷盗庄稼这样的小偷小摸事实上是清律中的一个暗含原则。明律简单地说这样的偷盗要受处罚,清律则补充说:"计所食之物,价一两以上,笞一十;二两,笞二十;计两加等,罪止杖六十,徒一年。"(律第九十九条)如经君健所指出的,一般偷盗庄稼的价值都不到一两,按照清律的小注,就是让他们在法庭外解决(经君健,1994:47—48)。

更为严重的刑事犯罪,如杀人和抢劫,则由官府来处理。清代和民国时期都是如此。特别是清代,它要求所有重要的刑事案件都必须通过司法系统逐级上报,从州县到府再到省。而死刑案必须上报到皇帝,清代刑科题本档案中由此而保留了数以几十万计的命案记录(黄宗智,1982;参见黄宗智,1985:47—49)。

然而,在绝大多数人口居住的村庄,这样的刑事犯罪是相当少见的。例如,在三个满铁调查的村庄,人们的记忆中没有一件杀人案。唯一一次死人的事件是发生在侯家营的,一个媳妇因婆媳关系不好而自杀(第三章有更详细的讨论)。同样也没有上报官府的抢劫案件。

诚然,在军阀统治的年代,盗匪横行使许多村庄饱受蹂躏。① 不过直到抗日战争爆发前,沙井、寺北柴和侯家营都未遭遇匪患。抗战初期盗匪猖獗,寺北柴不断遭受攻击,张乐卿在当了多年村长后这时再也不愿干下去了(《惯调》,3:49—50)。然而,这种外来的横暴并没有使农民与官方的司法机构发生更多接触,恰恰相反,它提醒人们这种机构的无效和乡村社会治安的败坏。② 寺北柴的张乐卿夸他自己有一次在儿子和雇工的帮助下,打败了 15 个匪徒(黄宗智,1985:269)。国家的治安系统没起丝毫作用。

这三个村庄的村民只提到两件刑事诉讼。一件是前面提到的寺北柴的刘生兰告他的表兄弟李俊讹诈(《惯调》,3:215—216)。另一件上面也曾提到过,是侯家营的侯定义告他邻居的雇工与他儿子斗殴(《惯调》4:154)。

从田野调查的证据来看,刑事司法系统在村民的生活中影响

---

① 吴店村位于战略要道,因此在 1924 年直奉战争时受到败兵的荼毒(黄宗智,1985:270)后夏寨地处偏远,但在 1918 年也遭到匪患(《惯调》,4:410)。
② 例如,后夏寨组织红枪会来自卫。同样地,冷水沟建立了一支 80 人的自卫队日夜守卫村庄,以对付六七人的小股土匪(黄宗智,1985:262—263,244—245)。

较小。大多数村庄内的"犯罪行为"是由村庄在没有外来干预的情况下自行处理的。当村民确实需要与官方司法系统打交道时,他们更多是求助其民事机构而非刑事机构。

村庄诉讼和县法庭记录

如我一开始就提到的,县法庭存档与村庄的纠纷和诉讼记录密切相符。民国时期的地方法庭规定要制备案件登记簿,区别民刑案件,分别新收、旧收和已结案件。顺义县1927年的案件登记簿列有101件新收民事案件,每件案件都列出了诉讼当事人的姓名,以及对纠纷内容和类型两个字的总结。表5根据案件登记簿上的主要分类对这些案件做了一个分析。

表5 1927年顺义县法院新收民事案件

类别		数量	类别	数量
土地	田界等	29	婚姻	7
	租佃	3	继承	4
	典卖、赎典	2	养赡	2
	庄稼	5	赔偿	3
住宅		11	其他①	15
债务		20	总计	101

①其他案件涉及的纠纷主要发生在城镇居民而非村民之间,如关于糖价、契约、会费和一家盐店的纠纷。

资料来源:《民事案件月报表》,1927。

分析的结果与我们根据村庄资料和县法庭案件存档所设想的一样。关于土地(包括住宅)、债务、婚姻和继承(包括养赡)的纠纷——这四个被当代档案学者和本书研究所采用的主要类别的纠纷,占了顺义县法律诉讼案件的绝大多数,与我们在三个村庄中看到的情况一样。总的来说,它们构成了 1927 年顺义县民事案件的82%。表 6 显示的是村庄里的相应数据。

表 6 民国时期华北三个村庄及顺义县民事诉讼的主要类别

类别	顺义县		三个村庄	
	数量	百分比(N=101)(%)	数量	百分比(N=13)(%)①
土地	50	49.5	4	30.8
债务	20	19.8	1	7.7
婚姻	7	6.9	1	7.7
继承(包括养赡)	6	6.0	4	30.8
总计	83	82.2	10	77.0

①这个总数与表 2 所列不一样,因为它还包括行政案件,这类案件未计入县案件登记中。

资料来源:见表 1 和表 5。

清代可资利用的资料显示了同样的情况。宝坻县所存的1833—1836 年和 1861—1881 年共 25 年的词讼案件簿,列出了总共209 件案件可以明确地判定与土地、债务、婚姻和继承有关(见表7)。同样地,214 个归入民事的淡新案件中有 202 件属于这四类。毫无疑问,这些纠纷在民事诉讼中占压倒性的多数。

表7还显示出民事纠纷在19世纪占了县法庭三分之一以上的(包括民事和刑事在内的)承办案件数。根据表8的资料,民国年间民事诉讼的比重可能有所增加。1936年全国255个地方法院的报告表明民事案件的总数和刑事案件相当,而1918—1944年间在5个个别的县中民事案件总数已经超过了刑事案件。

表7 淡水-新竹和宝坻的民事与刑事案件比例,1833—1894年

县别		民事	刑事	总计
淡新,1833—1894年	数量	202①	361	563
	百分比(%)	36	64	100
宝坻,1833—1881年	数量	209②	367	576③
	百分比(%)	37	63	100

①指土地、债务、婚姻和继承案件,不包括缩微胶卷中遗失的7件和5件非诉讼案。

②包括案件登记上明确说明是土地、债务、婚姻和继承的案件。其中的31件还涉及殴打与斗殴。

③这里剔除了78件与乡保和牌头的任命及职责有关的案件,及274件原因不明的斗殴案。后者中可以相信有相当数量的案件与土地、债务、婚姻和继承有关。

资料来源:《淡新档案》,戴炎辉编目整理;宝坻,329;词讼案件簿,1833—1835,1861—1881。

表8　全国和5个县中的民事与刑事案件比例，1918—1944年

县别		民事	刑事	总计
全国，1936年①	数量	94 259	104 006	198 265
	百分比(%)	48	52	100
5个县，1918—1944年②	数量	2700	2432	5132
	百分比(%)	53	47	100

①这是255个地方(或初审)法院所报告的"初审"案件；其中236个是县法院，其余的是大城市的地方法院(即19个省会中的17个，以及上海和北京)。民事案总数中还包括12件高等法院所收的初审案。
②松江，1918，1924；顺义，1927，1930；临海，1928，1929；随县，1935，1936；宁都，1940，1944。
资料来源：全国，《司法统计1936》，2：1—8；3；30—40。5个县，见表19。

总之，从我们所掌握的零散的县法庭案件资料中，可以看到三个事实。第一，在清代和民国，民事诉讼主要围绕着土地、债务、婚姻和继承(包括养赡)的纠纷展开；第二，在1750—1900年间，民事案件可能占到县法庭所有案件(包括民事和刑事)的三分之一；第三，在民国时期，民事案件可能更为增加，到了20世纪30年代，达到县法庭所处理案件的一半。

在上一章里我曾讨论过，清朝当局尽力将所谓的"细事"小而化之，这点如何极大地影响了过去学者们对明清民法的研究。理想的状态，不论在律文上还是实践中，都是让地方居民自行处理诸如继承和婚姻之类的"小事"所引起的争执。如果这类纠纷仍然进入了官方司法系统，则应由地方官"自理"而不得再烦渎上听。清律并不要求上一级对这一类案件进行复审，只有所谓"重情"才必

须这样做。县官只要每月呈交一份受理案件的记录就可以了(例第三百三十四条之四);除此之外,上级官僚不应再受打扰。似乎是为了强调这类案件的微不足道,清代还限定了收受此类诉讼的日期。例如,直到18世纪末,只有在农忙的四月至七月以外,才于每旬的三、六、九日接收新案;自此以后,尽管办案负担日益繁重,办案时间还是缩减到每旬的三日和八日(瞿同祖,1962:274 注13)。①

与清代官方要我们相信的不同,本章的研究显示民事案件是地方法庭受理案件中的一个重要组成部分。根据我们的田野调查资料,对一个地方的大多数居民来说,民事案比刑事案更重要也更常见。所有的居民在他们的日常生活中都会碰到财产、债务、婚姻和继承这样的问题,而只有相当少的人会卷入严重的刑事案件中去。一个地方官同地方社会的关系很可能更多地取决于他对民事案而非刑事案的处理,尽管那些重情大案在他同自己上司的关系(因而在他自己的仕途)中来得更重要。本章所详细讨论的各类民事案件绝非微不足道,事实上它们是地方法庭日常运作中的一个重要组成部分。

---

① 瞿同祖认为,直到19世纪,收受案件的天数才减少。但是,从汪辉祖那里我们可以清楚地看到每旬三日和八日受理的做法开始得比这要早(汪辉祖,1796:29)。县官和他手下的师爷胥吏当然并不限定在这些天内处理案件。

第三章 处理纠纷的非正式系统：共产革命胜利前华北农村的民间调解

社区和宗亲调解在过去的研究中并未受到足够的关注。就我所知，萧公权的《帝制时代的妥协和解》(1979)是迄今为止关于这方面比较彻底的研究。但这一研究受到其资料的限制，萧用的主要是方志，没有实地调查。结果他的讨论局限在较为重大的冲突和纠纷，诸如宗族械斗、农民抗税和水利纠纷中，对日常村庄生活中的纠纷基本上没有涉及。

和前一章一样，本章的资料也来自满铁在沙井、寺北柴和侯家营的调查，并辅之以其他村庄比较粗略但仍有用的资料。这些资料包含了与调解有关的大量人事、方法、过程及原则的讨论，特别是由村民为日本调查人员回忆的 41 件纠纷（其中 18 件演变为法律诉讼）的具体细节（见表 9）。调解案的大部分（共 26 件）是村内纠纷，恰好是现存学术文献中最薄弱的领域。这些纠纷可分为两种类型:一种是因契约责任而起的纠纷,通常由中间人进行调解;另一种是家庭和邻里纠纷;通常由族长或社区领袖来调解。像在前一章中一样,如果田野调查的资料只适用于民国时期,我会加以说明;否则的话我对村庄内民间调解的基本性质的分析就同时适用于清代。这一章的分析是建立在上一章的资料和证明的基础上的。上一章的研究证明了直至共产党革命胜利以前,村庄内部纠纷的性质和处理基本上是延续的。

表9 革命胜利前华北三个村庄的纠纷及诉讼结果

	类别	沙井	寺北柴	侯家营	总计
纠纷	调解成功	11	5	3	19
	结果不详	1	0	1	2
	其他	0	2①	0	2
	小计	12	7	4	23
诉讼	调解结案	3	3	1	7
	法庭裁决	1	4	4	9
	结果不详	0	0	2	2
	小计	4	7	7	18

①协议离婚。
资料来源:《惯调》,1—2、3、5。

契约和交易:中间人

如前所述,几乎所有的村民都这样或那样地卷入契约关系(包括婚约),这些交易引起相当多的纠纷。他们也因此需要各种各样

第三章 处理纠纷的非正式系统:共产革命胜利前华北农村的民间调解

的调解以平息家庭成员和邻里之间的琐细争吵,这样的调解一般通过中间人来进行。

正式借贷

正式借贷可能是最能说明中人在村庄社会中作用的领域。中人通常是那些由于其所拥有的人际关系和声誉而能促成交易的人物,他们因而被称为"介绍人"或"说合人"。一项交易一旦发生,中人最重要的作用就是在出现纠纷时进行调解。如果借方不能还债,那么,中人就应想出妥协的办法:或是延长借期,多一季收成(五个月)或两季(十个月)(《惯调》,4:222),或是安排另一笔借款来支付到期的这一笔,其性质与延长借期相同(亦参见《惯调》,2:195—196),再或者他自己来支付借款利息从而延长借方还本的期限(《惯调》,2:215)。

有时候,中人又是保人(或叫作中保人),虽然这并不多见。在这种情况下,他常常是借方的近亲或贷方所信赖的人。如果发生欠账,他就要为借方还债(《惯调》,1:210—211,300)。譬如,沙井的杜祥就卖过十亩地为他的亲戚还债——他亲戚借了300元做生意(《惯调》,2:260)。

如果借贷是以土地做担保的话,就不需要有保证人(《惯调》,2:212,215)。中人的作用主要是调停人。如有欠账,他会先寻求延期或想办法帮借方还债(《惯调》,3:319)。但是,如果贷方不肯延期而借方又无力还贷,那么在贷款是以土地耕作权作担保时,他的责任就是保证贷方得到这一权利(《惯调》,2:250)。而如果契约牵涉到的是典卖,他就要在以后的交易中继续充当中间人,让贷方

61

付清土地典价和足价之间的差价以获得典入地的完全所有权。譬如,沙井的张永仁从何长江手里典入了一块地,中间人傅菊安排他付了20元差价给何,张取得了该地的完全所有权(《惯调》,2:211)。

中人的角色和职业性经纪人不同。根据沙井村民的反映,对100元以下的契约,中人一般不拿任何酬劳。若一笔借款大于此数,他会得到借方的一点礼物,如五斤面粉,或一些白菜,或一些白面饽饽,但这不是定规。他从不拿现钱(《惯调》,2:212)。

在正式借贷中,中人作为调停人显然有助于减少冲突。我们的田野调查资料中正式借贷的纠纷都是由中人调解的,没有一件需要请族亲或社区人士调解,更没有一件演变为诉讼案。两件由社区或族人调解的债务纠纷,都是由借贷双方直接交易的非正式借贷。在先前关于进入法庭的各种案件的讨论中我们已经注意到同样的情况,即尽管非正式借贷是在近亲和朋友之间的小额而短期的契约,不应该有冲突的倾向,但在清代和民国时期,它们所引发的诉讼远多于那些通过中间人安排的交易所引起的诉讼。正式借贷相对低的诉讼率,证明了中间人制度作为解决争端手段的重要性。

土地租赁

在土地租赁的契约中,中间人通常与佃户有密切关系又在业主那里有信用,或者他可能在业佃双方都有良好的声誉(《惯调》,3:188)。如果有文字契约,这在园地的租约中比较多见,租约通常以若干年为期,而中间人的名字会出现在文字契约上("租批",《惯调》，2:94—95)。如果租约是口头的,在按年出租的情况下,中间人则是交易的促成人和证明人。如果议定的租子有欠,他会被叫来调停。他或是对佃户施压促其还租,若佃户无力还租,他会要求业主延期到下一年。若两者都行不通,他会寻求其他的办法来避免冲突(《惯调》,3:188)。1941年寺北柴的刘永祥无力完租,中间人张乐卿请了另一个村民赵老有为刘担保延期还租至下一年并允诺若刘不付的话,赵将代付。有了这个担保,刘才得以延续租约(《惯调》,3:178—179)。

1941年在山东恩县的后夏寨,小业主刘士存和佃户马常议定了十六亩地的三年租约,租金是六元一亩,中人是马瑞元。但是,定约后农产品价格迅速上涨,村庄里大多数租约都改为实物租。刘要将他的租金也像别人一样改为实物,不然他每年所得六元的所值将越来越少。但他的佃户坚持当初的约定。这个纠纷由原中间人马瑞元调停而获解决。马提出了这样的妥协方案:佃户马常第二年仍付钱租,但第三年须付实物租(《惯调》,4:473—474)。

像在借贷交易中一样,这些租佃契约的中间人也不能和现代商业社会中的经纪人相提并论。他们既是商业交易的促成者也是潜在的调停者,他们的服务一般没有报酬(《惯调》,3:188)。寺北柴的张乐卿是一个很好的例子:如他作为村庄领袖为村庄所做的许多服务一样,他为租佃契约做中人并不收取报酬。他做了12年的村长,是村内各种纠纷的主要调解人。他做中人是因为他在调解纠纷方面的良好声誉,而不是因为他是一个职业的经纪人。

若无调解的需要,租佃交易则常常没有中人。譬如,在沙井,当满铁调查时土地租佃市场基本上是一个卖方市场。通行的做法是租金预付,因此没有欠租的问题,也就没有调解的需要。同样地,要是地主认识佃户,这是常有的情况,他就不需要"介绍人";租佃双方可以自行议定租约(《惯调》,2:92)。

土地买卖

对于土地买卖这样的一次性交易,中间人的责任随交易的完成而终止。因此,他作为调解人的功能同在土地租赁或正式借贷中的相比会比较有限,不会延续一段时期。不过,他对契约的顺利达成仍然起着重要的作用。在土地买卖中,他应该确保对交易惯例的遵守:如果几个兄弟中的一个要卖地,他需要弄清其他的兄弟是否同意。如果父母健在,即使他们已上了年纪,卖地者已成为户主,他仍要确证父母是否同意卖地。如果母亲已守寡,还是需要征得她的同意(不然的话,就可能引起诉讼,而调解人或法庭多半会站在母亲的这一边)。最后,中间人必须弄清出售地的四邻有无异议。如果在交易过程中发生了分歧,他有责任进行调解。如果买方或卖方对已议定的价格反悔,或双方对一项和议有不同的理解,也同样要由他来调停(《惯调》,1:83)。

如果交易继续进行,那么中人要当着买卖双方丈量土地。在那一天或在几天以后买卖文书写毕时,买方会请一顿饭以表示交易的完成。① 其目的是感谢中人的促成和居间斡旋(《惯调》,1:40)。

与前面的情况相同,这些土地交易的中间人也不是以此谋生

---

① 请注意,在这里地方惯例把土地买卖看作是一个使卖方伤心的损失,这与美国社会的情况恰好相反。在美国,佣金是由卖方支付的。

的职业性经纪人,而是有自己职业的村民。他们一般不因这种服务而收费,只是象征性地拿一点礼物或吃一顿饭。譬如沙井的傅菊在满铁调查的前一年曾为四五件土地交易做中人,但他没拿任何报酬。傅以负贩为生,1940年他卖柴,在以前卖猪肉、蔬菜和水果。负贩使他有很多人际关系和信息,从而使他能在土地交易中充当中人(《惯调》,2:20)。他的中人工作并不是现代市场社会中的一种职业,而是在一个部分商业化了但又紧密封闭的农民社区中的服务。

婚姻

婚姻在村庄里通常包括两个阶段:先是定亲,双方通过媒人交换"小帖",然后是正式的婚娶,也就是媒人到新娘家送新郎的"大帖"或"娶帖"。婚礼一般在两三天以后(《惯调》,3:100)。

在我看来,这整个过程最好理解为文化符号的交换,而非单纯的经济交易。[①] 它既有商业性的一面,也有非商业性的一面。诚然,男女双方会对聘礼和嫁妆做具体的讨价还价。[②] 但这一过程不能也不应该看作买和卖这样简单的商业交易。事实上,忽略礼仪上的细节并把整个过程降格为纯粹的经济交易,会被认为是粗俗的,并会导致整个婚姻的失败(《惯调》,1:266—267)。

媒人是这一文化符号交换的一个组成部分,他或她的作用是

[①] 布迪厄(Bourdieu)(1977:4—9)有一段很有用的讨论,区分了含有礼物互换成分的交换与纯粹商业交换之间的不同。
[②] 在沙井,对中农家庭来说,平均的婚嫁费用是新郎和新娘各200元至300元,对富裕家庭是各1000元至2000元,对贫穷家庭是100元左右,都由新郎家庭负担(《惯调》,1:267)。

促成婚约并尽量减少可能的冲突。直接付报酬给媒人是不恰当的。在满铁调查的村庄中，习惯的做法是在订婚时请媒人吃大约二三元的点心(在送了"小帖"之后)，在送了"大帖"之后再请他吃一顿饭，这两者都表示一种感谢而非真正的酬劳。譬如，寺北柴较富裕的刘生兰(有地四十亩)在送"大帖"的当天花了50元宴请他的亲戚和媒人。除此之外，他未给媒人别的酬劳(《惯调》，3∶102；参见同书1∶266—267，179—180)。

媒人常常是男女双方中一方的亲戚或邻居(当然并不一定)，这是必须遵守礼仪细节的另一个理由。譬如，沙井村民杨永源女儿的婚事是由杜祥安排的，嫁给了杜的长媳的外甥(《惯调》，1∶279—280)。寺北柴村民郝抓子的儿子的婚事，则是由族亲郝顺成安排的，顺成是新娘的舅父(《惯调》，3∶100)。在山东济南附近的冷水沟，李永祥的儿子兴俊的新娘是由本村一个村民的妻子介绍的，她与新娘来自同一个村子，但并无亲戚关系(《惯调》，4∶123—124)。大家都清楚亲戚和邻里充当媒人是出于好意，而不是为了报酬。

媒人的责任终止于婚礼，婚礼是婚约的完成。婚后夫妻间的纠纷一般被看作家庭内的事务，由族人或邻里来调解。它把我们带出了中间人调解的圈子而进入另一类调解的领域。

社区和宗亲调解人

对家庭和邻里纠纷，没有中间人可以求助，村民们通常找第三者来解决冲突，特别是社区里那些在调解纠纷方面有威信的人士。

第三章 处理纠纷的非正式系统:共产革命胜利前华北农村的民间调解

这是一个具有很大灵活性的民间纠纷处理系统,易于适应各种情况。

在每一个村庄,那些经常充当调解人的个人是人所共知的。他们大都在中年以上,家境良好,多是族中的长老或村庄的领袖人物。例如,在1942年的沙井,村民们提到的七个调解人是:李濡源,65岁,有地76亩,是村里的医师;周树棠,年龄不详,但从他曾在1925—1926年间当过村长来看,他的年纪不会很轻,他有地33.5亩,并租了另外14亩;杨源,44岁,他有地40亩并在城里有一家珠宝店,还雇了五个店员,他在周树棠之后当过村长;张瑞,42岁,他和父亲文通一起有地130亩,是村中首富且为现任副村长;赵绍廷,56岁,有地16亩另租地30亩,雇有一个半年的长工;杨永才,60岁,有地18亩,并通过照看村庙获得每年100元的收入;崇文起,49岁,拥有一家饼店(《惯调》,1:96—97附表;2:12—13,17—18,23,31—32,38,52—56)。这七人中的三人(李濡源、杨源和张瑞)是村庄的会首,全村有十个会首,他们组成了村庄的非正式领导核心(黄宗智,1985:237—240;《惯调》,1:100,124)。其中两人(李濡源和杨永才)是他们自己族内辈分最高的长老和族长(《惯调》,1:附表)。①

冷水沟的一个村民指出"年老有德"和"有信用"是当调解人的重要条件,并举了保甲长(清代和日本统治时期)、村长(20世

---

① 杨源虽比杨永才年轻,却是他这一代的元老。张瑞常代他父亲张文通行事,文通已八十多岁,但名义上仍是户主。而另外四人分别是他们自己一系唯一一家户的户主。

纪)①、族长和学校教师的例子。接下来是亲戚和族人。另一个冷水沟村民列举的条件包括年纪、所有地和公平,不过他又说一个年轻人若很懂事也可以做一个调解人(《惯调》,4:11—12,358,359)。在沙井,一个村民说当时(1942年)才38岁的副村长赵廷魁也是一个调解人。但同村已是公认的调解人的赵绍廷则说,廷魁和杨泽、杨正(他们都是村长杨源的弟弟)一样,虽然能干,但仍太年轻和缺乏经验(《惯调》,1:139,189)。

  在寺北柴,两个最活跃的调解人是张乐卿和郝国梁。张曾任村长12年,而郝则是现任村长。在侯家营,侯永福多年来被誉为"一乡善士"。据说只要他出面调解,任何纠纷都能"大事化小,小事化了"。侯去世后,这种局面也就消失了,村里的六七个调解人中没有一个人的威信像他那样远远高出其他人(《惯调》,5:154;参见《惯调》,4:358)。

  当不同村庄的个人或群体卷入纠纷时,这一调解制度能相应以同样的方法去处理问题。譬如,当周树棠因田界与邻村望泉寺一个张姓村民发生争执时,他找了李濡源和杜祥来帮忙调解(杜是副村长,又是周的好友,能写会算,但并不常出面调解纠纷)。李和杜又找来了望泉寺善调解的刘某,三个人一起解决了这一起纠纷(《惯调》,1:140)。在因沙井村民在石门的沼泽地上种芦苇而起的纠纷中,双方找了另外四村的村庄领袖来调解(《惯调》,1:474—475)。最后,当沙井村民因无赖樊宝山图占村庙土地而与他发生争执时,村庄领袖甚至临时求助于日本调查人员,因为他们与县当

---

① 村长制是20世纪初在这些村庄建立起来的(黄宗智,1985:240—244)。

第三章 处理纠纷的非正式系统:共产革命胜利前华北农村的民间调解

局有更好的关系。

在分家时,调解人一般不仅仅有社区的领袖人物和族人,也有普通的村民,常常是曾受分家影响的邻居。虽然作为调解人他们在分家过程中的影响并不大,但他们是重要的证人。例如,在沙井,杨璞增和杨绍增兄弟的分家由两个族人和一个外人为中保人,而杜春的四个儿子间的分家则由一个族人和三个外人调解(《惯调》,1:291,292)。如果一个显要的家庭分家,如杨源、杨正和杨泽,他们分家的文件由三个族人和九个外人作证,几乎包括了村内所有有名望的调解人(《惯调》,1:255—256,292)在寺北柴,一个村庄领袖与郝氏的族人一起调解了郝狗成和他的三个兄弟之间的分家。但是另外两户郝家的分家,即国梁和他的四个兄弟之间及郝抓子与他的兄弟之间的分家,则是由族人调解而无外人参与。有趣的是,六个族人参与了最后这个只涉及两兄弟的分家案,这个人数是调解郝国梁五兄弟分家这样看来更复杂的事件的人数的两倍(《惯调》3:69,95—96,102)。

郝狗成和他的三个兄弟间的分家可以说明这个过程。除了三个族中的长辈,村长张乐卿也被请来调停,因为兄弟间的关系据说相当好,所以只讨论了两天就达成了协议。除水车和大车这两件物品留作公用外,其他的家庭财产,包括36亩地、住宅、家具都平分成四份。四兄弟每人从张乐卿高举的茶杯里抽一张纸条来决定他得到哪一份(《惯调》3:95—96)。

为了预防将来的争执,宗亲和社区尽可能地赋予分家协议以道德和法律的约束力。分家的讨论具体而细致,并有所有相关方面的参与。一旦达成协议,并通过拈阄完成了财产分配,就会写下一份正式的分家文件,上面详细载明分割的财产,并有兄弟各自的签名画押和中人的见证。这个过程没有给未来的纠纷和质疑留下什么余地。这就是为什么分家虽然是村庄纠纷的一个重要来源,却不是法律诉讼中的一个主要类型(第二章)。

调解的原则和方法

如以上例子所显示的,民间调解制度所最关心的,是在一个朝夕相处紧密组织起来的社区内维护族人和邻里之间和睦的关系。它的主要方法是妥协互让,一般也考虑到法律和社区的是非观念。当遇到不涉及法律或道德标准的纠纷时,如家庭和邻里为细故而争吵,调解人的主要目标就是通过妥协来平息争执。

妥协至上

让我们从侯家营的侯定义同其邻居的纠纷谈起。纠纷的起因是侯的一棵树的树枝长到邻家地界上去了。双方都说从那棵树上采下的木材应归己有。村内的头面"善士"侯永福调解了这一纠纷。其结果是,从树的上部采下的木材归定义,而树干和下部给他的邻居。这一调解方案显然是定义吃亏,因为树干和下部的木材大而且多。当定义被问到为什么他愿意吃亏,他答说因为他的邻居穷,另外他担心惹怒了这个邻居,他会来砸坏或放火烧自己的房子泄愤(《惯调》,5:154)。

在这个例子中我们可以看到此项调解没有涉及国家法律,也没有从财产权的角度来分析争执,就是道德原则上的是与非(理或

第三章 处理纠纷的非正式系统:共产革命胜利前华北农村的民间调解

天理)也不在考虑之列。具体的操作原则是人情,即用来帮助人们维持日常人际关系的情面和相互体谅。正是"人情"一词中的这种意义使它与"关系"这个字眼很接近,人情得像礼物那样可以使用和交换,如人们常说的"送个人情"或"做个人情"。在上述这个例子中,人情就是对更穷的邻居做同情的让步,同时这也是避免贻害自己的一种非常实际的考虑。

寺北柴贫穷的同父异母两兄弟在分家上的争执,为我们提供了妥协至上的另一个例证。两兄弟之一的徐小毛十年以前去了外村舅舅家。舅舅薄有财产,小毛此去意味着他将成为舅舅的嗣子。但是,后来舅舅失去了所有的财产。舅舅死后,一无所有的小毛回到自己的村子谋生。由于他和他同父异母的兄弟德和从未正式分过家,他要求得到一半的家产。而德和则认为既然小毛已过继给他舅舅,他就失去了继承家产的任何要求权。

四个调解人(包括无所不在的张乐卿)无意对兄弟俩的法定权利做琐细的分辨,他们关心的是找到最好的妥协方案来解决摆在眼前的现实人际问题。小毛的家比德和的大,但他不务农,所以他得到老宅的大部:六间屋子的四间。另外两间则拆掉,由德和去造新的。至于家中的六亩地则全归德和耕种(《惯调》,3:153—154)。

同样地,调解沙井和石门两村土地纠纷的四个村长,也并不关心双方要求的法律根据,而是寻找双方都能接受的公平的妥协:调解的结果是两个村庄平分出卖芦苇所得之收入(《惯调》,2:474)。

还有一个例子,是在诉诸法庭失败后的调解。这是寺北柴的徐福玉和他守寡的母亲间因处置田产而起的纠纷。母亲以挥霍出名,她要卖断家中已出典的土地。诚实勤劳的儿子则拒绝。为了

71

惩罚儿子和坚持己见,母亲上法庭告了儿子,谎称儿子不给她吃饭,不负养老责任。县法庭在了解真相以后拒绝了母亲的诉讼,认其为无理,但母子间的冲突并未解决。虽然国家司法不再关心此事,但它仍然是社区内的一个纠纷问题,所以族内的亲戚和村长一起商议了一个解决的办法。他们虽然认为母亲坚持要卖地不对,但为了结束冲突,还是安排了一个让母子俩分居的解决办法(《惯调》,3:153)。

法律在社区调解中的影响

尽管宗亲和社区的民间调解制度功效甚著,但在大多数的纠纷中,诉讼的可能性还是潜在的。因此,官方的法律对调解过程仍然发挥着影响,虽然不一定是直接的。如我们所看到的,官方法律和民间惯行之间在诸子平分家产原则上的一致,有助于减少冲突。反过来,两者在地产转让问题上的不一致,则造成频繁的纠纷(见第二章)。这里并不是说法律没有影响,而是要强调民间调解主要关切的是调停争端,而不是执行法律。

如果一件纠纷演变成了诉讼,如前面讨论到的徐小毛和他的同父异母兄弟德和间的纠纷,社区调解人就必须考虑法律的规定。小毛对上述的初步调解不服,决定为得到家中一半的土地而打官司。社区调解人考虑到法庭可能会判小毛胜诉而令两兄弟平分家产。因此,他们说服两兄弟在原先的调解和他们所设想的法庭可能做出的判决之间做一妥协:德和让出六亩地中的二亩给小毛。德和得到更多的地,因为先前他让了更多的房子。为了防止将来的冲突,两兄弟写下了正式的分家文件。虽然事情的解决没有经过法庭的正式判决,但毫无疑问最后的调解方案中有官方法律的影响。

寺北柴有另一个相似的例子,就是郝洛克与他寡居的弟媳在家庭财产上的纠纷。他弟媳在丈夫死后带着两个女儿回娘家居住,不久再婚。根据村庄的惯例和清代的旧法,她和她的女儿在这种情况下都无权得到原夫家的财产。但是她根据民国民法的新规定,即女儿有权继承父亲的财产向法庭提起诉讼。她提出郝洛克和他已死的兄弟应平分家里的五十亩地,而她的两个女儿是她们已死父亲的继承人。和上个案例一样,一旦她提起了诉讼,村长郝国梁和另外两个调解人就必须考虑法庭可能做出的判决。他们所做的调解是在村庄惯例(以及旧清律)和新民法之间求得一个妥协。对郝洛克来说,他弟媳的要求是过分和不公平的,它无视乡村中长期形成的惯例和通行了几个世纪的清代法律。因无法说服郝割让一半家产给其侄女,他们让他答应代表死去的兄弟给两个侄女每人一份嫁妆。这一安排没有逾越传统上可以接受的界限,又使郝脸上有光。最后的结局是郝付出一千元,这笔钱相当于十亩地的价格,虽然这要比家中一半土地的价值少得多(事实上只有其1/4)。这个安排被算作一次分家,有书写文契为证。郝被说服按分家的形式操办了一遍,其目的是防止他的弟媳或侄女们将来再提出什么要求(《惯调》3:155,338—339)。

是非对错

上一节中我们已经看到,一方面,一旦纠纷进入官方审判和民间调解的中间地带(见第五章),官方的法律是如何显著地影响民间调解；另一方面，即使在这种情况下，民间调解也并不是像官方法庭那样按纯粹的司法轨道行事。它主要关切的不是按照法律来判定是非，而是通过妥协来实现和解。然而，事情的是非仍然是农民用以应付村庄冲突的一个重要的常识手段。因此，在侯定义和他邻居关于树木的纠纷中，在徐小毛和徐德和关于生存资料的争执中，以及在沙井和石门村民关于芦苇的冲突中，妥协都是调解的原则，因为在这三个事件中争执的双方都多少是对的。在另一方面，村庄调解人没有让徐寡妇（福玉的母亲）占上风，因为他们认为她要卖地是错的。在这件纠纷中，平息双方的妥协方案是让他们母子分居。

当然，当村民们要站起来捍卫他们认为对的原则时，他们并不犹豫。我们已经看到，寺北柴村民在1935年成功地通过诉讼，赶走了滥用权力的村长李严林。同样地，沙井村民在1939年把恶霸樊宝山送上法庭迫使他下台。当1942年樊又回来勾结城隍庙的住持意欲侵吞沙井的20亩庙产时，村民们向日本调查员求助。日本调查团的主要成员之一旗田巍（他后来成为著名的历史学家）收集了相关的证据和文件，然后以恰当的、调停人的方式，邀集了所有有关人员，包括县当局的人员，开了一个会。在无可争辩的证据面前，其中包括1915年以来村庄为这些庙地缴税的收据，县当局斥责了城隍庙和尚的无理要求。该和尚不得不当场签字放弃对这些土地的要求，并保证不再制造任何麻烦（《惯调》，1：194—203；黄宗智，1985：41—42）。

因此，调解并不总是双方的妥协。如果是非对错显而易见，调解可能像是判决，使对的一方得到明确的"胜诉"。但是，与法庭的判决不同,在这样的情况下,败诉的一方可以保留一点面子,因为在表达上这是调解而不是正式的裁决。正义得到了伸张,但又给犯错的一方留下了余地,使他的面子多少得到保全。

民间调解中的妥协、道德和法律

虽然在清代官方的表述中,国家法律在民间调解中不起什么作用,但它事实上发挥着重要的影响。同时,如下面的分析将要说明的,这个制度的实际运作与儒家对它理想化的表达大相径庭。认为民间调解受天理和人情的指导是过分简单化的看法,因为这里的情理和儒家所赋予的意义并不相同。在村庄调解的实际运作中,"人情"的主要实践含义是维持人们之间关系的和谐,而"理"所关心的则是世俗和常识意义上的是非对错,如"道理"这个日常用语所示。村民们最为关切的是通过妥协来维护相互间的友善关系,因为大家不得不生活在一个朝夕相处的封闭的社群之中。

法律、妥协和常识意义上的是非对错之间这种复杂的相互作用,从沙井的李注源和他的侄子广恩之间关于通行权纠纷的例子中可以看得比较仔细。注源的住宅在广恩的西面并临街。广恩从街道进屋要穿过注源的院子。由分家造成的这一情况可以追溯到60年以前,在注源决定卖地以前一直没有什么矛盾。广恩的分家单上写明了他的这一权利,但注源的分家单上却没有特别说明他必须允许广恩穿越他的院子。

根据清代和民国的惯例,注源卖地,他的四邻有先买权,也就是说他卖地之前须先同四邻商量。惯例还要求四邻在买卖文契上作证。但是法律并未在文字上和社会惯例保持一致,清律和民国的民法都没有正式规定卖主在卖地时要得到邻地业主的允许。注源钻了这个空子,没有同广恩和其他邻居商量就把地卖了。注源似乎也没有向买主赵文有说明通行权的问题。赵是新近才来本村居住的。注源没有像通常所做的那样找村长做中人,通过他来注册这笔交易,而是找了一个外村的中人,并在仁和镇政府注册了这笔交易。因为他有合法的分家单证明他的所有权,并有合法的买卖文契,他的这一做法是完全合法的。这样,他的地卖得一百元,这个价钱高于他按惯例把通行权包括在内来卖地所可能得到的。

从村庄惯例的角度,或从村民们常识是非观的角度,李注源的做法显然是错的。因此,最初的三个调解人周树棠、赵绍廷和杨永才,都认为李注源应该从赵手里买回通行权来还给广恩。为此他们说服注源拿出二三十元来。

但是,赵要在这条通道上造房子,而不是让出通道后在北面造。他认为自己的所作所为都在法律范围之内,这块地买来是公平交易,没有理由要他让出当初并未对他讲明的东西。因此,他拒绝放弃通道,除非付给他一百元,即他买地的全价,来要回那条通道。

根据这种情况,村民们请出了李氏宗亲的长老,德高望重的李濡源来调停。濡源从自己的地里让出了一条通道,无偿地给广恩。这条通道在广恩住宅的北面,不如原来由西面从注源地里出入方便。濡源还愿意立一个正式的出让文契,以避免将来他的后代因这条通道与广恩争执。在村民们看来,濡源的做法完全是出于人情,其目的纯粹是为了维持族人之间的友善关系。

第三章　处理纠纷的非正式系统:共产革命胜利前华北农村的民间调解

但是,广恩因这条通道不太方便而不愿罢休,他觉得按照村庄惯例自己充分在理。事情于是再次陷入僵局。当赵开始在这条通道上造房子时,冲突终于爆发,赵和广恩发生斗殴。气急败坏的赵跑到县法庭去告状。这样就把纠纷从民间带到了官方,至少进入了两者之间的中间领域。村庄的调解人虽然认为广恩在理,但他们担心法庭会按照法律来维护赵。所以,他们试图在他们认为的公正和他们所设想的法庭判决之间做一妥协。他们说服注源再多付一些钱给赵,从原来的"二三十元"加到"三四十元"。另一方面他们说服赵把他的要求从一百元降到五十元。但是双方之间仍有十元的差距。

调解人于是求助于满铁调查人员。后者此时正在研究社区调解,他们决定加入调解。按照社区调解的妥协精神,他们自己掏出了十元的差额使双方达成了和解。赵说他接受和解是看着日本调查员的"面子"。诉讼于是撤销了,或许赵根本就没有提出过诉讼,因为有人说当赵发怒赶去法庭时恰好是星期天,法庭休息(《惯调》,1:162—170)。

从这个例子中我们看到,国法、是非观念和妥协这三者是如何共同运作以维持社区的和谐。显然,说国法在这里无关紧要是不对的,因为一旦提起诉讼,或只是威胁要提起诉讼,官方法律就为妥协设定了谈判的底线。同样地,认为是非观念不起作用也是不对的。很明显,村庄调解人认为广恩是而注源非。但同样明显的是,这不是指导他们行动的唯一原则。人们最为关心的是在社区的亲邻之间避免诉讼和维持和谐。正是这一关切指导人们为和解妥协做出一系列的努力,并达成最后的解决。

民间调解的滥用

最后,我们不能忽视民间调解的滥用。当纠纷双方的权力地位大致相当时,调解妥协最为有效;但是,对于恃强凌弱,它就显得无能为力。在这种情况下强调妥协事实上可能就是为邪恶势力开脱。

在顺义县案件中就有这样一个特别生动的例子。1927年,17岁的刘长江强奸了路兰生7岁的女儿。根据验尸报告,小女孩因受伤感染而死。女孩的父亲告到法庭。刘藏匿起来拒捕,而他有钱有势的父亲存贵则设法为他开脱。虽然我们没有足够的细节弄清楚他父亲到底做了什么,事情的结果是这件刑事案最后被当成一件民事纠纷来处理,并且是在1927年民国法律程序还未完全确立时按清代的程序处理的。首先,村长和几个副村长代表纠纷的调解人向法庭提出陈状,声称他们调查了这一事件,发现"路兰生有路兰生所说之理由,而刘存贵亦有刘存贵之理由,双方各据一词,皆不足确信事之有无"。接着原告路兰生不知怎样被说服撤销了起诉。在他的呈状里,路说有十位地方的调解人(包括沙井村的周树棠)"出面说合",让他们"两造见面服礼,仍笃乡谊之情,双方均愿息讼"。"至民女身死一节",刘在呈状中说,"经中说合,并无纠葛"。然后县官也被恰当地说服,同意撤销这个案子,他在呈状上以前清官场的笔调写下了令人吃惊的批示,"准予撤销"。① 这

---

① 关于民事诉讼以这种方式结案的程序在第五章里还有更详细的讨论。

第三章 处理纠纷的非正式系统：共产革命胜利前华北农村的民间调解

样,有权有势者利用民间调解的原则程序和语言包庇了一起强奸杀人罪(顺义,2:485,1927.6.6[土-4])。

同样的原则和程序也可以被官方用来敲诈勒索,正如20世纪40年代侯家营发生的一件自杀案所反映出来的那样。侯振祥的媳妇17岁时嫁到侯家,她与侯的关系还可以,可是与泼悍的婆婆关系不好。三年后的1942年夏这种紧张关系达到了极点。年轻媳妇每周在村内替人捡麦秸四天,每天可得0.8元(这个工价反映了该地区战争后期物价的上涨),她显然自己攒下了这钱(乡村习惯中妻子在外挣的钱归她自己所有)。在休息的那几天她常回娘家。有一次她回娘家时还未拿到工钱,她的公公替她收下了钱。后来他因没有零钱,就给了儿媳妇四元整。侯的妻子非常生气,要侯立刻把找头拿回来(另一说法是她要侯立刻把媳妇找回来帮助家里收高粱)。然而,侯没有向亲家要钱,反而向他们抱怨妻子的蛮不讲理。于是,侯的妻子决定自己去要钱。亲家之间恶语相向,年轻媳妇非常伤心,那天晚上回婆家后就跳井自杀了(《惯调》,5:49—50;另见40)。

警察来村里调查和询问这位年轻媳妇是否受到虐待。侯害怕遭刑事起诉,找了社区主要的调解人来平息这一事件。他们让他付给地方恶霸(烟鬼和赌鬼)齐镇长500元,给死者的娘家200元左右的礼物,给验尸者30元,请验尸者和其他人喝酒20元,再加上丧葬费和宴请费用。为了筹到这笔钱,他借了很多债,还要付利息。其中1000元是通过齐手下的保长,以月息六厘向齐借的,此外还向亲朋告贷。最后,侯卖掉了他四十亩地中的二十亩来还这些债。他的全部花费约2400元,这笔钱足以佐证关于诉讼费用是天

79

文数字的可怕传言。整个过程都是由齐镇长的贪婪和侯的害怕麻烦所推动的,没有人关心年轻媳妇自杀事件背后可能存在的不公正,调解人所做的努力事实上只是在帮助恶霸齐镇长敲诈(《惯调》,5:40,49—50,53—54)。

民间调解与权力关系

上述的两个例子表明,民间调解和乡村生活的其他方面一样,是在一个权力关系中运作的。诚然,在大多数村庄,村民之间大致上是平等的。上述例子所反映的权力差距在村庄中并不常见。像刘存贵那样有权有势,能够使县长、村长、当地头面人物及原告服从自己意志的情况,在华北乡村是例外而非常态。然而,这个例子提醒我们民间调解的局限:要靠它来纠正恃强凌弱并非易事。

侯家营的例子还提醒我们滥用权势的程度,在这个例子中涉及的是区乡官员而不是地方士绅。我曾详细讨论过民国时期由于国家权力扩张(特别是税收的增加)和村庄分化(特别是旧的社会关系的瓦解)的双重压力所造成的权力真空,地方土豪恶霸钻入区村政府成为相当普遍的现象(黄宗智,1985:第14—15章)。齐镇长就是这种人物的极端典型。

但是,即使撇开齐镇长和刘存贵这样的角色,只考虑由中农和贫农组成的内部相对平等团结的村庄,我们仍可以清楚地看到不同村民群体中权力和地位的相对差距仍然是很大的。媳妇显然是这个等级结构中地位最低下的:对村庄来说,她是个外来人;对公婆来说,她是晚辈;对公公和丈夫来说,她只是一个女子。

第三章 处理纠纷的非正式系统:共产革命胜利前华北农村的民间调解

侯家营年轻媳妇自杀是一个特别惊人的事件,它提醒我们,没有正式的诉讼并不等于没有冲突或潜在的冲突。事实上,无论在县法庭记录或满铁的资料中,我们都找不到传说故事中饱受虐待的媳妇站出来为自己说话的例子。在清代,她必须由她的娘家,一般是她的父亲来代表,不然就不会有发言的可能。在民国,虽然她原则上有权代表自己提出诉讼,但要这样做还有许多社会和习俗的障碍需要克服。如我们在上一章所看到的,在这两个时期,婚姻不幸的妻子可以而且确实常常回到自己的娘家,但除此之外就没有什么其他选择,只能屈从于在夫家的低下地位。

一如民事诉讼需要放到法庭外调解这样一个更大的背景中来考察,纠纷的调解也必须放到社会矛盾的广泛背景中来考察。这些社会矛盾有许多并不会变成公开的、可以通过社区来调解的纠纷。宗亲和社区调解实际上只对社区的中坚分子开放,他们主要是男性家长。它在权力和地位相当的人们中间运作最为有效,如在争吵的兄弟或邻里之间、借贷双方、土地买卖的双方,其主要目标是达成妥协,特别是对那些没有明确是非对错的纠纷。它不能成为一种保护弱者反抗强权的制度。社会中的弱者,如嫁人的媳妇,事实上沉默地站在这个制度之外。在满铁所调查的村庄中根本就未听到过媳妇(没有娘家的代表)和她的公、婆及丈夫之间因争吵而寻求社区调解和妥协的例子。

事实上,农民的整个世界观都与这样的调解格格不入,并阻挠这样的调解。因此当满铁的调查员受到年轻媳妇自杀的触发,试图详细了解侯家营媳妇的状况时(在其他村庄他们都没有做过这方面的调查),被访的村民们根本就不认为有这样的问题。例如,以下是调查员早川保和一个村民的对话：

问：一般来说，媳妇和婆婆之间的关系并不好，是吗？
答：不，婆媳关系还不错。
问：是不是儿子通常都偏袒妻子而怠慢母亲？
答：这种情况很少。(《惯调》,5:453)

后来，调查员杉之原舜一又问了另一个村民：

问：你儿媳妇和你妻子之间有没有为什么事争吵过？
答：没有。
问：为什么？
答：因为家里的事都由我决定，女人不做主，所以她们之间不会有争吵。
问：如果有争吵怎么办？
答：没有这样的事。只要父母还在，媳妇就不应该有自己的主意。所以不会有争吵。(《惯调》,5:474)

一般地，被访的男性村民都坚持婆媳关系没有什么问题（《惯调》,4:140,5:107,474），没有纠纷，因此也不需要调解。

如果没有那一自杀事件，这幅平静的图画可能就不会受到质疑。这一自杀事件提醒我们，婆媳关系可能会是多么紧张。并不是因为没有矛盾，而是由于不平等的权力关系压抑了婆媳间公开的纠纷和法律诉讼。直到1949年以后，媳妇由于有了自己的收入，在家中获得了更大的独立,婆媳间的摩擦才变得公开化,并成为村庄纠纷中最常见的类型之一。到20世纪80年代中期以后,婆媳间的关系更见紧张,因为一方面年轻媳妇更加独立,她们现在可以直接从乡镇企业中领到自己的工资(而不是像以前公社时期她们的工分是付给家长的),而另一方面,她们的婆婆在熬了许多年的媳妇生涯以后,则希望在自己的晚年也能享享当婆婆的福(黄宗智,1990:298—301)。

虽然我们没有同样详细的关于农村雇工的资料,但他们的地位在许多方面与媳妇的情况相似。我以前曾讨论过(黄宗智,1985:199—201,214—216;另见88—99),雇工生活在乡村社会的最底层。对任何一个处在生存压力之下的农民来说,卖掉自己的土地并到别人家去佣工都是一种悲惨可怕的命运。大多数的雇工不得不离开自己的村子,背井离乡到任何雇用自己的地方去(《惯调》,2:52—54;4:188—189)。他们只是寄居者而不是享有充分权利的社区成员,他们无权使用社区调解制度来解决纠纷。不仅如此,他们甚至不像媳妇那样有自己的娘家可回。我推测是这些原因,而不是没有冲突,才可以解释为何我们很少有经营式农场主或富农和他们的雇工之间纠纷的资料。

事实上,大多数的农村雇工不得不听天由命。不像我们前面所讨论的其他交易中的中间人,雇主和雇工之间的中间人并不扮演调解人的角色。他们只是雇主和雇工之间的介绍人,一旦介绍完成他们就不再理会以后发生的事情。如果雇工懒惰或损坏了主人家的东西,通常是雇主和雇工之间自己解决纠纷,与介绍人(或"来人")不再相干。

众所周知,直至18世纪下半期,清律一直将农业工人归入"雇工人"一类,他们不属于并低于"凡人",但又不是最低的"贱民"阶层。按照法律,他们被看作一种契约奴仆("立有文契,议有年限")——有点像雇主家的从属成员,他们的雇主一般被称为他们的家长。但是,经营式农场主和富农越来越多地雇用其他农民的实际状况,使得法律终于承认雇工和他们的雇主事实上是地位相当的"凡人",他们"平日共坐共食,彼此平等相称……素无主仆名分"(黄宗智,1985:98;参见经君健,1981:18—23)。然而,如我们的628件案例中的唯一一件所显示的:清律从未把雇主和雇工之间的协议也算作像土地债务交易或婚约一样的,订约双方都应遵守的一种契约。在这个1832年发生于宝坻的孤立案例中,晋文德告他的雇主杨福贵殴打和赶走他,并赖了他三年的工钱。因事实俱在,杨并不抵赖。但是,县官不能从清律中找到任何根据来命令杨付还晋工钱。① 因此,他没有受理此案,但他还是写了批语,诉诸杨的恻隐之心。批语说:"远方穷人,三年工作亦殊劳苦。骤然逐去,殊非忠厚之道。"(宝坻,1881,932.7.9[债-2])

佃农在清律中的地位当然要好一些,因为他们不属于"雇工人"这样一个特殊的低于凡人的等级。1727年清律特别增加了一条例,不允许缙绅地主私自处罚他们的佃户(例第三百一十二条之三)。前面曾谈到:在1940年代早期的田野调查材料中,有一个中人调解业主和佃户纠纷的明显例子。这个纠纷起于业主想用实物地租来代替货币地租以适应农产品的涨价,它反映了业主和佃户

---

① 除非他根据律第一百四十九条将此案处理为债务纠纷,但这比较牵强。

第三章 处理纠纷的非正式系统:共产革命胜利前华北农村的民间调解

间相当平等的关系。然而,我们不能因此认为所有的主佃关系都是这样平等的。在寺北柴,不在村地主王赞周高踞村庄社区之上,拥有全村 2045 亩耕地中的 304.5 亩出租地再加上 80 亩典入地,在全村的出租地中他一人占了 28%(黄宗智,1985:177)。照他所说他与佃户之间没有任何问题。但是,村长张乐卿解释说这只是表面现象,佃户不抱怨,是因为如果他们有怨言,他们就会失去租地(《惯调》,3:193)。同样地,在沙井,中农杨泽说因为当时租地供不应求,地主可以为所欲为,佃户则无权发出自己的声音(《惯调》,1:141)。如前所述,当时的租佃市场对业主如此有利,以至一般的租约都要求佃户预付田租。

至此为止,关于民间调解的性质和运作我们知道了什么?首先,我觉得村庄的冲突和调解可以看作一个包含了隐性冲突、公开纠纷和正式诉讼这样三个层次的结构,其中每一层次都有其相应的解决冲突的方式:支配/屈从、调解和诉讼。并不是所有的矛盾都演变为公开的纠纷并得到调解。当权力和地位不相等时,支配/屈从关系会抑止矛盾演变成公开的纠纷。另一方面,民间调解对于恃强凌弱基本上无能为力;只有当纠纷双方的地位相当时,调解才可以成功地防止诉讼,只有少数纠纷上诉到法庭。

虽然民间调解制度以和谐与秩序为目标,具有很大的伸缩性,但它仍服从某些原则。除了社区内对是非对错的共识,官方司法制度也在某种程度上发生作用;其次,对法庭可能判决的猜测也会影响和解的结果。当然,民间调解的主导原则是妥协,这一点使它既有别于儒家的理想又有别于官方的审判制度,下面我们就来讨论官方的审判制度。

第四章　处理纠纷的正式系统：大清律例与州县审判

和民间非正式调解一样,在国家正式法制系统方面,官方表达与实际运作之间也多有相悖之处。前面业已阐明,清代国家对自己法律制度的表达,易使人产生两种错误的印象:一是这种制度几乎从不过问民事;二是即使县官受理民事案件,也往往是凭己意做行政处理或只是居间调停,息事宁人,而不是依据律例进行判决。

州县官为任一方,替皇上办事,这类官方表达,也强化了县官凭己意对纠纷做行政处理的形象。按照国家的统治思想,皇帝极权独揽,是一切法律之源。直至1740年,其谕旨仍皆被当作例文而编入大清律例。① 知县作为皇帝在地方上的代理人,也以"父母官"的姿态出现,对他的子民拥有类似的极权。如同在中央一样,在地方上并不存在"民间社会"或独立的司法、立法,以及执行机构

---

① 根据1740年乾隆帝所颁新《大清律例》,以后谕旨另编成册颁行(郑秦,1992:61)。

对专制权力的制约。

孔飞力的杰作《叫魂》(Kuhn,1990)生动刻画了皇帝及其代理人的独断专行。该书显示,乾隆皇帝在剪辫事件大量发生之后,胡乱地揣测其源于叛乱,强迫地方官员对无辜的涉嫌人严刑逼供。读者对书中动辄使用夹棍重刑的描述一定不易忘记,①对各级官员的专断作风也会留有深刻印象。

另一方面,清代司法理论中对地方官作用的理解,则又强化了县官作为纠纷调停人的形象。不像近代西方的形式主义法律理论,中国的法律理论并不认为法庭上得出的就是"事实"——尽管不一定是真相,却是其在现实范围内的最佳替代。在理论上,县官不像西方理论那样要在庭上判决事实真相。就理想而言,他在办刑事案时的主要作用,不是自己判定真相,而是要让真正的凶手招供认罪,凭此揭露真相(滋贺秀三,1975:120—124)。这正是要求犯人招供认罪的制度规定背后的逻辑所在。

按照此一逻辑推而论之,知县在处理民事争端时,也只是要求促使诉讼双方坦露实情,并在此基础上,让当事双方自愿形成一个解决办法。理论上,一如刑事案直至罪犯招供时方可结销,民事案也只有在诉讼当事人具结接受县官意见时方可结销。原则上州县官对民事案跟对刑事案一样,都不做出判决。

在研究中国法制原理方面做出重大贡献的滋贺秀三,也接受

---

① 有些读者可能会受孔飞力这段故事的影响,形成对中国审判制度的图像。但我要指出的是,大清律例把夹刑严格限定于"强盗人命案件"。此外,如薛允升(1820—1901)在这条律文的注解中所说,到19世纪晚期,"近来审讯案件……虽命盗等案,从无用夹棍者"(例一之一)。

了这种流行的观点,即县官在民事案中主要是起调解作用。由于只有一些零散而不具体的条文,县官们并不像裁判员按既定规则给比赛做裁判,而是在"教谕的调停"中做家长般的说服调解。他们的所谓审判"带有强烈的调解色彩"(滋贺秀三,1981:76,94,96)。

从西方的观察角度看,这样的体制意味着:至少在民事方面,并无"法律"或"权利"可言。如果州县官享有极权,那么便不可能存在独立于统治者意志的法律权利。如果州县官只充当调解人的话,那么就谈不上有什么前后一贯的法律体系,或旨在保护个人权利的法官。进一步言之,如果州县官行事的指导原则是息事宁人的话,就不会有真正的判决。

本章将要论证,此一制度的实际运作根本不是这样,州县官极少从事调解。我所使用的巴县、宝坻及淡新档案,都说明了这一点。在221件经过庭审的案子中,有170件①(占77%)皆经由知县依据大清律例对当事双方中的一方或另一方做出明确的胜负判决。这种情形在三个县中无一例外。巴县的98件中有69件经由衙门做出明确的胜负判决,宝坻45件中占38件,淡新78件中占63件。我把此种案例归入"单方胜诉"类型。

同样地,那些"无人胜诉"的案子也大多依据律例做了判决:33件中占了22件。换言之,在所有案件中有87%都是明确通过法律加以解决的。其余的一半以上是暂被搁置以待进一步调查的案件(计17件,占8%)。或者是交还乡族集团处理的案件,如此等等。

---

① 未正式进入堂审的案件,将在下一章讨论。

这样,便只剩下 11 件案子(占总数 5%)确是由知县用法律以外的原则仲裁处理,当事双方都在各自的要求和利益上做了些退让。①

当然,从这些数字中,我们无从看出知县们是用何种法律原则或条文做出判决的。因此,我们必须把这些案子分门别类,并了解一下相关的法律条文:主要是律例中的"户律"部分,即律第七十五条至第一百五十六条。下面我们从诉讼的主要起因——土地纠纷开始讨论。

土地案件

大多数土地案归属于四条律文及其相关的例文,其中的三条(律 93、95 及 149)皆来自"户律"部分。如表 10 所示,74 件单方胜诉的土地案例中,有 31 件归属于律第九十三条"盗卖田宅",6 件归属于律第九十五条"典卖田宅",6 件归属于律第一百四十九条"违禁取利",14 件归属于律第三百一十二条"威力制缚人"(该律包含大清律例中仅有的涉及交付田租的条款)。此外,一如所有类型的案例,这里也有相当数量的被告按律第三百三十六条被认定为诬告对象:计 14 件。

总计,74 件案子中的 71 件归属于这五条律,共占 96%。

---

① 本章所有数据均在附录各表中总结列出。

表 10　单方胜诉土地案

种类		巴县	宝坻	淡新	合计
主要律文	第九十三条	10	3	18	31
	第三百一十二条	0	0	14	14
	第九十五条	3	0	3	6
	第一百四十九条	3	1	2	6
诬告(第三百三十六条)		5	2	7	14
其他律文		1	1	0	2
法外裁定		1	0	0	1
合计		23	7	44	74

和整个大清律例一样,这四条律文也都用一种防范的(负面)手法加以表述:首先说明被禁止的犯法或不当行为,然后具体说明某种违法行为应受何等惩罚。这里根本没有从正面明确阐述贯穿其中的原则,但这些正面原则也不致被误解。至于例文,大多源于官员们处理实际案件和问题时的奏折,尽管内容简略,但有时其中会带有应用这些原则的具体事例。

"**盗卖田宅**"　律第九十三条规定:凡盗卖、换易、冒认、虚写价钱实立文契典卖,或侵占他人田宅者,田一亩、屋一间以下,笞五十。每田五亩、屋三间,加一等,罪止杖八十,徒二年。律例的编纂人当初并未觉得有必要做出进一步的解释——这里并未抽象地讨论"物权"或"所有权"或"动产"与"不动产";亦未如同欧洲大陆传统(相对于英美习惯法传统)中的近代民法那样,试图针对各种各样的所有权和情况做出规定。即便如此,州县衙门也都清楚知道这条法律的意图,循守其原则,以此维持和保护合法的田宅所有权。

归属此条律文的 31 件单方胜诉土地案,都含有以某种形式侵犯他人财产的情形,以及要法庭协助保护"所有权"的申求。例如,陶玉珩状告金耿氏砍伐其亡夫于 12 年前卖与他的田地上的松树。知县在查验售地文契后,随即判定这些树木属于陶某而非金氏(巴县,6:1:711,1767.12[土-1])。同样地,田有年也打赢了跟道路对面邻居田福禄及其子永恒的官司。后者在家门口堆积粪肥,占用了路面,使过往车辆不得不从有年家的田地上路过。知县在查验事实后,勒令福禄和永恒将粪肥从路面上移走(宝坻,105,1884.2.20[土-8])。

第三个例子来自淡水。当地的许添丁状告族人许陈氏租让许氏族产给新佃户。后来事实证明,许陈氏这房曾一度掌管族产,在经济拮据时不得不典出那块土地。这块地最终由许添丁这一房赎回管理,租给某个佃户。衙门判决这块地应继续让旧佃户承租,而不让许陈氏所希望的新佃户租种(淡新,22405,1870.3.9[土-42])。

下面这条例文(第九十三条之四)进一步扩大了律第九十三条的范围,它禁止子孙盗卖祖遗祀产及义田。同样地,它以大清律例一贯的方式,仅仅对不同程度的盗卖行为规定了不同等级的处罚方式。这些规定只依据涉人田亩数额,而不道明其正面原则,即保持族产。在三件这样的案例中,一件发生在巴县,当地的田子山兄弟控告堂兄田子华砍伐其祖坟上的杉树,用作木料。衙门勒令子华归还这些木料(巴县,6:1:720,1769.11[土-4];参见宝坻,102,1861.2.27[土-2];淡新,22703,1877.7.3[土-109])。

如这类案件所示,律例中的处罚规定一般都未被实际施用。受罚的威胁肯定有,但在这些只涉及"细事"的官司中极少使用。事实上,如以下所见,因为大清律例的这些规定都相当僵硬,地方官府在这方面宽大得出乎人们的意料。

一如在其他领域,大清律例在此所使用的方式——以负面的例证来说明正面的原则——对有些人来说可能只会证实这一观点,即它是一部严格意义上的刑法。然而,隐含其中的民法原则实际上是得到维护的。

"威力制缚人" 律第三百一十二条的原意似乎是要保护民众免受豪强欺凌,并为国家保留处罚权力。该条律文禁止"私家"拷打监禁,并就不同程度的私下强制行为制定了不同的惩处办法。1727年增补例第三百一十二之三条,专门禁止地方乡绅擅责佃户。在这之后,几乎像是附带地提到的,该例又规定"奸顽"佃户拖欠租课者,杖八十,所欠之租,照数追给田主。

大清律例在租课及主佃关系方面的规定仅及于此。此一关系对于小农社会经济的整个秩序无疑至关重要,而大清律例在这一问题上,出人意料的似乎仅仅是敷衍了一下。然而,其中的指导原则却是分明的:法律要强制佃户交纳地租,因此也维护田主收取地租的权利。不管国家的意愿如何,这条规定在实践中是关键的一项。

以淡水何郭氏一案为例。该妇状告佃户叶从青等人拒付所欠十一甲土地的地租。事实证明叶氏等当初租种时那还是一块荒地,不得不自筑堤坝和水池。结果双方都同意头三年降低租额。但后来叶氏等仍想继续按降低了的租额交纳。知县在查验租地文契条款之后,勒令他们如数纳租补交所欠何郭氏地租(淡新,22101,1868.6.18[土-22])。淡新档案中有12件这样的单方胜诉案子,均由衙门做出判决,让田主原告追收拖欠地租。

县官偶尔会秉持律例的原意,保护佃户免受田主欺凌。例如,淡水的一名巡检许其芬意欲加租换佃,谎称是因为原来这项交易的中人要退"保"。县官起初完全同情巡检一方,但在获悉实情后,判决佃户黄一志得继续租种此地,尽管调高了地租(淡新,22431,1887.1.24[土-68])。像这样的案子共有两件,均经县官做出判决,使佃户免于被逐。但就其主要方面而言,衙门在这些纠纷中所关心的,表面上是处罚违法行为,而实际后果乃是保护地主的收租"权利"。

"典卖田宅" 律第九十五条以税务方面的一条规定开头:凡典卖田宅,不税契者,笞五十。其他规定包括:若将已典卖与人田宅,重复典卖者,准窃盗论。业主所典之物,年限已满,备价取赎,若典主托故不肯放赎者,笞四十。换言之,法律维护所有合法文契。

相关的例文则具体规定,卖产立有绝卖文契,概不准贴赎。如果文契未载绝卖字样,或注定年限回赎者,则允许回赎(例第九十五条之三)。1753年,又增补了一条例文,限定此后回赎年限为30年(例第九十五条之七)。

尽管法律强调保护出典人的回赎权利,但许多身处绝境而不得不典出土地的农民却无力赎回土地,结果只得以找贴的办法(以典价与土地市价的差额)把土地绝卖给典主。为防止敲诈,法律规定只许找贴一次(例第九十五条之三)。

在现有的74例单方胜诉土地案中,有6件归属于此一律文的各项规定。巴县有件案子,县衙门在没收一块从事非法活动的庙产以后,下令变卖。但后来得知此块地已由寺庙"当"(该地不称"出典")给某几个人。当户们因此上呈要求补偿原先的典价。知县发现他们属合法当户,故断令将钱给还均摊(巴县,6:1;722, 1770.7[土-5])。在巴县的另两件案例中,无力赎地的农民在找贴出卖后,又试图对所售土地提出新的要求:一人想在这块地上建房并砍树出卖,一个企图再次索要找贴。县官两次皆判决新田主胜诉(巴县,6:2:415,1797.1[土-15];6:2:1416,1797.6[土-161])。

"违禁取利" 一些涉及土地所有权或土地交易方面债务要求的案件,常被档案人员归入"土地"类,而实际上归入"债务"类应更恰当些。在我收集的74件单方胜诉土地案中,有6件跟律第一百四十九条有关。它规定每月取利不得过3%,而利息总额不得超过本金。同时也禁止为了私债强夺负债人之财产或妻妾、子女。这里,一如禁止私自用刑的律文所显示的,国家是以保护受害者的形象出现的。但在这些条文之间,却插入了这么一段处罚负债人拖欠行为的规定:凡负欠私债违约不还者,五两以上,违三月,笞一十;拖欠时间越长,债额越大,则处罚越重,罪止杖六十。事实上,衙门更多是依赖这些夹在律文中间的文字所包含的要旨:合法债务将受到法律的强制维护。

一个例子是,褚昆两年前借钱给段魁,段还了部分现金,另将所租两块田让褚耕种,以抵余债。此后两块地的地租也由褚交纳。现在段要把地收回来,褚却坚持认为,段所欠二百一十五吊钱实际上是租地押金。知县同意这个说法,判决段系情愿把租种权让给褚氏(宝坻,104,1862.2.10[土-31])。

同样地,黄阿爱也同意将其所拥有土地之租金的三分之一,以4年时间,用来偿还向黄君祥欠下的债款。但他并未还清。君祥在忍耐20年之后,终于在1874年告官。县官在确认事实后,判令阿爱必须从当年起履约将该田租息每年付三分之一给原告(淡新,22302,1874.3.18[土36])。

和大多数民事案件一样,在这些案例中,我们同样发现衙门并不动用刑罚,尽管律例上有这样的文字规定。虽然大清律例对民事与刑事案的划分并不像后来的民国法典那样清楚,但总的来说,地方衙门对民事争端中的"细事"仍采用一种非刑事性的处理办法。

"诬告" 律第三百三十六条规定对诬告人处以比其诬告对象的罪名要更重的刑罚,以此制止诬告:凡诬告人笞罪者,加所诬罪二等;流徒杖罪,加所诬罪三等。

在本书所考察的各类案例中,有相当数量案件均经衙门调查后发现原告指控不实或缺少根据。以下我们从14起这类案子中试举2件。

费廷辉控告杜学珠在其祖坟地上砍树二十多株。县官在了解情况后得知,费的祖父在29年前即已将他的土地全部卖给杜家,售地文契上并注明不得留有"寸土",而费却一再企图向杜家索要更多的钱。因杜不再搭理,费捏造事实控告对方。县官知情后判令对费笞二十,并具结服约不再滋事(巴县,6:2:1423,1797.4[土-197])。①

周福来一例更加妄诞。他状告堂兄福顺企图霸占他的十亩土地。事实证明福来的父亲若干年前即已将土地典出,因无力回赎,由福顺的父亲替他赎了回来。后来,福来的父亲干脆就把这块地转让给福顺的父亲,并得到赎价与地价之间的差额。这是一项合法的交易,福来的指控纯系捏造。县官悉知真相后,判令福来受杖三十,即比其所控福顺之罪加重一等。当然福来还得具结接受衙门判决(宝坻194,1839.2.23[土-1])。

这些案例显示,知县在面对妄控案时,比在其他各种民事纠纷上更倾向于施用刑罚,尽管并不如律例上所规定的那么严重。这是可以理解的,因为他们企图限止滥用诉讼,免得衙门办案负担过重。

其他律文及法外判决 其他三件单方胜诉土地案中,有两件归属于其他律文。巴县的一件案子归属于有关市廛交易方面的条文(律152—156)。另一件宝坻的案子则依据律第九十九条——"擅食田园瓜果"。

清代官方虽然一直摆出轻商的姿态,但户律中有一整章专论"市廛"。

这里最重要的是律第一百五十三条和第一百五十四条。头一条禁止政府管理机构(分别是管陆上交易的牙行和管水上贸易的

---

① 这里需注意,此案中知县对费某所施予的刑罚,只不过与所诬罪名刑罚相等。侵夺他人财物,最轻应判笞五十(律第九十三条)。按减刑六成的标准折算(此种做法始于康熙之后;见薛允升对律1的注解),等于笞二十。

第四章 处理纠纷的正式系统：大清律例与州县审判

埠头）操纵物价，"或以贵，或以贱"。第二条进一步涉及"贩鬻之徒"，禁止他们通同牙行共为奸计，"卖物以贱为贵，买物以贵为贱"。

相关的案例是王泰安告其侄王元臣阻拦他售地给刘佐汉，王声称卖地前他已按当地习俗优先让其侄以刘氏的开价购买。但元臣认为他应该可以凭该习俗，以低价购买此地。县官力图同时遵循公平市价和亲邻优先两个原则。他的判决实际有利原告：泰安应把土地售给元臣，而元臣则须付出刘氏之开价（巴县，6:1:723,1770.10[土-6]；参见黄宗智，1985:266—270）。

在禁止侵占田宅或其他物业的律例中所体现出来的未经言明的产权原则，在律第九十九条中进一步具体化。它规定"凡于他人田园，擅食瓜果之类，坐赃论。弃毁者，罪亦如之"。宝坻的一件案件，肇因于褚昆与邻居褚福生斗殴，结果福生及80岁的老父均受轻伤。褚昆先告状，控称福生不让他通过福生的田地到自家地里。事实乃是褚昆驾车辗过福生的田地，糟蹋了庄稼——村内两位会首都证实了此事。县官判令"褚昆永不许由地内行车压人禾稼。具结"（宝坻，104,1869.8.10[土-4]）。

在这些土地案件中，只有一件，县官在判决时并未依据律例。此案中，蒙永顺声称他于六年前即1816年经寺僧德怀之手从兴福寺买得四百棵树。他为这笔三百二十两银的买卖先付了十二两五钱的押金，并有契纸为凭。但德怀拖延这笔交易，不让蒙氏砍树。德怀死后，掌寺的新僧光裕拒不认账，不管有凭无凭。蒙于是呈控，要求官府维护他对这些树的权利。

在这件案子中，知县把律例中隐含的维护合法交易的原则置于一边。他不否认上述事实,并在判决中承认在1816年立有契约,原告蒙某也交了押金。但他接着写道,"今僧光裕新接此庙,所有庙地树木原应护蓄以庄观瞻,自不得妄行砍伐,至蒙永顺所执买树之约,无论真假,当堂追销僧德怀所得蒙永顺定银,身死不追"。蒙氏还得具结"不再向僧光裕滋事"(巴县 6:3:2631, 1822.11[土-22])。

此案提醒我们县官凭主观断案的可能。但像这样的判决,在我收集的74件土地案中,只是唯一的1件。这一事实支持了这一观点,即这种凭行政权力随意审理案件的情形,只是一种例外,不属惯例。我们看到,其他73件单方胜诉土地案,均基于律例中的明确规定或虽未经言明但无可怀疑的原则做了是非分明的判决。

在进入对下一组案例的讨论之前,有必要提到的是:我对各案件所涉律例的排列,都出于自己的理解,而不是基于县官的直接引用。诚如马克·艾力(Mark Allee, 1994)所说,在民事案方面,知县判决时很少援引具体的律例条文。但我要强调的是,这并不意味着律例在县官审判中不起作用。由于知县们不必把他们对民事案的判决,随同词讼月报上交给上级查阅,他们的判词实际上是针对当事人而撰写的。在一般情况下,判决都是在庭审时对着下跪的当事人当场宣读。按照官方意识形态,县官在他所管辖的子民面前,就是无所不知的父母官,他没有必要引用律例来为判词辩护。在那种场合下,引用律例事实上是不相宜的。

只有在一些特殊情况下,县官才觉得有必要援用具体的律例条文。下面即将看到,当某项官司涉及他县,并且还得把判词送达那一县的同僚时,县官才会对自己的判词自行解释;同样地,如果诉讼当事人是个有学识或有权势的人,不得不平等相待的话,县官也得做出解释。在这些情况下,知县们的确要费心为自己的判词提供法律根据,一如他们在上报刑事案时所做的那样。这里,我的看法是:虽然县官判词中并未具体引用律例,但只要仔细研读一下这些判词,并同时参照大清律例的有关条文,便会发现它们的法律依据是无可怀疑的。各案件归属的律例虽然在判词中未经言明,但事实上大都是显而易见的。

债务案件

"**违禁取利**" 大多数单方胜诉债务案均可归入上面所讨论过的律第一百四十九条。尽管其原意可能是要制止高利贷,保护受害人(并把国家说成小民的支持者),但其中第二段对拖欠人的处罚规定是实践中至为重要的一条。表11显示,在现有的49件单方胜诉债务案中,有27件均由衙门做出判决,维护当事人中的某一方应被偿还其合法私债的权利。

举例而言,徐子中从郭玉成处借得一万八千文(记录显示这在当时相当于12.94两银),由朱贵做中人。债款到期后,徐为躲债而逃跑。朱贵等人找到他,并且扭送官府。知县断三日交还债银,并将徐子中拘押(巴县,6:1:1062,1789.2.23[债-4])。

99

表 11　单方胜诉债务案

种类		巴县	宝坻	淡新	合计
主要律文	第一百四十九条	15	5	7	27
	第一百五十二条至第一百五十六条	0	2	2	4
	第三百四十四条	2	0	0	2
诬告(第三百三十六条)		4	6	2	12
其他律文		1	1	0	2
法外裁定		1	1	0	2
合计		23	15	11	49

按照律第一百四十九条,徐应受笞一十(负欠私债五至五十两违约三月不还;超过三个月,每月加一等,罪止杖四十)。按照减刑至四成的规定(始自康熙年间),他只要受笞四下。但一如本书绝大多数民事案例,在此案中,法庭所关心的显然是迫使其还债,而不是按律例规定施以轻刑。

同样地,在宝坻的一件案子中,李鲁占从刘锡九的肉铺里赊欠了十吊钱的猪肉,加上利息,欠下十二吊的债。两人为此发生了斗殴,刘便告官。县官斥责双方动手"均不有合",但勒令李于五日内还清债务(宝坻,187,1838.8.29[债-4])。

在另一案例中,某知县依据律例中有关禁止以私债强夺他人财物的条文来审理案情。在巴县,原告周氏之亡夫,凭熊和尚做中人,借到十两银子。他后来还了八两。周死后,熊欲从周寡妇那里讨回剩下的二两,未能遂愿。于是掳走她家衣物和器具作为质押。知县判令熊归还所夺物品(巴县,6:4:2554,1852.11.21[债-21])。

"市廛"　如果债务案涉及市场买卖,则可归入律例的"市廛"

第四章 处理纠纷的正式系统:大清律例与州县审判

章第一百五十二条至第一百五十六条下。如上所论,此段律文所关心的虽然主要是商业行政管理,但也注意到价格公道问题。它还禁止"私造斛斗秤尺",或"将官降斛斗秤尺作弊增减"(律第一百五十五条);并规定"凡民间造器用之物,不牢固正实;及绢布之属,薄短狭而卖者,各笞五十"(律第一百五十六条)。

计有四起债务案跟这样或那样的市场交易不公有关。其中一案,某煤贩卖给某人二十六担煤,然后又答应卖给他人,导致两位买煤人发生斗殴。知县在了解事实后,令小贩把煤卖给第一个买主(淡新,23404,1876.7[债-3])。在另一案例中,张才赊给雷二一头骡,但随后发现雷二没钱买下它,于是把骡牵回,卖给了别人。两人因此争吵打斗,闹到官府。知县判决张才有理;雷二则受到责惩和警告,"若再滋事,定行重究"(宝坻,186,1849.9.10[债-6])。

"官吏贪污" 如有官吏卷入债务案,县官可依据律第三百四十四条有关"官吏受财"的处罚规定来判定。其中一条例文(第三百四十四条之三)专门对付"索诈贫民",并依据赃数多寡而予以不同处罚。在现有的49件债务案中,有2件属于这样的情形。其一是五名衙役在赵建佩的食铺里吃了七千文的酒菜,但只付了一千文。一年后即1790年,又有一伙衙役来吃了一万三千文的酒食,分文未付。这回赵控告了两伙衙役。前一伙付清了欠账,另一伙则逃之夭夭,被县官下令逮捕(巴县,6:1:1069,1790.11.5[债-7];参见巴县,6:1:1076,1794.5.4[债-10])。

"诬告" 和土地案的情形一样,有些官司中对债务拖欠人的指控纯系捏造,触犯了律第三百三十六条。一个突出的例子是,余在银的父亲以分成的方式租种刘泽见的土地,并交了四十两佃银。

101

后来他欠下刘不少的债。其父过世后,余在银还清四十两的债,另加四头黄牛、两个大木柜抵债。但刘泽见的儿子朝修私造假约,想从余那里索诈九十五两银子。遭余拒绝后,刘便告官,称余拒不还债。知县查情后认定这是诬告,当场宣布契假无效,并勒令双方具结同意审结(巴县,6:3:4623,1821.10[债-17])。诬告几乎占了债务案的四分之一。

对于跟债务相关的犯法行为,律例所规定的处罚相对较轻。与此相应,地方衙门在处理与债务有关的诬告时也较宽大。在上引事例中,根本没做处罚。在所有12个诬告人中,只有5人受到惩罚:2人受笞刑(笞数不明,但不会多),另外3人受刑更轻(一人受掌责,2人被"薄责")。其他人均未受刑,尽管涉及银两多达五十两以上。

其他律例和法外原则 以上所讨论的四个方面的律例,囊括了49件单方胜诉债务案中的45件。其中有些案件是由斗殴造成的。不过,双方不常受到重伤,县官也只是用"所受微伤痊愈"之类的套话把它打发掉,而把精力集中在要害问题上。当然,也有这样的情形,即伤势过重,使原先的争议变得次要,因而不得不援用律第三百零二条及其后有关"斗殴"的条款来处理。不严重的打斗本身极少构成案情中的主要问题。在现有的案例中,只有一件这样的案子。郑兆祥因殴打屠户张幅亮及其子喜儿致伤,被送至官府。斗殴原因,据称是他在他们那里干了一天的活而未给工钱。事后得知,郑是个没出息的泼皮无赖。不过郑还算幸运,衙门判定张氏父子伤势轻微,并接受郑老父的请求,让他替儿子向各人赔不是。县官在要郑具甘结不再为非作歹后,把他放走(宝坻,189,1830.6.8

[债-11])。

如表 11 所示,仅有 2 件案例是由县官用法外的原则就债务纠纷做出的判决。在头一件案子中,来自山东章丘的长工晋文德告到宝坻的县衙门,称他为杨福贵干了三年,不仅未得到所欠工食一两银及二千文钱,反遭殴打、驱逐。验伤单上写明晋氏额头左侧留有伤疤。

与此案相关的律文是第三百一十二条,禁止私家拷打。但在这里,问题的关键并不在晋被殴伤,而在雇主拖欠其工食并把他解雇。律例对这些问题并不起参照作用,没有哪个条款对雇主支付长工工资的责任有规定或隐含这样的规定。县官也许觉得律第一百四十九条适用于晋氏,但把偿付债务的责任扩展到欠薪方面似乎有点牵强附会。有关市廛的律文显然也不适用,因为律例中没有哪一处把劳动当作可以买卖的"商品"。

这样,县官所做的只能是要雇主拿出点怜悯心,他写道:"远方穷人,三年工作亦殊劳苦。骤然逐去,殊非忠厚之道……如晋文德尚无不安本分之处,仍当收留,勿使滋讼。"杨同意把晋留下。判词中根本没有提及晋的欠薪和殴伤情况(宝坻,189,1830.7.8[债-2])。此案显示,当纠纷内容超出律例范围之外时,知县有更多的余地自作主张。至少在这里,他诉求于法律以外的德行或同情心。

在另一件案子中,原告那苏图指控其亡妾之兄吴大勇欠他一万文钱。这笔钱系其亡妾做女工所挣,而交给其兄。此前邻里亲属曾为此纠纷做过调解,让吴付给那三十五两银子。吴拒不交付,那于是打官司。衙门在此案中只是断令赞同调解办法。吴服从衙门的判决,同意支付,但又称那提出的数字纯系捏造,他同意给钱只是因为考虑到那某贫穷。知县似乎被吴说服,故在给那钱之前,在判词中写道:"如再捏词上控,定行重究。"(巴县,6:2:2412,1797.7.21[债-13])不过在判词中他仍赞同用先前的调解办法。

婚姻案件

如表 12 所示,大多数婚姻案件均可归入以下三组律例。"户律"中的第一百零一条至第一百一十七条,主要涉及婚姻契约;第二百七十五条"略人略卖人",部分涉及买卖妇女成婚;第三百六十六条至第三百六十七条"犯奸",部分涉及通奸。后两组律文所涵盖的案情,已含有从民事到刑事、从"细事"到"重情"的微妙变化。①

婚约 律例户律部分的第八十二条律文中,婚姻章节占了十七条。

(律第一百零一条)开头部分禁止在婚书上弄虚作假,接着规定了订立合法婚约的各项要求(如父母如意、媒人说合、写立婚书)。其他各条律文具体地禁止各种违背婚约行为,如典雇妻妾(律第一百零二条);强占良家妻女(律第一百一十二条),或强占良人妻女,卖与他人为妻妾(律第一百一十二条之一)。② 律第一百一十六条具体说明在何种条件下丈夫可以出妻(离婚),以及妻方

---

① 我所掌握的淡新档案中,不含单方胜诉婚姻案,因为戴炎辉在分类时把它们皆归入"刑事"案。
② 我们将会看到,这条律文主要区别于律第二百七十五条,而律第一百零二条跟律第三百六十七条有一定程度的重叠。

的何种行为算违背婚约而应受惩罚。律第一百一十六之二条进一步说明了在极其有限的情况下女方可另行改嫁：期约已至五年，无过不娶；夫逃亡三年不还。

表12 单方胜诉婚姻案

种类		巴县	宝坻	合计
主要律文	第一百零一条至第一百一十七条	2	5	7
	第二百七十五条	7	1	8
	第三百六十六条、第三百六十七条	4	3	7
诬告（第三百三十六条）		6	1	7
其他律文		1	1	2
法外裁定		0	0	0
合计		20	11	31

注：由于"犯奸"案有很多是通奸行为，跟婚姻相关，中国档案人员多把两者归为一类（婚姻奸情）。巴县和宝坻的档案分类便如此。在律第三百六十六条至第三百六十七条下的四起巴县案例中，有一例实为强奸未遂案（巴县，6:3:8635,1821.7.28［婚-3］）。戴炎辉在给淡新档案分类时，则使用了现代的法律范畴，把婚姻案跟通奸、强奸案区分开来。他把前者归入"民事"类，将后者归入"刑事"类。参见附表A.2注释。清代法律虽有"细事"与"重案"之别，但不如民事与刑事之分精当，戴炎辉的分类结果，未留有一件单方胜诉婚姻案。

大清律例在这里的态度和方法，不同于其他各类契约。在保护合法土地及借贷契约方面，国家认为只要少数几条简单的违法处罚规定，即足以让衙门知道如何去做；而在婚姻纠纷上，律例却随着时间推移变得更加具体、周详。推其原因，也许是此类案件发生更频繁、条文应用性更普遍,也许是国家在婚姻问题上,并不像对待市场交易那样,摆出一副高高在上、不屑一顾的架势。

在来自巴县及宝坻的 31 件单方胜诉婚姻案中,共有 7 件可归入这十七条律文范围。例如,左正安控其未婚妻之父梁国泰赖婚,不想让女儿嫁出。此案归属律第一百零一条。知县断令梁某退还一万文彩礼,并罚二千文钱(巴县,6:1:1736,1780.10:14[婚-3])。

在一场不寻常的争夺战中,一个叫马永才的衙役,强抢了孀妇齐氏为妾。齐氏的父亲齐永祥后来把她夺回来,将她嫁了别人,一切手续得当。马告到官府,控称齐某劫走其妾。县官让乡保查核事实,然后判决新婚约合法,断令将齐氏还给新夫。县官又发现马某另拐一女为妾(律第一百一十二条),判令笞二百(宝坻,170,1887,10[婚-14])。

1837 年,同县的陈和控告"土匪"寇福生父女"诱拐"其媳妇至寇家不让回来。事实上,这个女孩(16 岁)是在逃避男方父母及丈夫的虐待(当她不愿做重活时即遭打骂),躲在祖母家。在到祖母家之前,她仅跟寇姓父女一起过了一夜。知县判决维护婚约,断令女孩回夫家,但也申斥陈和诬告,要他们父子具结保证不再虐待此女(宝坻,166,1837.522[婚-31])。

在 7 件这样的婚姻案中,有两件是离婚案,其中 1 件是女方要求离异。田发的嗣子田瑞离开妻子徐氏,让他父亲供养,自己去东北佣工。田发 13 年未有田瑞的音信。曾为此到东北寻子,但未找到。从田发的角度考虑,供养媳妇是个负担,而媳妇徐氏本人也愿意解除婚姻,另行嫁人。田发先向县官具呈,请求离异,同意徐氏回到娘家再醮。但知县不肯轻信做公公的话,要徐氏本人证实她愿意离婚。于是徐氏不得不亲赴官府,声称她现在既已无法谋生,就很难"守节",她确愿再嫁,以谋生路。至此,知县终于按律第一百一十六之二条允许离异(宝坻,162,1839.6.1[婚6])。

"略人略卖人" 此律(第二百七十五条)列在"贼盗"章内,开头部分系禁止"略而诱取良人及略卖良人为奴婢",接着专门禁止卖妻为奴。这些均属严重犯罪,皆杖一百,流三千里。瞿同祖(1961)及经君健(1981)的研究证明,大清律例十分重视维持社会秩序,维护尊卑、长幼、士民、良贱之间的等级差别。卑贱者若触犯了位尊者,所受刑罚要重于侵犯同等地位者;反之则受刑较轻。律第二百七十五条更从维护社会等级的原则出发,禁止诱拐任何幼女或妇女,无论系良人或奴婢,做妻妾或奴婢。

有8件案例归属此律。这里引用2例。龙九川借口给陈文志的使女春香找个丈夫,把她带走,藏了九个月。陈得知真相后,便打官司。知县断令龙归还女孩,枷号一个月,以示惩处(巴县,6:1:1742,1781.9.30[婚-5])。在另一案中,徐天一把女儿春姑给予郑文科做童养媳。但后来郑又以一万二千文把春姑卖给陈姓妇女做奴婢。徐得知后,即告到官府。郑在这里实际犯有双重罪,既可据律第二百七十五条卖良人为奴婢,也可据律第一百零二条典雇妻女而受到惩罚。县官断令春姑归父亲徐天一领回,郑则投狱候判(巴县,6:1:1732,1780.3.14[婚-21])。

"犯奸"① 大清律例视女性与人通奸为严重犯罪,与列入律第三百六十六条至第三百七十五条内的其他违法性行为("犯奸",

---

① 有关清代国家怎样思考和对待非法性行为的研究参见苏成捷(Matthew Sommer,1994)。

包括强奸、乱伦、职官奸民妻)等而视之。这里所涉及的是两条律文:第三百六十六条和三百六十七条。头一条禁止各种犯奸行为包括夫奸、妇奸、和奸、强奸。如果已婚女子犯奸,则加重处罚(从杖八十增至杖九十)。奸妇即使是受诱和奸,亦与奸夫同罪。只有在确系强奸的情况下,才可免罪。

(律第三百六十七条)规定"纵容妻妾犯奸"为有罪。推而论之,"若纵容抑勒亲女及子孙之妇妾与人通奸,罪亦如之";进一步论之,"若用财买休、卖休和娶人妻者",皆应治罪。该条律文还禁止强迫妻妾及乞养女与人通奸。这些犯法行为均会受到杖一百的惩处,允许女方离异或回娘家。

这里我们看到与婚姻律文的一个明显交搭之处。从清代国家的角度看,一个已婚女子犯奸乃是双重犯罪:她既触犯了有关合法的性关系的法律,又违背了婚约。同样地,"亲属相奸"(律第三百六十八条)与"良贱相奸"(律第三百七十三条)既违犯了法律认为正确的性行为,又违犯了法律维护的社会秩序。

衙门首先要维护合法婚约,惩处冒犯者。监生王希贤被控从陈氏女子之夫那里买休,以便纳她为妾。其丈夫因患病,确已将陈以二万八千文卖出。由于王的母亲跟陈处不来,决意把她送往重庆其亲戚处。她的身世在遣送途中被一名巡役查知,这才引起官府注意。也许因为王某是个监生,知县在办理此案时,特意引证律例,说明王某"买休违律",按理应受惩罚(但衙门会宽大处理此事)。同时,由于此女子的丈夫"卖休",按律应该归宗,故交由她的亲属领回(巴县,6:1:1731,1779.11.29[婚-1])

如果丈夫或父母纵容女方犯奸,那么通常不区别罪犯与受害者,双方皆有罪。为说明法律在这方面的作用,这里得引用一起无输赢案。在宝坻,贫贩孙克勇伙同岳父母(辛姓)纵容克勇之妻与富户张福勾搭以便得到张的好处。这样持续三年之久,最后张福拒绝他们的勒索,激怒了他们。孙克勇因此控告张福与其妻通奸。知县在查实后判决张福因犯奸杖三十,孙克勇及其岳父母因纵容犯奸掌责四十,该女子本人亦因犯奸掌责四十。涉案各人均具结不再犯法(宝坻,166,1839.1.23[婚-51])。

"诬告" 这类案件中也有不少属于诬告——在宝坻、巴县案件当中占五分之一以上。像上述的一些案例那样,其动机不一定都是恶意的。例如,24岁的高锁儿爱上在她家打短工的罗柏,并一起私奔。因担心她家会告罗,这对年轻人想迫使父母亲赞同他们的爱情,抢先告状,声称锁儿早已合法嫁罗,父母因嫌他贫穷,现在想解除婚姻。衙门在查实后断令投罗入狱,锁儿由其父领回。从清代法律角度看,没有父母之命的婚姻是不可能合法的(宝坻,171,1894.12[婚-15])。

其他律文 还有"其他"类的2件案件,起初皆属"犯奸"案,但后来主要归属"斗殴"亦即律第三百零二条至第三百二十三条。这里仅举1例。刘义太收留了一出逃妇人。后来她丈夫找到该地,有一个来自山东的名叫李仕堂的外籍人告诉他人在哪儿。丈夫因此把妇人领回了家。刘义太一气之下,伙同他人,群殴李某,打断其腿。知县判刘枷号一个月,赔李二百吊(宝坻,169,1865.5[婚-111])。

表12显示,31件单方胜诉婚姻案中,没有一件是依据法律外的原则判决的。在某种程度上,我们可以把这一事实归因于大清律例

在婚姻问题上的条文比较详细。当然,跟近代欧洲民法典相比,即使在这些事情上大清律也显得十分简略,在其他问题上就更是如此了。

继承案件

到了清代,诸子均分的原则,无论在法律上还是在社会习惯上,都已经根深蒂固。我们在第三章已经看到,由于地方村社早已形成一系列解决分家过程中可能出现的争端的惯俗,人们很少为这些纠纷打官司。总的来说,只有当业主没有亲生子的时候,才会发生问题。因此,财产继承问题跟宗祧继承是紧密相连的。表13显示的主要律文就仅此一条。

表13 单方胜诉继承案

种类	巴县	宝坻	淡新	合计
主要律文:第七十八条	3	3	3	9
诬告(第三百三十六条)	0	0	5	5
其他律文	0	2	0	2
法外裁定	0	0	0	0
合计	3	5	8	16

"立嫡子违法" 这条律文(第七十八条)一开头也同样是一则惩罚性规定:违反宗祧继承法律,杖八十。例文中则具体阐述了体现在公认习惯上的正面原则。在择立嗣子时,要"先尽同父同亲,次及大功小功缌麻";"如俱无,方许择立远房及同姓为嗣。若立嗣

之后,却生子,其家产与原立子均分。"(例第七十八条之一)

律例严格规定只有同姓方可为嗣。例第七十八条之四专门规定,凡乞养异姓子不得享有与合法嗣子同等的地位。可以"酌分"部分财产,但不得遂立为嗣,继承家产。

至于无子孀妇的财产权利,律例十分强调其是否"守志"。守志则家业归之,直至产生合法嗣子。如果改嫁,则"夫家财产及原有妆奁,并听前夫之家为主"(例第七十八条之三)。

在九件归属律第七十八及其例文的单方胜诉案子中,有些案例特别令人感兴趣。有一件涉及养子的继承权问题。李春有抱养一他姓男孩,取名李茂富。后又新生一子,名茂长。李春有给茂富娶了媳妇,另给他五十两银子,外加一头牛,送归原宗。但李春有死后,茂富打官司,企图分得其一半家产。衙门按照例第七十八条之一及第七十八条之四,判决其要求无理(巴县,6:3:9755,1839.10[继-3])。

另在新竹的一件案子中,吴姓家族的第三房无子,决定立二房的吴天泽为嗣子。后来天泽被送到大陆读书,其祖母替他管理家业。但她经营不善,不得不出典土地。天泽回来后,一房和四房声称祖母留有遗嘱,要求他们两房和他一道均分第三房的家产,这样他只能得到三房家业的三分之一。天泽因此控告。知县查知天泽确实早被合法立为三房嗣子,判决由他继承三房全部财产(淡新,22705,1879.3.6[继-11])。

"诬告" 这里我们再次看到有相当多的控告被确定是诬告而驳回——16件中计有6件,超过三分之一。其中又有1例是各房争夺无子者的财产问题。郑家第三房因无亲子继承财产,决定让二房的合法继承人郑邦超做继承宗祧的嗣子。争议起自五房两兄弟中的老二郑邦试,他只继承了本房宗祧。为了扩大所承家业,邦试宣称他在幼时曾被二房抱养,因此有资格分得其一半家产。知县以所告不实拒绝其要求,同时判令邦超为郑家二房和三房的合法继承人。邦试因年幼只受到申斥,并具甘结接受衙门判决(淡新,22615,1893,7.4[继-15])。

其他律文 王氏之夫在死时给前妻所生二子各留下两亩半土地,同时也给王氏留下五亩地作为养老地。后来老大去世,把两亩半地留给自己的儿子。王氏正是跟这个亡夫之孙一起过的。难题出在老二王桐的媳妇身上,她告到官府,说王氏的五亩土地以及其幼侄的两亩半地应属于一房。衙门判决王氏及其同居的亡夫之孙有理(宝坻,100,1850.3.15[继-2])。此案中原告在法律上是站不住脚的。根据法律,这兄弟二人(及其后代)有资格平分家产(例第八十八条之一),同时王氏孀妇据律第三百三十八条亦有资格获得养老地。该律与其他律文同样从刑罚角度规定:凡子孙奉养有缺者,杖一百。此条律文提出的原则牵涉到赡养问题,这是中国档案人员常在继承以外使用的另一范畴。

跟婚姻案的情形一样,在16件财产继承案中,没有一件是靠法律以外的原则来处理的。法律的相对详细,以及社会习惯的牢固与明确,再度限制了县官在断案时随意处理的余地。在上引纠纷之中,法律和社会习俗的角色是没有什么疑问的。

第四章　处理纠纷的正式系统：大清律例与州县审判

妥协的运用

我们还需要考虑县官判决中让诉讼当事人保全情面、妥协退让的一面。要是清代的州县官即使在判决一方胜诉时，同时讲究"和为贵"，使双方做出互让，那么我们也许可能坚持认为，他们终究更像是调解人和行政官员，而不是法官。

为阐明这一点，这里引证三个例子。巴县一案中的原告陶玉珩买下寡妇金氏的丈夫留下的全部土地，但这位家道中衰的寡妇现在声称那块地上的40棵松树仍归她所有。知县确定售地文契上并未注明保留树木所有权后，便判决原告胜诉。但考虑到金氏贫寒，又断令陶某给她五千文助其生计（巴县，6：1：711，1767.12［土-11］）。

同样地，淡水衙门在做出原告胜诉的判决时也考虑到被告的穷困。寡妇陈氏母女租曾云坛的房子住（一年租金九元），但穷得付不起房租。曾某先把十元押金用作房租。此后，房客拖欠数月，曾叫她搬走。遭到拒绝后曾呈控，声称陈氏母女喧嚷、卖淫。曾某显然有钱有势，安排一衙役在县官面前替他说话，同时还发动邻里四十人左右为他请愿。知县发现所谓卖淫的指控实系捏造，但也认为曾某有权逐走欠租的房客。因此，他判决原告胜诉，限令陈氏母女搬出。但同时，他断令要曾氏宽免这几个月的欠租（淡新，22103，1876.9.26［土-31］）。最后是前文讨论过的一例。在儿媳出逃一案中，尽管县官判决原告有理，断令她返回夫家，但同时也勒令她的丈夫及其父母具结不再虐待她。

113

在诸如此类的判决中,衙门显然超越了简单的只凭法律条文断案。但同样明显的是,这些仅仅是在判明当事一方或另一方的是非之后,所采取的保留情面或慈善让退的做法。无论如何,此类妥协办法在单方胜诉案件中只是极少数:在所有170件案例中只占11件(附录表A.5—A.7)。其中,县官动机似乎多是出于对贫弱者的怜悯,而不是为了给输家留面子。

如果确系如此的话,这些案例从另一方面看也显得很不一般。总的来说,衙门在实际运作中倾向于把"揆情酌理"这句套话中的"情"字多当作"情实"解释,而不是理解为"人情"。"理"字也是多作"道理"理解,而不是儒家的"天理"。譬如,我们常会发现县官使用"查情理处"这样的措辞。不少知县还会提到原告一方的"控情",其中的"情"字显然系指事实而非同情。这里我再次强调,即天理人情所带有的高度道德化的含义,在法律制度的儒家式表达中,比在其实际运作中要紧。不管儒家的理想制度如何,在实践中起指导作用的是道理、实情、律例三者。三者当中,法律的地位最高。编纂典型案例和官方法律文书的儒家学者,认为那些平淡无奇的案件没有什么特别的参照作用,因此特别突出一些难以判断的案件,阐述县官如何在法律条文之外寻求断案的理由。但在我们看来,恰恰是这些普通案件,最能告诉我们清代法律制度的实际运作情况。

无胜负案件

作为法官的知县 即使衙门在审断中没有简单判决当事的一

第四章　处理纠纷的正式系统：大清律例与州县审判

方或另一方胜诉(即我所说的无胜负案)，知县们通常仍是依据法律做裁决：在总计33件案例中占22件(附录表A.5—A.7)。例如，佃户谭德能状告地主刘长安强行牵走他的耕牛。他们之间似乎一直有怨恨。谭曾要求刘给个田块葬其母亲，刘后来告他盗占土地。这场争端经调解解决：谭付钱给刘买下这块地。现在再起争端，是因为谭后来又向刘借钱，到期未还。刘故而把牛牵走。按照律第一百四十九条，谭有责任还钱给刘；但据同一条律文，刘也不该为私债强夺谭之财物。知县故此判决：谭当还清所欠刘某全部债款，刘亦得还牛给他(巴县，6：1745，1775.4[土-10])。

在同一县另一件比较复杂的案子中，陈万年跟一王姓女子结婚后外出佣工，留下她及他的父亲陈德在家。此后二年陈德均无其子音信，因此便将儿媳嫁与廖恩俸，获得二万一千文。不久廖在一场洪水中淹死，其兄又将此妇嫁给梁山县的董三，收受财礼钱三万八千文。就在此时，陈万年回来了。陈德怕儿子要人，怪罪自己，认定最好的办法是诬告董三，称他诱拐此妇。万年信了父亲的话，到梁山县告了董三一状，接着便去了陕西，他在那里当差。衙门通过调查，得知真相，做了如下判决：陈德诬告董三诱拐，理应杖八十。但念其甘心认罪，且家境贫寒，减刑至枷号二月，另杖三十。陈万年因受骗告状，免受惩罚。至于董三夫妇，本应判其婚约无效(因为按照法律，应在其夫逃亡三年不还后方可改嫁，此妇法律上仍是万年之妻)，但考虑到董三诚心娶妻，手续得当，且王氏已有身孕，加上庭审时陈万年没有到场，判决董三毋须与此妇离异。巴县知县在判词中把这些情况及其判断都做了详细交代，并原原本本地引证律例，因为当时他要把本案经过转给梁山县的同僚(巴县，

115

6:1:1760,1784.3.19[婚-9])。

最后一例,陈起控告张德仁企图向其弟陈秀之妻强行借钱,遭到拒绝后殴打弟媳。张则辩称,他曾借钱给陈秀,但陈秀躲债外逃,留下妻子应付他。县官在原状上即已对陈起的控情生疑,并指出其弟媳并未按规定程序来衙门验伤。后来当各方都到场庭审时,他确定果然没有人能拿出借债的证据来。据此,他断定"无实在欠项","着各具结存案,倘再生事一并严惩"(宝坻,190,1861.8.18[债-81])。

作为仲裁人的县官 如本节开头所说,在无胜负的案子中,仅有 11 件是由知县以仲裁人的角色,面对争端双方各自的同等合法的要求,提出妥协办法。在这些裁决中,法律上谁对谁错是无关紧要的。县官们面对双方相互冲突的要求和利益时,所做的跟村社调解人的一套差不多,不同的只是其裁决具有约束力。

有两例可说明这一点。来自云阳县的商人朱光吉借给巴县的郑老二一万六千文。借款到期后,郑老二躲债不还。这时,郑老二的堂兄郑阳一做了口头"担保",定于三五日内还债。阳一打算向老二追促还债。不料郑老二猝死。他既无家产也无后人。阳一也不愿兑现其毫无法律约束力的口头"担保"。朱只好打官司。作为互让的结果,知县断令阳一付给朱二千文供他回籍(巴县,6:4:2552,1852.11.19[债-20])。

宝坻的张玉跟前妻生有两子,跟第二个妻子胡氏生有三子。他死后胡氏跟张玉之弟张模一起过。她似乎曾跟他人有过私情,生了一子,但刚出世即死。张模千方百计想把她撵走——打发她回到她兄弟那里,不让她对其亡夫的家产有任何要求。亲邻都对

第四章　处理纠纷的正式系统：大清律例与州县审判

这场纠纷做过调解,提议把张玉的家产平分六份,五个儿子各占一份,剩下一份留给寡妇养老。张模不满意这样的安排,告到官府,称其守寡的兄嫂不贞,并把刚出生的小孩弄死。而寡妇则坚称其未有私情,亦不知何以有孕在身,同时小孩系自然死亡。张模控其奸夫为田有全,但又无法确证。知县在庭讯时判决,依照亲邻原先提出的调解办法处理此案(宝坻,162,1845.3[婚-8])。

就此类案例而言,人们有理由认为,知县是以父母官的姿态在行事而不是在做判决。他更像是一个调停人,而不是一个依法律判案的法官。但是,这样的案例很少,只占衙门正式庭审过的221件案子的5%。更何况知县们在这里都是在律例所规定的法律架构内行事的：县官们的自主权一般不跟法律抵触,只在法律留下的空白之中运作。换言之,即使作为仲裁人,知县们亦非仅作为调停人而无视法律。

从法律实践看大清律例

律例中一些反映实际需要的民事条款很容易被人们忽略,而我们所掌握的大部分案例材料却能使它们彰显出来。这些条款之所以易被忽略是因为它们皆以行政的及(或者)刑事的术语加以包装,并且通常只是作为行政和刑事法规的附加物出现。只有当我们透过律例的表层进行观察时,它们才会凸显出来。

这里我不想复述大清律例的主要特征：现在的论著已对它们做了较好的分析,不存在什么疑问。这里只需再次指明,这部律例就其观点而言是行政性的和刑事性的；就其思想的起源及其宣称

117

的理念来看，它既是儒家的又是法家的一部法典。卜德和莫里斯（Bodde and Morris）的论著（1967）在我看来至今仍是对这部律例这些方面内容的最好概括。

现有论著所没有做的，是把这部律例跟法律制度（尤其是其中有关民事方面）的实际运作联系起来进行考察。卜德和莫里斯当然也提出过此问题，并且还试图利用一些模范案例对它做初步的分析。但由于无法利用地方衙门档案，他们只能做到这一步。只有在了解了这些衙门记录材料之后，我们才能看到，在实际运作中，大清律例最重要的部分，乃是后来不断修改和增补的那部分内容，它们是对变化中的社会现实的实际回应。其内容多掩藏在某条律文的中间或末尾，或者插在一条不起眼的例文里，伴同着其他一长串的例文。此外，它们的数量也多得吓人。单是例文即从顺治朝（1644—1661）最初的四百七十九条扩增到雍正朝（1723—1735）初期的八百二十四条，乾隆朝（1736—1795）初期的一千零四十五条，嘉庆朝（1796—1820）初期的一千六百零八条，以及同治朝（1862—1874）初期的一千九百九十二条（郑秦，1993：71）。到1900年前后薛允升编纂该律例（为本书所使用）时，已达到一千九百零七条。结果它成了一个大杂烩：其文字仍充满空洞的原则和不合时宜的条文，同时往往又在不甚引人注意的地方增添了众多新订的关键条款，这些条款常常又是牵强附会于原先的概念，甚或置于误导性的标题下面。

可见，这部律例的内容是受各种因素影响而形成的，它包含多个层面。起初国家在编纂律例时，所关心的是如何用它来规范吏治和刑罚，其中所体现的是原初的官僚政权和法家的精神与手法。

第四章 处理纠纷的正式系统:大清律例与州县审判

随后律例日渐儒家化,注重维护现存的社会等级秩序,以及国家的德化与仁治说教。最后是律例逐步回应现实需要的过程。主要表现在不断增添例文,其中有些甚至跟律例原先的意图相悖。不难理解先前的研究把注意力集中在较明显、表面的层次上,而民事档案资料则把焦点投放到易受忽略的第三个层面上。

以分家为例。相关的条文是律第八十七条:"凡祖父母父母在,子别立户籍分异财产者,杖一百。"这表达了儒家的理想。但是,我们知道父母尚在时即分家,事实上十分普遍。所以又加入一条例文,照顾到此一社会现实:"其父母许令分析者听。"(例第八十七条之一)这可以视为律例的实际意图。至于诸子均分这条关键性的实践原则,只出现在下一条律的例文中间,表面上是针对"卑幼私擅用财"(例第八十八条之一)。但如上所见,实际上很少有围绕此一原则产生的官司,因为这一方面早已形成既定的社会惯行。就实际运作来说,引起官司的主要问题是无亲子家庭的宗祧继承权。律第七十八条具体说明了应如何选择这样的继承人,例第八十七条之一针对立嗣后又生子所带来的问题做了规定。县官们也都据此做出判决。

同样地,在债务方面,我们也不要让"违禁取利"(律第一百四十九条)这样的外包装误导,以为其唯一的(或主要的)目的是要限制高利贷。事实上,此类违法行为所引起的官司很少。在实践中,更重要的是那些让衙门得以维护合法债务的规定。这条规定藏在有关拖欠债务的处罚规定之后,在该律第二节中间:"其负欠私债违约不还者,五两以上,违三月,笞一十……"正是隐含在这条刑法规定中的正面的民法原则,支配了知县们对债务案情的处理办法。

再以土地典卖为例,律例是从有关赋税的行政规定开始的。一条很重要的操作原则——"法律维护合法交易,惩罚不法者",到后来才出现并且被包装在对违法者的处罚规定里面。

最后,在市廛方面,律例摆出的是一副官方的高傲态度,只愿意规定私商不得越俎代庖,侵犯国家的商业管理特权。除此之外,商业被认为是一个太过卑下的问题,不值得高高在上的儒家国家的垂注。不过,如上所述,户律市廛部分的最后一条(律第一百五十六条),仍以简单两句话对市场公平交易原则做了规定。

大清律例包含了大量民事规定,这一点在我看来是没有疑问的。这些民事法律,当然并未包括有关抽象原则的长篇大论,以使人们觉得这是一部体例"理性的"法典。它也没有以独立于统治者意志的权利作为前提。相反,它的产生是国家在实践中不断调适的结果,而国家首要关心的,乃是透过刑罚和行政管理进行控制。但它也并不因此变得没有规则或不重要。那些因其不符合某些抽象的民法标准而不愿承认清代有民法存在的人,应该清楚地记得专制势力在大陆法(相对于英美普通法)传统的起源中所起的作用。

一旦明白了那些实际操作的民法原则在律例中是如何体现出来的,人们就不难理解,成文律例与县官判决之间具有显著的一致性。我们不应受律文的外表包装及其所采用的刑罚或行政观点的误导,从而以为它们跟民事审判无关。要理解正式律例与法律实践之间的关系,关键在于把握两者之间的联系。

知县依据律例做出判决,这一点其实并不应令人感到意外。

尽管按照官方的表达,这些县官作为在地方代表皇帝行事的人,享有绝对的行政权,实际上,他们只是在官僚等级制度的底层,奉守复杂难详的则例,面对种种考察程序,例行公事而已。县官的地位不能等同于皇帝,因为一方居于官僚体系的顶端,独揽大权,仅仅象征性地受传统与道德的制约,另一方则处在此一体系的底层,其所作所为受到上级的例行检查。他那种被夸大了的个人定夺权力,事实上受到官僚规则的严格限制。即使在办理民事案时,他虽不必向上级作详细报告,但他仍面临当事人进一步上诉的可能。在这些条件下,最稳妥的办法是尽量按律例断案。

同样地,尽管理论上他们不必自己判定事情真相,但在日常办理刑事和民事案时皆得这样去做。在办理刑事案时,他们通常都在确信被告有罪之后,用刑讯的办法逼其认罪。在办理民事案时,他们也在自有主张后利用庭审时咄咄逼人、随时可能用刑的态势,促使当事人具结接受其主张。如前所见,大多数案子在经县官审理之后,都会形成一方或另一方胜诉的明确判决。尽管按国家的道德理想,知县们不必进行裁决,但在实践中他们却经常地做出判决并加以强制执行。

这一事实也不应使人感到意外,因为州县官受到考绩的压力,而办案是否迅速是一个基本的方面。倘若有大量的民事案未结,就会引起上级的不满。在此情况下,大多数知县便力图仅庭审一次,在诉讼当事人匍匐案前时,把民事案了结。那种场合不大适宜也没有充分时间来进行调解所需要的细致工作,因此不可避免地要做出裁决,这跟官方表述构造恰好相反。

最后,尽管官方统治思想宣称皇帝与代表他的地方行政官员都享有绝对的权力，并不存在独立于统治者意志、受法律保障的"权利"，但事实乃是地方衙门一直在维护财产权和契约权。并且有大量的当事人，包括农民和普通城镇居民，为申辩或保护他们的权利而告到法庭。换言之，从法律的实际运作，以及执法的实际后果来看，这个制度确实维护了民众的某些权利，尽管官方的构造只强调官吏的绝对权威这一面。

这并不是说官方的说教便不重要，也不是说清代法律体系只需就其实际运作这一面加以理解。我们将在第七章中看到，只有把清代的法律结构看作官方表达与实际运作的矛盾结合，然后才可理解讼民及县官们的抉择和行为。清代法律制度不能单就表达或实践的某一面加以理解，而应该把两者结合起来。正是这种对立统一的结构，给此一制度下的各种角色确定了他们的抉择范围。不过本章的意图，只是要纠正先前研究因受清代官方表达的影响而留给人们的错误印象，阐明这一事实，即清代的审判制度是根据法律而频繁且有规则地处理民事纠纷的。

第五章　介于民间调解与官方审判之间：清代纠纷处理中的第三领域

为了揭示清代民事纠纷处理的实际过程,我们不仅要考察村社族邻的非正式性调解,以及州县衙门的正式性审判,还要进一步了解介于这两者之间的第三领域。正是在此一领域,民间调解与官方审判发生交接与互动。有大批争端,虽然随着呈递告状,而进入官方审理过程,但在正式堂审之前,都获得了解决。在此中间阶段,正式制度与非正式制度发生某种对话,并有其既定程式,故而形成一个半官半民的纠纷处理地带。过去的研究未言及于此。本章将勾画此一中间地带的概貌,并突出其主要特点。

事实上,此种半正式的纠纷处理制度,可视为清代政治制度中一种范围更大的中介领域的最佳写照。在现代社会,我们习惯于一个涵盖甚广、渗透很深的国家机器。而在清代,许多事务都留给了村社及亲邻,让它们加以非正式性管理。还有大量的政府工作,则是通过跟民间首领的合作而进行的。对于绝大多数民众来说，他们跟国家机器的接触确实主要发生在此种第三领域（详细论述见黄宗智，1993b）。由此看来，清代司法制度的三个组成部分，每一部分都为整个政治制度的相应部分提供了具体写照：正式审判制度相应于官方政府，民间调解制度相应于民间的社会自我管理组织，半官方的纠纷处理制度相应于半国家、半社会的中间领域，正是在这里，国家与社会展开交接与互动。

这里和西方理论中习惯把国家和社会建构为非此即彼的二元对立体的不同之处，不在拒绝国家和社会实体的存在，而在强调两者的交搭与非此即彼的二元对立建构十分不同。国家机构、官僚制度的存在是无可置疑的，一如自然村和行政村的存在。关键在于，在中国的历史中，两者的交搭也许比其分别存在更重要。

清代诉讼的三个阶段

清代的民事诉讼是按三个不同阶段进行的。头一阶段从告状开始到县官做出初步反应为止。接着是正式堂审之前的一个阶段，在此期间衙门与诉讼当事人及可能的调解人之间，通常发生不少接触。最后阶段是正式堂讯。县官通常会做出明确的裁决。① 三个阶段各有其特征：先是官方的初步反应，接着是官方与

---

① 此为常例，但非通则。有些案子由于在堂讯后未做出明确的判决，要拖延下去。还有些案子由于当事人新呈状词而不得不再度开审，这便意味着这些案子要重复所有审理阶段，或其中部分阶段。这两种现象在淡水－新竹都特别频繁，其原因详见下章。

第五章 介于民间调解与官方审判之间:清代纠纷处理中的第三领域

民间的互动,最后是官方判决。中间阶段可长可短,短的只有数天,长的可达数月乃至数年,这在19世纪晚期积案成堆的淡水-新竹尤为常见。

在本书所研究的628件案件中,确知有126件是在初告一状之后,在庭外由民间调解成功地处理的。此外,在264件记录不完整的案件中(其原因将在下文中论及),我们不妨设想,应有半数左右亦属未经堂审即得以调解。果真如此的话,那么,对打上官司的农民来说,通过半正式途径解决争端的可能性要大于正式的审判。在第三领域获得解决的案件兴许多达258件,而正式受审的是221件(附录表A.3)。

最初阶段

诉讼当事人告到衙门,先得按有关告状的种种规则行事。状纸有既定格式,皆事先印好,并注明在何种条件下衙门拒绝受理。有的规则各县皆一样(如所有地方在受理斗殴案时,都要求开明伤痕为证,盗窃案要开明失单),有少数条规,则为某地所独有,体现当地衙门的特殊考虑(如淡新状纸上注明,胥役人等不得辄令抱告投呈)。但这些规定都不成为通则。例如,巴县和宝坻的状纸上便规定,婚姻告状需写明媒妁日期,犯奸案需是"当场现获有据者",土地及债务案均要有适当的契据作佐证。两县的状纸上还规定,缙绅妇女要有抱告者,已经告过的案件必须明确述明原先批示证人不得超过三名,被告不可超过规定人数(巴县为三人,宝坻为五人)。但宝坻的状纸中,并没有像巴县和淡新的状纸上那样,印明代书若有增减情节、当事人若妄控诬告,定行严惩。三县衙门都还

125

规定,状词必须写有呈状人的姓名,盖有代书人的印章,每个方格只能写一字,每栏不得超过一行。

通常词状只能写在一张标准状纸上,状纸上只有数百个方格:宝坻为288个(12行,每行24格),淡新为320个(16行,每行20格),另加一行标题(稍宽些,但无方格),巴县为325个(13行,每行25格)。由于篇幅受限,原告只许直截了当地如实陈述案情,毋须道明法律根据。

知县在收到状词后,可能会拒绝受理。拒受的原因也许是未备妥有关文契,这种情况在债务及土地纠纷中尤为普遍。知县会在状纸上批明,最后加上"不准"两字(例见淡新,23405,1876.9[债-4])。另一个原因可能是知县发现原告所控不实。他同样会在状纸上注明,有时还会写明理由,再以"不准"两字收尾。如果不那么确定的话,则用"碍难准理"打发(例见淡新,22519,1887.7.1[土-99];22520,1887.10[土-100])。拒受的最后一条原因,可能是知县觉得,这样的纠纷最好让族人、邻里或中人去处理。这种情况在亲属之间因分家或债务所引起的纠纷中尤为常见,对于这类的讼案,知县会干脆地拒绝受理(淡新,23417,1884.12[债-16],23312,1887.1[债-35],22522,1888.2.11[土-102],22524,1888.2.23[土-104];巴县,6:3:9761,1850.10[继-18])。在我所掌握的628件案例中,有10件是被这样驳回的。

还有些案子,知县可能觉得值得考虑,但案情又太轻,不必亲自过问。因此发还给下属处理——或交乡保办理,或让衙役跟乡

第五章 介于民间调解与官方审判之间:清代纠纷处理中的第三领域

保一道处理(或让土地或债务纠纷中原来的中人处理)。① 在这种情况下,知县会饬令他们"查情",并"秉公处理"(例见宝坻,104,1862.2.10[土-3])。他或许会表示一下,此事应该如何处理,如说:"查明控情,如果属实,即……。"(宝坻,190,1861.6.25[债-371)]

把此类事情交给下属处理,这种做法实际上违背了大清律例。1765年增补的一条清律例文规定,民间词讼细事,"州县官务即亲加剖断,不得批令乡地处理完结"(例第三百三十四条之八)。这一条文的意图可能是防止乡保、衙役滥用职权。这条规定起初似乎成功地制止了这种不轨行为:在18世纪中叶至19世纪中叶的巴县案例中,这样的行为一例也没有发现。但随着人口增长和商品化进程,讼案日渐增多,触犯此条例文的情况越来越严重。在118件宝坻案件中(多发生在19世纪后半期),我们发现有6件,县官未亲自过问,而让衙役及(或者)乡保自行调查处理。而在19世纪后期词讼累牍的淡水-新竹,这样的案子多达31件。颇有意味的是,此类案件没有一件获得解决,或至少在记录中没有下文。它们占记录不完整案件的36%(附录表A.3)。

一旦决定亲自过问某案,州县官可能会要求掌握更多的文契

---

① 在清代,乡保属一种不领薪水的准官方人员,在宝坻常称"乡约",在巴县称"地约",在淡水-新竹称"总理"(戴炎辉,1979:9—20;艾力[Allee],1987:415—417)。淡新档案中有时也把他们称作"总保"(如淡新,23408,1880.12[债-7]),这意味着当地也在发生着跟宝坻相同的过程,即乡保取代了原来分为两职的乡约和地保(淡新,22407,1870.12.21[土-44];黄宗智,1985:224)我把三县的上述人员统称为乡保,不仅为了简便计,而且也跟大清律例保持一致(律第三百三十四条至第三百三十八条)。

127

或案情,然后才饬令堂讯。对土地交易所引起的纠纷,他会要求原告呈送地契以做查验。对地界纠纷,他会教衙役或乡保勘丈,有时还会令涉案各方呈交地界图。如果有殴伤情节,他便要确知状词贴有必备的"伤单"。伤单系由刑房在查验受害人伤情后填妥,注明具体受伤部位、皮肤破损情况、肿伤颜色,如此等等。① 对于其他案情,他可能只会让衙役(有时跟乡保一道)"查复"告状(以及诉词)所称是否属实。知县极少依据告状中的一面之词,轻信呈状之人。在三个县的所有案例中,只有一件属这样的情况。②

知县对于已呈诉的案情,通常只做初步的反应。他会用"是否属实"之类的话来表示自己的疑问。如果疑问较重,便批下"危言耸听"、"其中显有别情"(或"显为隐匿别情")、"情节支离"或"其中恐有纠葛"之类的词句。如果他怀疑其中有欺骗事情,便会申斥呈状人刁诈,"如虚定行重究"。

这些初步的批词会成为公开记录的一部分;当事双方在赴县候审前,通常都可以从这样或那样的渠道得知其内容。例如,他们可能会从吏役那里,或从张贴的榜示中看到县官的批示(瞿同祖,1962:47,98;滋贺秀三,1984:154)。他们也可能从传票上得知县官的反应,因为那上面载有状词和知县批示的概要。衙役也许会在

---

① 总的来说,只受轻伤,对县官的判决不会起多大影响。斗殴的根本原因马上便能找出来——诸如土地纠纷或欠债不还,并会抓住问题所在。但在正式结案之前,通常会对伤势有所提及,诸如"所受微伤痊愈"之类。当然,如果伤势较重构成斗殴情节,会被当作刑事案处理。
② 这件罕见的案例前面曾经述及,系由雇工晋文德状告雇主杨福贵。知县找不到任何支持晋的律例依据,但还是比较同情他。他饬令:"着值日壮头带回面谕杨福贵,如晋文德并无不安本分之处,仍当收留勿使滋讼。"次日,三名衙役回禀:晋行为端正,杨已同意留用(宝坻,188,1832.7.9[债-21])。

第五章　介于民间调解与官方审判之间:清代纠纷处理中的第三领域

传讯时出示其票,或向当事人传达这些内容。

因此,如果以为知县的这些批词只是写给下属看的,那就错了。有时他的批谕确是专门针对原告而做的,其意图可能是要此人澄清某些疑窦或提出质询,这时他会使用以上临下的"尔"字。相比之下,他给胥吏们的批示,总使用一种特定的、无人称的格式,最常见的是其中带有一个"饬"字,如"饬差传讯"。

发出传票标志着第一阶段的结束。状纸上会有这样的简单批示:"准。传讯(或者如18世纪巴县衙门所用的"唤讯")。"州县官在做这样的批示时会字斟句酌。如果被告在辩词中对案情有不同说法,知县们可能就会用"质讯"一词,要双方同时到场,在庭上对质。① 如果除了原告及被告,还要证人、村社或亲族首事或乡保到场协助衙门,知县们就会用"集讯"一词。

如果案子含有刑事"重情",县官的词句有时就会有微妙的变化。"传讯"是最为中性的一词。"讯"字可用来指不带恐吓的简单堂讯,也可以用来指一场可能课刑严重的审讯。由于"讯"字涵盖甚广,因此不如"究"字来得不祥。如果用上"传究"一词,那便显示案情可能比较严重,审判可能会导致刑罚。不过"讯"字与"究"字之别并非那么严格,有时会混在一起使用,如"传讯究"或"传案讯究",这时可能两种含义均有。州县官可能故意同时使用这两个字,尤其是对那些可罚可不罚的案子。在本书英文版中,"讯"字多用"inquiry"一词翻译,而"究"字则用"investigation"。

在传票的批示中再添一些形容词,是州县官对待这类两可案

---

① 如艾礼森·康纳(Alison Conner,1979)所说,把各执一词的原被两造带到公堂,当场对质,是清代衙门审讯中常用的一种方法。

129

件的又一种手法。"严"字是最常见的字眼(如"严传")表示案情比较严重,不只是简单的细事纠纷。(在刑事案中也常用"严"字来强调事态的严重性,如"严拘""严惩"。)①

中间阶段

到了诉讼的中间阶段,比起头一阶段来,无论县官、衙役及乡保,还是诉讼当事人,在采取行动时都有了更大的选择范围。被告常会呈词抗辩,对案情提出自己的一套说法。然后县官会传令双方到庭,在传案前相互对质。一个比较啰嗦的知县便曾写道:"孰虚孰实,候集案讯夺。"(宝坻,106,1882.2.18[土-22])

如果州县官想了解更多情况,他便会在批词中饬令衙役、乡保查复,有时也会叫涉讼人自己提供详情。譬如有这样一件案子,县官在发觉双方所述案情不合后,即令双方再明白另呈,提供契据,并举出证人。原被两造当然照办(宝坻,166,1837.7.30[婚-4])。

有时原被两造或其中某方会主动提供新的案情,或促使第三方呈词替他们说话。如果情况有变,譬如在初次告状和抗辩之后,某方采取了强暴手段(诸如闯入对方房屋争吵,抢走财物,打伤对方),当事人也许还会再呈一词。涉讼的一方或另一方可能还会不断呈词,为所述案情增添细节,或仅仅借此泄恨出气。诉讼当事人在这些接二连三的呈词开头部分,总是先把知县对上次词状的批

---

① 措辞上的微妙差别,也反映在参与解决纠纷的不同角色身上。对村社或宗族首事或乡保、衙役的行为,所使用的是"处理"或"调处"一词,而对知县的审理行为,则用"夺"或"核夺"一词。分量最重的要数"断"或"讯断""查断""究断",只有知县才用。

第五章 介于民间调解与官方审判之间:清代纠纷处理中的第三领域

语照述一遍。①

州县官对涉讼人的每份呈词通常都会加以批阅。如果发现新的证据,他会修正先前的批示。例如可能重新核夺已经交给衙役办理的事情或传唤其他证人,或派衙役进一步查实案情。如果觉得新呈之词并不可信,抑或无关紧要,他可能会表示不耐烦,批上"已批示传讯",或"候堂讯";强烈一点的批词,则是"勿渎"或"勿庸耸渎"。

跟县官们一样,讼民们也可能感到不耐烦。尤其是在19世纪晚期的淡水-新竹,由于衙役办事缓慢(相对大清律例所规定的时限),当事人常常用"催呈"敦促衙门尽快处理。知县也会批以"催差传讯",或"催差查复"(或"催差查理")。但有时知县会觉得受到无端纠缠,批上"候审,勿渎"。

县官在一些案例里,对衙役的作为表现出不满。如果衙役未能办妥某一差事,知县会在禀文上批示,饬令"再前往设法处理"。他也可能公开申斥,甚至严惩办事不力的衙役,虽然这样的情况不多(例见宝坻,190,1860.7.7[债-36];淡新,22430,1886.11.10[土-67])。个别情况下,他会换掉原来差使的衙役,令衙门"改差,仍饬……"(宝坻,105,1881.9.3[土-21];淡新,22526,1888.5.15[土-106])。

虽然涉讼双方必须接受传唤,到庭候审,证人或第三方有时却可请求宽免。例如,有个证人在收到传票后,用书面呈述了有关情

---

① 那些含有大量词状、辩状且经数次堂审的案件,其当事人通常都是些有钱有势的个人或家族。淡水-新竹在这方面尤为突出。相比之下,宝坻的绝大多数讼民皆为小农。下一章中我们要讨论这三个县衙门的不同情形。

131

节,请求免于出庭。知县对其所述感到满意,允许了他的请求(宝坻,105,1902.3.7[土-23])。这便是所谓"摘释"。我们所掌握的讼案记录中,有几个这样的例子。有的遭到拒绝。知县有时(但不一定)会对此加以解释,例如会说需要此人到场,进行面对面的对质。

在三县的案例材料中,约有三分之二在此中间阶段结束。其中有些案子系由当事人自行解决,更多的是由邻里或族人,通过被诉讼激励的调解而解决。另一些案子则再无记录,我们只能对其结局做些推测。下面先来看看那些为数不多的由当事人自己解决的案子。

一桩纠纷,一打上官司,立刻就加大了双方可能的损失。这时一方可能会做出让步:要么是被告付钱还债,要么是原告撤回告状,要么是双方都情愿和解,自行互让妥协。宝坻有九件案子、淡新有三件案子都是经由这种方式解决的(例见宝坻,187,1850.5.17[债-461];淡新,22709,1887.3[土-115];宝坻,169,1866.2[婚-25];宝坻,168,1867.9[婚-26])。在这种情况下,原告理应向衙门呈词,说明为什么愿意撤诉结案,县官照例会允准,除非他觉得其中隐匿刑事罪行(例见宝坻,169,1866.2[婚-25])。不过事实上原告一旦解决了纠纷,便不一定会再费神呈请官府结案。因此,我们有理由认为,有不少"记录不完整"的案件都属于这样的情况。

更普遍的情况是,告上一状会促使邻里或亲族人员加劲调解,努力在法庭外解决纠纷。衙门发的传票只会加剧压力,如果县官的批词较重,则更加如此。从县官的批谕中,原告或被告能揣知衙门堂审的结果将会如何。其中一方可能因此更加情愿和解,在庭外了结。在三县材料中,有114件案子是由民间调解了结的。

一旦在庭外解决,原则上当事人要告知衙门,恳请销案。担当此项任务的,常常不是原告,而是那些调解人——村社或宗族首事、当地乡保或地方名流。他们在呈词中通常会说,涉讼双方已"彼此见面服礼"(或"赔礼"),或冒犯的一方已赔不是,或已悔改,双方"俱愿息讼"。如果讼案中有殴伤情节,呈词中还会提到"伤已痊愈"。

有些情况下,知县可能拒绝结案。例如,如果当事人中有人受伤比较严重,知县会坚持开堂审讯。曾有这样一件田租纠纷,调解人呈词要求销案,宝坻知县便这样批道:"事涉斗殴,验有死伤,自应听候讯究,不准息销。"(宝坻,100,1839.5.18[土-12])不过知县通常欢迎这样的处理结果,会在呈状上批下"准销案"。如果已发了传票,还会加上"销票"或"免讯(免究)"字样。在这些批词之前,有时冠以"姑从宽"三字,以显示做父母官的威严。有时还会警告两句,"若再滋事,定行重究",或"若再妄为,定行拘惩"。

最后一个步骤,照例是由原告或涉讼双方向衙门"具甘结"。如系调解处理,甘结上则说明"经亲友(邻)说合",或举出调解人的名字。接着扼要叙述和解条件,内容无非是某方或双方做了道歉,有时也包括复杂的纠纷处理方案。甘结的最后,是说具结人对这些处理结果"并无异说""情愿息讼",因此"恳恩免讯"。有时调解人也会具结确认这些处理方案,把它纳入村社或亲族的道义影响下,加重其分量。讼案于是正式销结。

但涉讼人在和解后,有时同样也不再费劲向官府呈请销案。由于在官方记录中没有这样的呈词,我们无法确知在264件"记录不完整"的案件中,有多少是这样结束的。我个人的看法是,那些非正式地解决的讼案(无论是涉讼人自行和解,还是经调解处理),在154件以传票作为结束的案例中(巴县占109件,宝坻占6件,淡新占39件),应占有相当大的比例。双方一旦达成协议,便再无兴致劳神伤财,去跟官府打交道。但他们并不能正式拒绝接受衙役送来的传票,也不能要求衙役回禀官府这场争执已获解决。作为衙门的代理人,衙役的职责仅是递送传票,他们无须禀报亲邻非正式调解事宜,那是乡保或诉讼当事人的责任。如果乡保非常马虎,或当事人很精,知道衙门并不那么在意细事争端,要有个收场的话,一件案子可能就会到此搁置一边,衙门再也不去过问。

还有部分记录不完整的案件,可以归咎于衙役们的疏忽行为。案件记录中有不少例子显示衙役办事拖拉,或玩忽职守,结果惹怒县官。这些问题的产生,可能只是因为衙门本身不讲效率或讼案成堆。但几乎可以肯定的是,至少部分衙役收到诉讼当事人的好处而不去递送传票。如果衙役不禀报传唤结果,他们可以借此阻挠县官查清案情的意图(下面再讨论)。

有少数不完整案件在发送传票之外,还有衙役的禀报,称他们没法送达。所举原因各种各样——涉讼某方或双方躲藏、出逃、生病或不能动弹,等等。这样的情况,巴县有22例,宝坻有12例,淡新有4例。

最后,还有29件案子,我们无法猜测其结局如何。其中一部分,可以从有后期而无前期的记录看出是档案散失,这些是残缺的案件记录。

第五章　介于民间调解与官方审判之间:清代纠纷处理中的第三领域

最后阶段:堂审

如果庭外解决变得绝无可能,涉讼各方就得前赴县衙,接受知县堂审。知县通常当场做出判决,这一判决多是断定其中一方有理(这种情形占 221 件受审案件的近四分之三)。县官偶尔也会考虑到亲邻们的日后相处,给另一方留点面子。比如,断令一个胜诉的富室,给他的穷亲戚或穷邻居做点象征性或慈善性的让步(例见巴县,6:1:720,1769.11[土-4];6:2:1416,1797.6[土-16];6:4:2552,1852.11.19[债-20])。不过令人吃惊的是,知县们极少做出这样的象征性妥让——只占 170 件单方胜诉案例的 6%。

"无人胜诉"的判决远少于单方胜诉(只有 33 例),这种结果里面可能有几种不同的考虑。有时衙门通过调查发现种种实情,从而消除了误解,告状也失去原由。例如,在巴县和宝坻的数起案例中,衙门的调查证实被告并没有像原告想象的那样违背婚约(例见巴县,6:1:1760,1784.3.19[婚-9];宝坻,168,1871.8[婚-27])。有时衙门发现双方的要求均属合法,因此做出相应的判决。例如,当几名合法继承人因分家发生龃龉时,县官简单断令均分(例见淡新,22601,1845.6.19[继-1])。有时衙门发现双方皆有错,或双方要求均属不当。诸如此类的判决总计有 22 例。

只有在极少数案例中(仅占 11 例),知县像仲裁人一样行事。一个比较多见的情况,是在洪水过后因原有地界发生移动所引起的地界纠纷(见淡新,22506,1878.2[土-86];巴县,6:1:733,1773.3[土-7])。

当然,也有一些案例,即使经过一次堂讯也未获解决。知县可能由于发现没有掌握足够的证据以做判决,因此饬令做进一步调查,或断令再审。这样明确的裁决可能要到下次堂审时才会做出。有少数案例的记录结束于知县饬令查实。在这些案例中(巴县计有5件,宝坻有1件)争端可能业已通过民间调解获得解决,也可能由于当事人或衙门置之不理,因此悬而未决。不过,绝大多数经过堂讯的案件,都会由县官做出某种判决,即使头一次堂审未能做出,也会在下一次做到。

即使做出了明确的判决,县官也会饬令诉讼双方,至少是无理的一方具结表示情愿销案。输家在甘结中会写上一两句自愿接受判决的话,就像在这份有关土地纠纷的甘结中所说的:"蒙恩讯明……以后不许身由地内行车,轧人庄稼,身情甘具结是实。"(宝坻,104,1869.8.10[土-4])在债务纠纷中,甘结上常会写明应偿还多少,以及何时支付(宝坻,191,1871.1[债-10];宝坻,193,1876.11[债-11])。

中间领域的纠纷处理

让我们特别感兴趣的,是那些为数最多、结束于诉讼中间阶段的案件。在这些案例中,官方的审判制度与民间的调解制度相互作用,解决争端。下面即要进一步考察这两种制度相互影响的种种情形,我们将以具体案例来揭示第二领域的纠纷处理是如何运作的。

第五章　介于民间调解与官方审判之间:清代纠纷处理中的第三领域

衙门作为催化剂,促成争端的解决

告状之举无可避免地把正式制度带进非正式性调解过程。这时双方都得考虑自己是否处在可据理力争的地位,假如要正式堂审的话,县官会做出怎样的判决。他们还得权衡得失,辩诉和其他呈词,都得交纳正规费用;传唤证人及每次升堂也要收费。第七章将详细讨论这些费用。这里仅引用戴炎辉所提供的晚清时期台湾的数字,让我们先对各种费用有个约略的了解。状纸每张 0.4 至 0.5 吊,告状费 0.4 至 0.5 元,代书费 0.4 至 0.7 元,传讯费 0.3 至 1 元,堂审费 3 元或 4 元,多者超过 10 元(有时高达 100 元以上)(戴炎辉,1979:706—708)。① 此外,还有招待或打发衙役、吏胥、乡保的费用;如果要到县衙候审的话,还要准备食宿盘缠。

讼争双方可能只因畏怯堂审而自行平息争吵。宝坻有 9 件案子,淡新有 3 件案子皆属此种情况。例如,有这样一件案子,发生在 1850 年初。王殿发从岳祥那里赊购了十一张羊皮,价值 4.4 吊。他先还了两吊,后来岳祥索要余款,遭借口拒绝,于是抢走王某的衣物、镰刀、烟袋嘴。王殿发盛怒之下,便在五月十七日告状打官司。三天后,知县发来传票要岳祥到庭。两人怒气已消,面对日后的堂审,很快就和解了事。到二十二日,王即呈请结案,称他已还给岳某余款,岳也还给他财物(宝坻,187,1850.5.17[债-46])。

---

① 晚清时期,银钱比率变动相当大。据臼井佐知子的研究(1981:77—79),从 19 世纪初至 19 世纪 60 年代,这一比率在每银元兑换八百到二千文钱之间。此后,从 19 世纪 70 年代到 20 世纪初,据白凯(Bernhardt)的研究(1972:248),银元最贱时,值八百五十五文钱,最贵时达一千二百五十二文钱。

比较常见的情况是，打官司会促使亲友邻里加劲调解。刘振魁状告其丈人，讲出如下情由：其妻时常回娘家，久留不归。近日他们兄弟俩已分家，缺人照应年长双亲。因此，他不想让妻子再去娘家。但其丈人张七却毫不相让，两人因此扭打起来，刘被殴伤。因有殴伤情节，刘随即由刑房做了查验，发现"囟门偏左皮破……长六分宽二分，余无伤"。知县受理了此案，传讯当事人候审。结果在八天之内，即有李国英、陈茂林及王君恒三个邻居做出调解，平息了争端。他们呈报官府，称已说合翁婿两人，双方"俱各追悔莫及，情甘息讼"，他们（调解人）因此呈请销案。知县批道："既据尔等处息，姑准免传销案，即着两造出具甘结，呈送备案。"（宝坻，170，1814.6.9 [婚-161]）

调解努力有时要到诉讼的最后阶段才会见效。1771年九月初九，李坤章到巴县衙门告状，称他把田产典与曾荣光，得钱二百吊，但曾拒不让他回赎。知县受理了此案，在状词上批了一个"准"字。曾呈词辩称，李在典让之后，又借了他七吊铜钱，一直未还。还称李不让他在这块地上种植冬季作物，并把他"凶殴至伤"。翌日，知县传唤涉讼双方及数名证人到庭对质。十一日，衙役把当事人带回官府，但未把证人一同带来。双方均被验伤，结果创伤远不如所说的那么严重，"两造各报致命重伤，验系妄捏"。二十日，知县传唤证人到庭。次日，李再呈一状，称曾某派亲属到他家私伐其"宅后柴树"。李敦促官府逮捕对方。知县在这份状词上批道："静候质讯，不必多事。"到二十六日，有五人自称"乡约"，呈请结案。他们说合了双方，并弄清了原委：原告李坤章把田块当给曾荣光，当价二百吊，后来又要求加当价（可能因为这时田价上涨）。曾拒不

第五章 介于民间调解与官方审判之间:清代纠纷处理中的第三领域

答应。邻里调解的结果,双方同意把当价加至二百零七吊(实即原定当价加上李后来的借项)。他们已销毁原有契据,另订新契。双方同意诺守新契,具结息讼(巴县,6:1:728,1771.9.9[土-35])。

我们在此粗略可见,涉讼双方之所以能达成和解,诸多因素在起作用。首先滞留县城候审期间,盘缠会与日俱增。一旦衙门发出传票,免不了要交证人传唤费。接着还有堂审费。加上考虑到知县已对他们夸大伤情表示不悦,因此便不难理解,他们为什么甘心接受调解处理,尽管官司已打到如此的地步。

衙门意见所起的作用

如果州县官把他们的初步反应批在告状、诉词或呈文上面,这对亲友邻里的调解努力会起很大的影响。知县在批词上所表现出的任何不悦、疑惑或者倾向,都预示着堂审会有怎样的结局,因而会影响到当事人在调解中所持的态度。例如,在审理寡妇冯屠氏一案时,宝坻知县便毫不隐饰自己的态度。冯氏的丈夫及儿子都已死亡,仅留下一个童养媳。据其所控,同村被告李万来试图乘人之危,把这个童养媳嫁给邻村一个姓唐的,从中渔利。知县在她的状词上批道:"李万来非亲非故,何敢将尔子媳擅聘唐姓。所呈若实,殊干法纪。候速传讯。"知县的这一反应足以让李某做出让步接受调解:他同意付给冯氏三十六吊,作为聘钱,让其亡子的童养媳另嫁他人(宝坻,171,1896.5[婚-22])。

对于一个道理不全在己方的原告来说,县官的意见会促使他做出让步,进而达成和解。张国起状告张六及其子张汉,声称他们在七个月前掳走其妻。县官批道:"事隔半年之久,始行呈控,其中

139

显有别情。姑候传讯察夺。"对于张国起来说,这明显意味着,他所杜撰的情节不会被轻易放过。十天之后,他便呈请息讼,并道出了实情。据解释,他是穷得没法,不得已外出打工,顾不到家。因此把老婆嫁给张汉,还把孩子托给他们父子照应。但回来之后,他便得知老婆孩子受到虐待。为此他跟张六互殴,张六叫他把家人带回去。由于没法养活家人,他便诬告张六父子。呈词中还说,现有亲友做出调解,张六、张汉也同意继续让他家人住下去,孩子等长大后再还给他。他因此呈请息讼。知县批道:"尔冒昧具控,本有不合。姑念自行呈恳,从宽免于深究。"(宝坻,164,1850.9.25[婚-191])

如果县官的反应对原被两造都不利,那么双方均会觉得有必要平息讼争。韩延寿控告敬德和韩喜,称他们曾借走铜钱四十吊,在敬德家开赌,然后拒不还钱。被告辩称,韩延寿一贯行凶作恶,欠他们的钱。县官在批文中指出,原被两造显系同赌,因牌场输赢而起争执,责令把他们带到县衙审讯。这一批示足以促使双方和解。传票送达后第二天,即有调解人芮文清呈请销案。据称,涉讼双方本系亲族,因钱财交易发生争执。两造均未涉赌。他们现已厘清账目,事情已得到解决。原告韩延寿已"自知悔悟,与敬德等见面服礼",双方关系重归于好。面对如此的表述,知县同意销票,但仍旧重申了自己的揣测,即两造系因赌债而起讼争。他警告双方及调解人如果再犯,必定惩处(宝坻,193,1898.2.18[债-31])。

再一种情况是,知县对虚实的判断,也会影响到调解方案。许万发因在自家与杨宗魁的房屋之间扎上篱笆,两人发生争吵,于是控告对方。杨坚称许把篱笆扎到他家的地上。由于许家的地是租来的,因此也把东家卷了进来。另有一个邻居因目睹他俩吵架,也作为证人卷入。杨呈上辩词、地基绘图,并控称邻居证人其实在唆使许某兴讼。许随后再呈,亦指控有数人与杨某"勾串帮讼"。知县责令各方到堂集讯。状词中所提到的其他各方则呈请摘释免传,但知县拒绝。衙役把大多数人都传到衙门,但此次堂讯并未得出明确的结果。于是,知县饬令衙役和到庭的一位证人照原来的地契丈量双方地界。丈量的结果显然支持许某的说法。此时杨又呈一词,坚持自己的说法。但县官认为事实业已澄清,遂传唤双方到庭复讯。他将如何裁决,这时已显得很清楚。杨终于做出让步。调解人划清了双方地界,说合讼争双方同意。杨、许二人各自呈请息讼,知县也同意该案就此作罢,无须再次堂讯(宝坻,100,1845.10.7[土-14])。

乡保

从乡保身上,也许最能看出官方正式审判与民间非正式调解之间的互动过程。我曾指出,19世纪宝坻有关乡保任免的材料表明,尽管有些乡保确属当地有钱有势之辈,但他们中的绝大多数都是家境一般的自耕农。那些真正的实权人物把他们安排到这些位子上,当作自己与国家之间的缓冲。许多人把乡保一职当作吃力不讨好的负担,避之唯恐不及。宝坻档案中就有不少这样的例子,某人被提名为乡保后,为逃避任事而外逃。有人竟以提名做乡保来要挟他人(不过也确有个别不轨之徒,把做乡保当作吞税款以肥己的机会;参见黄宗智,1985:225—231)。

乡保作为经衙门认定、由村庄社区首事提名的人选,既是衙门的代理人,又是村社的代表。他与衙役共负责任,把衙门的意见、传票、逮捕状送达诉讼当事人及村社成员。如前所述,遇有比较琐细的纠纷,他还可能受知县委托代行处理。与此同时,他还有责任代表社区和宗族把其意见和调解努力上报衙门(这一点,使他区别于衙役)。

有时,他还会间接促成或直接卷入调解过程。在张玉生状告邻居边廷禄一案中,乡保仅仅受令查实一下,便足以促使当地亲邻着手调解。争执原委是张贷出一笔款项,收下四亩地作抵押,并在上面种上麦子。但邻居边某声称有半亩地位于蔡家的坟地内。作为坟地的看管人,他已和蔡家的三个人一起着手收割。张在状词中称,他后来找苑奇等会首协助解决争端,但他们都不愿介入。知县从一开始就有所怀疑,他批道:"尔无占种他人地亩,边廷禄等何至凭空割尔田禾,首事苑奇等又何至推诿不管。其中显有别情。姑候饬该乡保协同首事苑奇等查明复夺。"不管真相如何,这道批词还是促成了该地的调解。调解结果做出九天之后,便有乡保刘明旺,联同会首苑奇、王林、李义等人,呈请衙门销结此案。据称,他们在做了勘验之后,发现两方地界并不明确,故建议张某将有争议的半亩地从蔡家租来,租金一千五百文。张、边二人接受调解,情愿息讼。知县堂谕:"据禀理处妥悍然偈,准即销案。"(宝坻,101,1851.8.8[土-15])

有时乡保独自担当调解。这种情况在宝坻的所有调解案件中,约占五分之一(36件中计有7件)。其中一案,马忠状告债主张恩浦。马曾向张借钱一千八百三十文。据称,他已先后两次还清了这笔债,一次是还给张本人,一次还给张的儿子。但张却继续向

第五章　介于民间调解与官方审判之间：清代纠纷处理中的第三领域

他索要。两人为此斗殴，他被张打伤。刑房在验伤之后，写道："额头偏左指甲抓伤二点皮破，左眼近下拳伤一处青肿，又嘴唇近上指甲抓伤一点皮破。余无伤。"知县堂谕：马忠呈状"情词支离"，着令乡保查清实情。一周后，马忠的侄子马福刚呈上一词，称马忠伤情恶化，发烧不止，胃口全无。这次，知县的批谕是："候差保查明……无庸砌词多渎。"

不难想象，知县的这种批示只会提升乡保的权势，本案中也确实如此。高盛林在九天之后，即回禀知县：他已查问并解决了此事。原告马忠事实上并未还清债款，他（高）已设法让马清偿。现在马忠伤势既已痊愈，原被两造均接受调解，因此他们情愿息讼。知县批道："姑准从宽免究销案。"（宝坻，192，1886.4.2［债-291］）①

我只发现一件案例，系由衙役协同乡保解决纠纷（宝坻，107，1882.2.18［土-18］）。但这种情形甚为罕见，因为衙役不仅在村庄社区中没有地位，在官差权力上也没有资格做调解人。

第三领域中的弊端及其原由

第三领域中纠纷处理的半官半民性质，既具有它的优点，也具有它的缺陷。在理想情况下，这套做法可兼顾官方法律与民间调解两头。但由于第三领域的纠纷处理比较随便，并无明确的原则

---

① 从淡水-新竹的资料来看，乡保（当地通常叫"董事"）在该地似乎并未扮演显著的调解角色。在25件有记录的经调解处理案例中，仅有1件乡保起过作用（淡新，23203，1877.10.28［土-25］）。产生这一差别的原因尚不清楚。巴县的情形则无从得知。档案资料中，通常把这些调解人称为"约邻"，此词包括乡邻（乡约）和"戚邻"（族邻）两重含义。

143

和程序,所以比较容易产生弊端。

乡保的权力及其滥用

作为官府与社会之间的关键性中介人物,乡保既可在衙门审判中,也可在地方调解中逞其伎俩。作为衙门的耳目,乡保可能对县官的看法起关键作用,从而影响一件讼案的结果。同时,如果乡保刻意拖延不办,或玩忽职守,谎报案情,知县即使决心再大,其查清真相、维护法纪的努力也可能落空。(当然,衙门也有办法节制这些不轨行为。衙役本身即是一个重要的消息来源。如果不跟衙役串通,乡保很难谎报案情,反之亦然。衙门在打发衙役前往调查或送达传票时,通常不止派出一人。这种做法亦有助于防范不轨行为的发生。)

在上面所介绍的宝坻马忠与张恩浦之间的债务纠纷中,乡保之所以颇具影响力,不仅由于他扮演了调解角色,而且更重要的在于他如何陈报案情。他帮被告张恩浦说话,报称马忠仍欠他的钱。不管乡保的话是否属实,他的这一举动直接促成了马忠接受庭外解决。倘若马忠坚持把官司打下去,那会面对一个听信了乡保报告的知县。

再举一个18世纪巴县的案例。当地常因这样一种问题而起纠纷:土地出卖之后,原主认为他在道义上仍有权使用地上的祖坟地。有时即使土地售出很久,原主仍会借此进行敲诈。1791年,杨文举便在其祖坟边扎草棚,并砍竹子归己用。这块地早在30年前就由他祖父卖给了别人。知县收到业主徐玉音的状词之后,着令当地乡保查复。杨的左邻右舍曾想劝和,但遭到他的拒绝。这时

第五章　介于民间调解与官方审判之间:清代纠纷处理中的第三领域

乡保回禀官府:徐某所控属实。知县于是下令传杨到庭。杨不得不做出让步,由当地乡民呈请销案(巴县,6:2:1418,1797.3[土-44])。

如果知县决定把某件案子交给乡保处理,乡保的权力会因此臻于极顶。本章曾经提及,那些交给乡保或衙役办理的案子,似乎没有一件得到解决。这里我们只能推测一下其实际过程。也许乡保没有足够的权力来处理纠纷。如果当事人是那些有钱有势的门户(这在淡水-新竹屡见不鲜),就更是如此。

乡保权力中最难捉摸同时也最重要和最为常见的一面,要数他故意玩忽职守,拖延办案进度。从下面两件案子中,我们可对这种拖延手段略窥一斑。在宝坻的一件婚姻纠纷中,县官着令乡保传唤原告到庭。乡保回禀:被告已外出,无从查找。知县大为不悦,因此批示,他将另派衙役传唤此人,并直斥乡保:"毋得再以外出搪饰。"但知县的忿懑显然没有什么收效,因为此案的记录到此为止(宝坻,168,1868.10[婚-30])。在宝坻的另一件案子中,某位孀妇状告他人欠债不还。知县着令乡保带原被两造到庭对质。乡保却禀称此妇实非本县之人,其亲友亦皆以为所告不实。办事谨慎的知县怀疑乡保所报失实,堂谕将乡保此举记录在案。不过,他却未采取进一步的行动(宝坻,190,1860.7.7[债-36])。

衙役的权力及其滥用

跟完全居于第三领域、半官半民性质的乡保相比,衙役实属于官方系统的第一领域,或至少处在这两个领域之间。作为受雇于衙门的跑腿,他们不能在县堂面前正式代表村庄社区或宗族;例如,他们不得以调解人的身份呈请销案。另一方面,他们只拿少量薪水。据新竹知县在1888年给上级的一份报告中称,他只付给衙役每日0.08元"工食",相当于一年29元。而刑名幕友的"束脩"高达1000元一年,钱谷幕友亦达800元一年(淡新,11407:1—3)。① 绝大多数衙役可能要靠礼品或敲诈来弥补生计。此外,不像知县及其随员,衙役通常都是本县人氏,因此还得屈从地方势力的种种索求。

在因各种原因不再存有乡保的地方,衙役就成了县官查办案情的唯一消息来源。以吴氏与高氏之间的讼争为例,二妇皆只承认一点,即若干年前吴氏收高氏之女为童养媳。吴氏状告高氏拐走其业已长大成人的女儿,唆使她跟人通奸。知县在收到状词后批道:如果所控属实,殊为不法。故着令衙役查复,并带高氏到庭。此时,高氏亦呈词辩称,该幼女自长大之后,跟吴家儿子相处不睦。吴氏因此逼她把女儿赎走。她拿出40元,赎走女儿,并嫁给杨瑞。吴氏捏造状词,只是想对她再敲一笔。衙役调查之后,禀称被告高氏所言属实。此案记录中,并无乡保的报告,甚至亦未提及乡保。衙役这样上报之后,吴氏别无选择,只有屈让一条路。当地调解人亦据这些情节做了调停,并呈请销案(淡新,21207,1890.11.28[婚-7])。这里,衙役对案情的判断在本案的处理过程中显然起了决定性作用。

---

① 戴炎辉根据一份1888年的新竹资料(无出处)所提供的数字,跟这里所引用的刑名、钱谷幕友薪额相同(戴炎辉,1979:698,703—711)。我怀疑戴炎辉与我此处引用的是同一份资料,但他忽略了衙役的工食数额,而代之以法定的标准额,即衙役每年给银六两。我曾在一篇已经发表的论文(构成本章基础)中引用了戴的数字(黄宗智,1993b:283)。

第五章 介于民间调解与官方审判之间:清代纠纷处理中的第三领域

不言而喻,在这些情形下,衙役们很可能趁机进行敲诈。下面这件发生在新竹的案子便多半含有贿赂情节。1888年5月15日,萧春魁状告邻居林狡侵占他的土地。据称,在新近的一次洪水之后,林趁机填塞了在自家土地上的一条沟,而在萧家的地上新挖一沟。知县先是叫萧呈上地契,以供查验。二十四日萧春魁呈催之后,知县派衙役前去调查。一周后,衙役王春、李芳回禀:所谓在萧家土地上新挖一沟,查无实据。到七月份,萧再呈一词,称林狡买通衙役,要求另派衙役前来调查。知县最初的反应是"毋庸改差",但他还是着令进一步查实。四个月后,王春含糊回复(此时李芳已死):他看到一些迹象,水沟可能系新近挖成。两周后,萧再呈声称,王春被林家买通。这次,知县同意另派两名衙役查办此案。四个半月后,新差回复说旧沟被埋,现在上面已种上庄稼,无从确定下面是否有旧沟。即便如此,知县仍想弄个水落石出,饬令差役向当地居民打听。五月初九日,亦即在萧头次告状差不多一年之后,衙役才回禀,再一次含糊说水沟似有可能被移混。到此知县显然不如原先那么坚决,只是说等原告催呈后再做处理。本案记录到此结束。萧春魁可能终于放弃了求助于衙门的意图(淡新,22526,1888.5.15[土-106])。被告林狡,很可能确实是买通了衙役,才使得萧春魁及知县的努力都无法收效。

另一件案子也可能含有贿赂情节。1882年2月18日,冯致和控告族亲冯福德屡次侵占他家的八亩土地。知县堂谕:"饬差查理处。"被告福德实际上是一个有钱有势的人,且有功名(六品军功)。他辩称,致和在他们两家场边断成深沟,妨碍出入。二十一日,他又呈一词,称致和闯进他家砸坏物品,使全家受惊。知县于是传唤

147

双方到庭候讯。二十七日,原告的父亲冯福和呈称,其子被福德殴伤,头晕不已。且称,福德曾经鸡奸幼童有案可查。这次,知县的反应仅是说已派人前去调查。二十九日,衙役跟乡保一同回禀,已经"按照伊等分单,将两造场地拨清……双方俱愿息讼"。知县当即答应:"销票。"本案记录到此结束(宝坻,107,1882.2.18[土-18])。这里我们尽管无法断定该案真相如何,但被告冯福德很可能是买通了衙役、乡保,报称已做和解后得免受堂讯。

和乡保一样,衙役也可以通过拖延或不把传票送达,来影响讼案的结果。有这样一个案件,衙役呈报无法找出被告。原告于是控称,被告受讼棍唆使,已买通衙役。在另一个案件中,恼怒的知县对一个故意拖拉的衙役罚杖一百。但这两件案子都再无进展(淡新,22420,1882.3.3[土-57];22430,1886.11.10[土-67]),两案的衙役都可能成功地阻挠了办案进程。

这里我们只能推测,在大量记录不完整的案件中,有相当一部分牵涉到衙役的不轨行为。那些结束于衙役报称某方无法找到的案件记录,或者是发出传票后便无下文的案子,都可能如此。这两种记录的案子,占巴县152件不完整案件中的131件,占宝坻26件中的18件,占淡水-新竹86件中的43件。

正式性、非正式性及第三领域的纠纷处理

可见,第三领域的纠纷处理,应跟更严格意义上的非正式调解区别开来。在后者那里,没有州县官的任何意见,完全是由亲邻自行调解,虽然也考虑到法律条文,但总是以妥协互让的办法来息事

第五章 介于民间调解与官方审判之间:清代纠纷处理中的第三领域

宁人。

如上章所述,分家可视为非正式性纠纷处理的最好例证。长期以来所形成的惯行,能够非常有效地处理兄弟之间在瓜分家产时所出现的紧张关系。首先,社区、亲族首事会跟这些继承人反复商议,把家产均分为若干份,然后抓阄分派。分家结果常会由调解人做中,形成文契。

清代法律认为,近亲兴讼是不道德的行为,邻里族人有责任解决争端。正如一位知县在拒绝受理一个做弟弟的状告兄长把持家产、不肯分家时所说:"一本之亲,勿遽匍匐公庭。"(淡新,22524,1888.2.23[土-104])同样地,某位知县在处理一起亲属间的债务纠纷时也批道:"尔与原告情关至戚,乃因钱债细故涉讼公庭,实属有伤亲谊。"(淡新,23312,1887.1[债-35])

这并不是说,非正式性纠纷处理完全独立于正式法律而自行运转。拿分家来说,诸子均分的惯例早在唐代即有正式的法律规定。此后,社会习俗与法律条文的吻合,使诸子均分的原则几乎得到普遍的遵守,因分家所产生的纠纷和讼争被降到最低程度。如果法律原则与社会习俗发生分歧(这一现象随着土地典卖的普及而日益严重),而法律条文又模糊不清,就会使得人们更多地依靠诉讼来解决纠纷。这一点我们在第二章已有所了解(参见黄宗智,1990:106—108)。

第三领域的纠纷处理,还应该跟更严格意义上的正式司法,亦即衙门审判区别开来。县官对民事案的审理,跟刑事案一样,首先受到成文法律的约束。然而,正如非正式制度受到正式制度的影响一样,在正式制度的运转过程中非正式性纠纷处理也起到一定

149

的作用。绝大多数判决无疑是以法律为依据的,但仍有小部分案子是由县官以息事宁人的原则,断令维持民间调解所达成的办法(宝坻,171,1885.518[婚-21]),或者断令此事应交亲邻调解处理(淡新22513,1884.3[土-93])。

只有在第三领域,正式的和非正式的纠纷处理才在几乎平等的关系下相互作用。知县基于法律的意见当然具有官方的威严,但官方的统治思想是民间调解优先——只要它没有越出法律所容许的范围。知县的意见是在那样的意识下表述的。因此,知县通常优先接受邻里族人息事宁人的调解办法。公堂审断是在民间调解失败后才进行的。即使纠纷中牵涉到触犯法律的行为,调解人也有可能把它们掩饰过去,让衙门接受其妥协办法。例如,我们已在前面看到,在一件多半含有非法聚赌情节的案子中,调解人声称当事人是因正当交易中账目不清而起争执,他们凭此表达而获得衙门许可销案。

正式审判与非正式调解的交相作用,有些是在制度性框架下进行的,有些则是相应个别案件的特殊情况而进行的。调解人(也包括涉讼人)几乎无一例外地可以向县官呈词,县官的批谕也几乎都会传达给他们。这样的做法确保了两者之间通常的交流。但另一方面,这些交流又极为简略。呈状人每次告状,只能使用一张三百多格的状纸,而知县通常顶多也只批寥寥数句。加之他十分借重半官半民的乡保和衙役作为中介,因此造成了贪赃枉法行为的空间。

这种半官半民的纠纷处理过程,在最糟糕的情形下,会被衙役、乡保的不法行为或社区亲邻的不实表达所支配,或为县官私人的臆断所左右。不过，在理想的情形下，第三领域的司法活动却能兼顾息事宁人的需要和法律条规的制约，将两者结合起来，成功地解决纠纷。所以，这一半官半民的制度，既具有清代司法制度的积极面，也具有它的消极面。

第六章　清代民事调判制度的两种型式

在衙门对民事案件的处理上，我所掌握的资料展示了两种截然不同的型式。宝坻和巴县所显示的是其中一种，这种制度的运作相对简单、富有效率。大多数讼民是因土地买卖、债务拖欠、婚约及财产继承等一般纠纷而告诸衙门的小农。诉讼的标准过程是先由涉讼双方具呈状告和辩诉，接着是由各方到场的正式堂讯。大多数案件只需堂审一次，县官只做一次判决，在几周之内甚至几天时间即可审结。少数官司会长达数月，个别案子可能拖上几年。

社会分化、结构复杂的淡水－新竹，显示的则是另一种型式。许多案子在闹到官府之后，都会因为狡猾的当事人钻法律制度的漏洞而拖延下去。在这些讼民中不少是有钱有势的人，或诸如宗族、地主集团这样的团伙。他们会为打赢官司编造情节。一案数审司空见惯，判决一再受到辩驳，官司一拖数年不以为奇，长者可达数十年之久。极少在数周内审结一案。至于几天之内结案的，则更加罕见。

清代官方材料把这些问题归罪于律例上所谓"讼棍""讼师"。但从我们所掌握的证据来看,似应从更广的角度思考这些问题。清代法律制度起源于一个相对简单的小农社会,当初是针对它而设计的,以为小农会畏怯法庭的威严,甘心接受县官判决。律例并没有准备用来对付社会的商品化和日益分化所带来的种种后果:富裕及老练的个人和集团,并不会像小农那样,轻易变得畏怯。兴讼频仍、积案加增的原因,并非讼棍、讼师的蛊惑,抑或生齿日繁,而是诉讼当事人的构成发生了结构性变化。

事实上,作为一个复杂的、多层次的文本,大清律例本身也近乎反映了这种实际状况。尽管一般官方资料笼统地指责了所有的诉讼"专家",大清律例本身还是把恶性的讼棍、讼师跟非恶性的"专家"做了区别。我们所掌握的案件记录将有助于使其不同类型具体呈现出来。这些资料也会展示律例从未承认过的一面:一种接近于现代律师的讼师类型的产生,他们在法律许可的范围内为客户的利益服务。在清代法文化的概念结构中,这类人物是根本不存在的。他们的出现因此从另一方面反映了法律实践与官方表达的背离。

和前文一样,让我们还是从检讨量化证据开始。表14显示这三个县一案数审的发生率。宝坻县衙门在结理所收案件上不存在什么困难,几乎所有案件都能以一次堂讯即予审结。只有6.7%属于例外,3件案子需再审一场。巴县衙门办案也较有效率:98件案子中只有13.3%不止庭审一次。其中绝大多数又仅需第二次堂讯,另两件需第三次。淡水-新竹不仅在数审案件的总数比例上迥异于其他两县(78件堂审案子中有29件,占37.2%),而且这些数审案件中一半以上堂讯三次以上,其中三分之一至少堂讯七次。有一件案子(详见下文)甚至开审十二次之多。

表14 宝坻、巴县和淡新多次堂审发生率(N=堂审案件)

堂审次数	宝坻(N=45)	巴县(N=98)	淡新(N=78)	合计(N=221)
2	3	11	13	27
3	0	2	3	5
4—6	0	0	8	8
7—9	0	0	4	4
12	0	0	1	1
合计	3	13	29	45

表15为产生这些差别的原因提供了一个概貌:在宝坻,当事人几乎都遵循衙门的判决。在45件案例中,没有一件曾由原告或被告返回衙门,呈诉对方不依从庭判照做;或者再告一状,摆出一些刁猾的理由;或凭空捏造事实,要求重新开审。

表15 多次堂审的原因(N=多次堂审案件)

原因 \ 多次堂审次数	宝坻(N=3)	巴县(N=15)	淡新(N=38)	合计(N=45)
两个不同争端	1	0	3	4
需进一步了解实情	2	3	3	8
不依从判决照做	0	8	9	17

续表

原因 \ 多次堂审次数	宝坻 (N=3)	巴县 (N=15)	淡新 (N=38)	合计 (N=45)
诉讼滥用	0	2	9	11
讼师	0	0	2	
讼棍	0	0	1	
多次诬告	0	2	6	
诉讼顾问或代理人	0	0	1	1
团伙性当事人	0	0	4	4

在巴县,有8件案例,因没有遵循判决而使得一方或另一方回到官府要求强制执行。有2件案例,出现当事人反复诬告、试图借兴讼渔利的情形。但总体来说,巴县法庭做得几乎跟宝坻衙门一样出色:多数案子只需开审一次。

只是淡水-新竹衙门的数字明显突出了此一制度在高压下的状态。不服从判决及当事人滥用诉讼手段是大多数案件延宕不决的主要原因。另一原因是由多方组成的团伙性当事人。在表15列出的四个案子中,它们都使衙门困扰于拟造的说辞,迫使衙门要经过多次堂讯才能理清头绪,做出判决,然后强制执行。

宝坻-巴县型式

现在让我们用几个案例来为这些数字注入一些有生命的情节。我们先从审判制度运转顺畅的宝坻县开始。

宝坻衙门

在宝坻,所有经过两次庭讯的案子,需要审第二次的原因,不外乎以下两种之一。一是案子含有不止一项争端,衙门通常每次升堂只处理一项。再以前引案例为例,田福禄在自家门前堆放粪肥,污及路面,使得来往车辆不得不绕道田有年的田地。有年发了牢骚,两人因此殴打起来。福禄的儿子永恒用刀子划伤有年的左额。有年于是控告其父子二人,让官府查验伤口并做了记录。翌日便有传票到来,令各方下个月赴衙门听审。这次的堂讯,县官只处理殴伤一事,断令田永恒因殴伤有年而关押坐牢。引起这场纠纷的最初争议,被搁到两个月后,等过了农忙再予审理。再次升堂时,知县责令田永恒具结保证将粪肥移出路面,然后把他释放交给保人(宝坻,105,1884.2.20[土-81])。

另一类案例也比较简单,再次堂讯之所以必要,是因为衙门觉得有必要进一步了解案情。例如,在1865年,张庆泰告耿德旺在其离家期间掳走其妻。耿称张已把妻子卖给他,得钱九十吊,这场交易有中人作证,并有卖契在手。实际上,问题在于张仅得了六十吊,所以索要剩下的钱。头一次升堂是在告状14天之后,知县决定要从中人那里了解情况,然后才能做出判决。两周后,中人李套及双方当事人均到场。这次,知县查实了案情,判称张氏实属诬告,但对方应再付十吊钱给他(宝坻,169,1865.5.9[婚-12])。

这些推迟结案的原因可以说都很"平常",因为它们正是清代审判制度正常运转的反映。此类问题各地衙门都曾出现,巴县和淡水-新竹也不例外。如表15所示,有3件案子,被两地衙门推迟审理,以待查清实情。在淡水-新竹,有3件案子因另有事端,需再次庭审。总之,宝坻衙门能迅速有效地解决那些由相对简单的当事人所带来的相对简单的案件。

巴县衙门

在18世纪60年代到19世纪50年代的巴县衙门,我们看到后来淡水-新竹法庭所面临的一些压力的苗头。特别是,输掉官司的一方之中越来越多不依从判决照做,迫使衙门不得不去对付。在八个这样的输家中,有个叫李大的庄稼汉,家境贫困,不得不卖地。此后这块地又转手两次,李却在上面为自己和他母亲盖了一个棚子,住在那儿,甚至还砍了四十八棵柏树及一些竹子。现有田主谭光阳便在1797年的正月十三告到县衙门,县官传李到庭。李先是设法躲了一段时间,但最后还是在三月底被带到衙门堂讯。知县令杖责二十五下,并令李具结保证八天之内拆除棚舍,从这块地上迁出。但李大只拆除了草棚,并没有迁走,这也许是因为他无处可去,也可能因为他以为衙门做了判决后,不会有进一步行动。可是到四月初八、十九两天,谭两次到衙门请求强制执行判决。结果,县官再次把李传到衙门拘留起来,直到其母亲迁走为止。李在其母终于迁出并具结保证不再惹是生非之后才被释放(巴县,6:2:1415,1797.1.13[土-15])。

另有四件不服从判决的案件跟债务有关。例如,商人廖登魁雇请船主张亮才运药材及米到湖北,但张擅自把米卖掉,私吞钱款,并从该商的店铺里用廖的名义骗取八十八两银子。① 面对自己的所作所为,张书面承认欠廖八十八两银子及八千二百文米款。但他未付分文,廖因此告到官府。几天后堂讯时,知县判决张如文契所写偿清债款。廖等候一个月之后,再告一状,称张仍拒不还债。月底再次升堂时,县官断令拘禁张亮才,先是限令他三天内还清,后又按张的请求放宽期限,等他收到下一次往返的钱之后再还。最后有人拿出二十两为张做担保,并保证他十个月内付清余债,知县这才把张释放(巴县,6:2:2410,1815.3.9[债-11])

由于欠债人常常无力偿债,债务判决不容易强制执行。有时必须像上面那位知县那样,做些退让。另一件案子的被告是一个经营失败而破产的店铺。衙门要求被告只需付20%的未还债款。但原告不服,要求偿还更多的债款,并且控称被告收买了衙门胥吏,想不履行偿债责任。再次庭审时县官仍依原判(巴县,6:4:2566,1852.10[债-26])。

发生在巴县的两件滥用诉讼的例子还是比较简单的例子。其中一件是由寡妇钟张氏状告蒋荣富。蒋买了一块土地,其中包括钟家祖坟。钟氏多年前把自己所生的第一个孩子也葬在那儿。她控告蒋平毁了坟地,并种上庄稼。县官查情后断定,其坟垄不修,责在此孀妇自己,蒋事实上并未动其坟土。钟氏诬告蒋姓,意在索诈钱财。钟氏之子钟文方(以他的名义告状)被责令承认其为诬告,并具结不再滋事。

如果这件官司就此罢休,那它跟为数众多的诬告案就没什么

---

① 银两与银元的比值因地因时而异。据1910年所定标准银元固定重量为0.72两(《辞海》,1979年版,卷三:3923)。银元与铜钱(文)的比值见第137页注释。

区别。可是钟文方不久便又厚着脸皮再告一状,称蒋不让他修砌坟茔。当县官再次开审,确知仍属诬告之后,断令对钟罚杖二十五下,并加以拘禁。钟在正式具结保证不再滋事后才被释放(巴县,6:3:2638,1822.8.5[土-24])。

淡水-新竹型式

只要粗略浏览一下案件记录,就会发现淡新衙门的经历跟其他两县全然不同。宝坻-巴县诉讼档案通常只含有一个简短的告状,至多加上一个辩词,而淡新档案则充满洋洋洒洒的状词、辩诉及呈词。它们的缮写文笔也跟其他两县大不相同,显示有较高文化水平的人(有的是士绅,大多是生员)参与诉讼。在宝坻-巴县的诉讼材料中,人们只会偶尔觉察到有此种人参与,而更多材料则属于中等文化水平人的文笔。事实上,这两组不同的诉讼材料,反映了地方社会的教育水平和地方政府在复杂程度上的差异。

诉讼当事人的社会构成

表16显示三个衙门628位原告中500人的社会构成,宝坻与淡新之间的差别尤为显著。在宝坻,在可识别的原告中,足足有70.1%的人是农民,只有8.5%的人属于有较高地位或较高收入阶层(地主、有功名士子、商人、大贷户)。淡水-新竹的情形几乎相反,仅有16.5%的原告是农民,50.5%的人均有一定的财富或地位。再者,在宝坻根本没有由多方组成的团伙性当事人,而淡新则有5.7%的原告属于这一类。最后,一般城镇居民(上述各个高地位阶

层以外)在宝坻只占所有原告的1.7%,而在淡水-新竹却占到14.8%。

巴县介于两者之间,在可识别的原告中,有37.7%属农民,24.6%为较富裕或较有地位阶层。不过有一个方面巴县跟其他两地不同。

表16 原告的社会背景

社会背景	宝坻	巴县	淡新	合计
雇用劳动者	11	8	1	20
农民①	82	78	29	189
一般的城镇居民	2	54	26	82
地主	0	10	41	51
有功名士子	2	9	14	25
商人	4	21	8	33
大货户②	3	8	16	27
大地主③	1	3	18	22
团伙④	0	3	10	13
其他⑤	12	13	13	38
合计	117	207	176	500

注:在628件案件中,有136件无法判断其原告的社会背景。巴县材料在这方面尤其不佳,无背景交代的案件有101件(该县案件总数为308件)。相比之下,宝坻118件案件中只有1件不明,淡新202件案件中只有26件不明。

①包括业主和佃户,资料上通常未加分辨。
②借款额在一百串、吊或元以上。

③所收租米在一百石以上,或有五家以上的佃户。
④包括团体、村庄、宗族、行会、商业或生意团伙。
⑤诸如士卒、船民、旗人、衙役。

由于这一时期巴县还包括了重庆这个"巨区级城市",城镇居民和商人的比例甚至高于淡水-新竹(26.1%比14.8%,及10.2%比4.5%)。① 但巴县乡村似乎并没有像淡水-新竹那样发生社会分化,地主仅占原告的6.2%,而淡新却占33.5%。② 巴县也不存在如同东南沿海移民带到台湾去的那样高度发达的宗族组织,因此那里几乎不存在团伙打官司的现象。如前所见,直到19世纪50年代,巴县的诉讼仍显得十分简单。

这里真正能说明问题的是宝坻与淡水-新竹之间的对比:这种对比显示出简单的小农社会与相对分化的社会之间的差别。在其中一县,当事人的行为去官方制度的要求不远:县官的判决被当作最终结果接受,不再纠缠不清。在另一县,较富裕及较有地位的当事人形成一种比较复杂的法文化,不服判决、滥打官司、雇用讼师玩弄花招等频频出现。也许最能反映两者之间差别的是淡新当事人对催呈的全然依赖。宝坻衙门不存在积案成堆的情况,可以即时审理案件,而淡新衙门却不堪重负,几乎无一例外地要当事人一催再催方才审理,尽管当地人口并不稠密。

---

① 随着重庆的发展,该县的人口增长了4倍,从1796年的218 079人剧增至1910年的990 500人。《巴县志选注》,1989:144—145;施坚雅(Skinner),1977:290;白德瑞(Reed),1993:49。
② 比起另外两个县,淡水-新竹土地较肥沃,定居较晚(因此人口亦不稠密)。前者使土地对不在村地主较有吸引力,后者意味着分家次数不多。

不依从判决

如表 15 所示,不依从判决是淡水-新竹衙门最头疼的事之一,在 78 件案例中有 9 件这样的情况。宝坻处在另一个极端,45 件案子中 1 件也没有。巴县与淡新的不同则主要在复杂程度而不在次数多少:淡新有 7 件案子至少堂讯三次(有 2 件堂讯三次,2 件五次,2 件七次,1 件十二次),相比之下,巴县的 8 件不依从判决案件中,只有 2 件需要堂讯三次。

有趣的是,让淡新衙门庭审达十二次之多的那场官司(这也是三县案例中升堂次数最多的一案),当事人并非如人们所料想的是讼师,而是自打官司的老人刘琴五(73 岁),他被族人刘桂春告上法庭。桂春的祖父曾让他的穷侄儿,亦即琴五的父亲,耕种一块田面权归他的土地,无须向他交田面小租。田底大租则付给拥有该地田底权的另一地主。这样过了约二十年。到 1875 年,当初立契双方均故,桂春要求琴五付给他小租,过去六年他确也交了六百二十石租米。① 到 1880 年,桂春家道中落,想卖掉土地,却又无法使琴五放弃租种权,于是桂春向知县呈控。琴五立即呈词辩称:他父亲的耕作权是以 900 元的借贷代价换来的,那是他借给桂春祖父用来赎回他非法出卖的族产的钱。

1880 年十一月二十九日第一次堂讯,双方各执一词。知县只好传唤其他族人作证,以弄清事实。到十二月初五日第二次堂讯时,知县已觉察到琴五的说辞纯系捏造,故断令:桂春的祖父确有

---

① 如果我们假设每亩交租一石,涉讼土地就会多达 103 亩有奇。可见刘桂春是一个相当富有的地主,琴五则是一个相当富裕的佃农。

田面权,桂春自当有权随意处置。另一方面,由于琴五的父亲已交付大租二十多年,这笔租米实应由田面所有人承担,所以琴五应得到补偿。衙门算出琴五已交大租 400 元,断定桂春先给琴五 450 元,然后才能要回土地。但 73 岁的琴五坚称他应得 900 元。翌日,知县重申自己的判决。但琴五抗称"不敢遵断",不然全家将无地可种。

由于清代法律规定要当事人具结声称自愿接受法庭判决,所以只要琴五不让步,这件案子就不能算正式销结。当月二十一日,知县再次堂讯,这次他指出,他判给琴五的补偿费要比当初族人调解时所定的 300 元高出 150 元。但琴五仍拒不接受。知县终于动怒,斥责琴五"恃老不允"并下令扣押,等候下次堂审。

三个月后,即 1881 年三月二十八日,县官在堂讯时决定再给这个刁顽老汉 50 元,使补偿额达到 500 元。但琴五仍嫌不足。他情愿坐牢,不肯具结接受判决。这样一直坐到五月十三日,狱卒报称老汉生病。知县大为惊恐,下令:"立传医学潘春荫速往,从善所内室诊视。犯人刘琴五一名病症,小心服药调治,务痊。"知县无疑十分担心一个老人因民事纠纷而死在他的牢房里。

长话短说,被告琴五凭其一股倔劲,在后来的几次堂讯中,逼使县官把桂春的补偿费一步一步地提高到 650 元。直到八月十三日的一次庭审,他方才接受衙门的条件。解决方案的具体细节,包括当年庄稼的处理及地界上的分歧,则又另加四次堂讯方才完成。这样直到十二月中旬,亦即衙门受理十五个月后,此案方告审结。涉案各方均具结接受衙门裁决情愿了此争端(淡新,22418,1880.8.23[土-55])。

此案很好地显示了一个拿定主意、不肯让步的当事人,尤其一位老人,在多大程度上可以胁迫知县顺从己意。法律要求衙门裁决应为当事人自愿接受,这使琴五有机可乘,迫使衙门遂其所愿。当他情愿坐牢也不肯让步时(在狱中待了近一年),衙门几乎无法对付。没有哪个县官会因民事纠纷对这种上年纪的老人施用酷刑,更不敢冒险让这样一个当事人死在狱中。此案所涉及的比较高额的财产——足够在六年内收租六百二十石的土地——无疑促使老人坚定决心。他最后成功地把补偿款额从村内调解所定的300元和知县第一次判决所定的450元提高到结案时的650元。

在淡新另一起不依从判决的案例中,起初由三方合伙,凑成5000元买地。曾益吉因出钱最多,负责收租管账。后来,无能的益吉把账簿和曾家的地租以不过2000元贷款的代价让给了其姻亲合伙人(堂名"郑吉利")。这是1857年的事。此后曾家土地的租米全归郑家收取。第三方合伙人徐家没有反对,因为他们从"郑吉利"处收得比他们应得份额要多的地租。

这件案子在1869年首次引起官府的关注。当时曾益吉的孙子曾朝宗打起官司,要求收回账簿及对自家土地的收租权。知县断令,他只有在还清其祖父所欠"郑吉利"的债务后方可如此。曾朝宗坚称他只欠1500元,并且"郑吉利"在过去17年所收之租已超过此数。衙门不为所动。曾在堂讯时没有别的选择,只好接受判决,答应半个月内还清。但在只付了500元后,他即向佃户收租,收到租米后,他便拒不付清余债。

1875年,"郑吉利"告到衙门。淡水分府断令,佃户应继续向该家交租,直到朝宗还清余债为止。这里衙门亟须在交租一事上做出明确判决。首先,"郑吉利"拒绝为此块田地交纳国课,因为租米已归曾朝宗。再者曾朝宗也拒完钱粮,因为这块地还没有正式划归他。

最后,朝宗的胞叔、贡生曾逢春呈文表示,曾氏族人已按衙门两个月内还清欠款的要求,凑集1000元。到1875年七月十六日还清之后,似乎所有遗留问题都已解决了:"郑吉利"收到1500元债款,而账册、地契、收租权皆重归曾家。

这时曾家内部在由哪一房管理账册上发生了争执。1876年三月二十一日,朝宗的堂弟曾金容提出申诉,要求掌管这些账册。他声称,既然是由他这一房独自出钱还给"郑吉利"的,理应由他们来收租。其他五房提出反驳,指责他企图独吞租米。

第二年(1877年),曾家各房以"曾国兴"的堂名新告一状,称"郑吉利"因收了17年的地租,欠其20 000元。同时还指控,"郑吉利"和当初第三方合伙人徐家串通一气,从所收田租中克扣钱粮。衙门据此责令清查所有账册,把问题一体解决。

1878年五月二十二日,知县根据清查结果做出总结性裁决,指明曾益吉当初以五六千元之租业,抵2000元之借项,实属糊涂昏聩,更为不智的是他因不还债而放弃17年的地租。知县也指明"郑吉利"利用曾益吉之愚而贪其田租。不过,尽管这样责怪郑家的不当之处,他在判决中仍坚持依法论事。郑家对待姻亲未免过于贪财、不讲道义,但他们是凭其法律权利行事,且有资格在这17年中收取地租以抵贷款利息。衙门经过详细计算,发现所收田租差不多正好可以抵消头笔借款加上后来两笔总数约1300元借款的利息。总的来说,知县断定曾家仍欠"郑吉利"326元。至于徐家，共收租 2475 元，尽管得到"郑吉利"同意，却多于其应得租额。因此，必须拿出此数的 1/4，其中一部分用作曾家仍欠"郑吉利"款项，剩下部分用来弥补郑家所受"损失"。

现在轮到徐姓这一族不满了。代表这一姓讲话的许国桢串通曾金荣，控告"郑吉利"，并唆使两个佃户控告"郑吉利"从他们那里收夺了应归徐姓的地租，这些地租按衙门要求应该用来作为徐姓对郑家的补偿费。面对这段曲折，知县在 1878 年十一月二十一日第七次堂讯时，以其毫无根据驳回徐姓的控告，并责令其立即偿付。这场纠纷最终以各方具结接受衙门裁决而告结束（淡新，22410，1875.3.14［土-47］）。

比起前述倔强富裕的老农一案来，这件案例更能说明淡水-新竹社会高度复杂的性质。涉案各方均为乡族团伙组织，各方皆以各种方式玩弄曲解法律，以求胜诉。这场争端被他们反反复复闹了整整十年。

但还有比这更称得上旷日持久的案子。以下三方因租赋纠纷而兴的讼案，前后耗费了两倍于此的时间方获得解决。一个多达八十多户的佃户帮伙状告其地主（堂名"吴顺记"的亲族集团）用不合标准的斗斛多收地租。为获得衙门的支持，他们声称吴姓掩瞒新垦田亩，拒不纳粮。结果这一控告把县政府也卷了进去。吴姓家族为了保护其地租，申辩如果衙门不支持其现收租率，他们将无力交纳钱粮。这里衙门更关心的并非主佃之间在地租上的争议，而是要将吴姓的土地全部载入地册，照册征赋。结果三方使尽心机，相互争持不下，使这场官司从 1852 年一直拖到 1878 年方告审结。为此，衙门前后堂讯六次，留下六十多份状词、诉词、呈词及禀报,整个记录材料达 223 页。

衙门在 1860 年和 1861 年做出这样的判决,"吴顺记"与其佃户的控告及要求均各有实据。吴姓过去一直只是象征性地交纳二十五石钱粮,现在查得田亩实数为五百甲,今后每年应纳钱粮五百石。至于佃户方面应按每甲六石向"吴顺记"交租。此项案件的记录还显示衙门多次施压,设法强制执行其对主佃双方的判决。最后的材料显示,吴姓直到 1876 年、1877 年、1878 年,仍拒不按额纳赋(淡新,22202,1852.2.8[土-9])。

滥用诉讼

比起不依从判决来,滥用诉讼更让淡水-新竹衙门不堪重负。部分当事人极善钻制度的空子,以达到自己的目的。他们用连篇累牍的状词、辩词、呈词让法庭无暇他顾。有些人则靠频频诬告、捏造事实,使衙门耗费时日,忙于调查实情。

麦丽莎·麦考利(Melissa Macauley)(1994:89—92)在其研究中说明,当 1807 年嘉庆皇帝谕令各省官员具奏讨论未结讼案堆积问题时,各省官员是如何异口同声地指责讼师、讼棍的。就他们的使用而言,这两个词含义不清,而又十分笼统。与此相较,大清律例本身,因它是个多层面的法典,在使用这两个名词时,却具有比较精确的含义。律例有两种情况用到这两个词:一是在涉及"教唆词讼"的条文中(律第三百四十条及例第三百四十条之一、之十二);二是在涉及"诬告"的律例条文中(律第三百三十六条及例第三百三十六条之一、之二)。

"**讼师**" 根据律例,"讼师"的行为包括教唆词讼、为人作状,或受雇诬告(律第三百四十条)。有时他们自己也去诬告他人。但无论怎样,依据律例,他们皆跟诬告人同罪(例第三百四十条之九):凡诬告人,笞罪者,加所诬罪二等;流、徒、杖罪,加所诬罪三等(律第三百三十六)。地方官对这等人应严加防范。如只是失于觉察,照例严处。若明知不报,一经发现,将交部议处(例第三百四十条之四)。

让我们以三个宗族集团之间的一场地界纠纷来予以说明。原告是一帮茶农,皆姓刘,堂号"金六和"。其土地,西与四庄村民的牛场相接,北与罗姓田亩毗邻。由于四庄的耕牛毁坏了刘姓的茶树,双方发生争执。后来四庄与罗姓联合起来,纠集了"数百之众",持械袭击刘姓地盘,毁坏数户房屋及茶树,使这场纠纷达到高潮。后来事实证明,刘姓茶园有地契为证,地界清楚无误。只是四庄牛场地契不确,故以此为借口,侵犯茶园。而罗姓只是想趁火打劫,侵占南面刘氏的地块。

打官司的过程中,代表罗姓说话的是其自家人罗阿圆,四庄则雇请生员廖琼林替他们讲话。廖显然是两家被告的出谋划策人,主使其后来的种种花招。他先是呈上一纸辩词,称刘姓(即"金六和")在自家房屋上点火,用以诬告对方。但在1885年八月二十九,也就是刘姓告了第一状之后的五天,县官第一次堂讯时,即戳穿了这一不实之词。知县的判词指出,不管地界如何不清,被告皆不应纠众毁茶烧屋。衙门认定廖氏有"从中唆弄"之嫌,断令将其扣押,直至弄清事实为止。

此后廖又呈递几份辩词,指控刘姓侵占四庄田亩。刘姓则屡次催促衙门采取行动(包括向知府衙门告状一次,结果知府敦促该县加紧办理此案)。这时,当初办理此案的知县已调往他地,新任知县在未悉知案情之前不愿采取任何行动。到十一月底,他对此案做了初次研判:"两造供词各执,无凭定断。自非查确实情,难分泾渭。"

此时,四庄和罗姓再次进犯刘姓。1886年正月初四,刘姓呈报:两家被告再度袭击其茶园,毁其茶树、庐舍。这次他们抓获其中一人,名彭许火炎,并在十天后的第二次堂讯时将其扭送到官府。彭氏供称,他因欠廖琼林之妻的钱而受雇于廖家,是廖派他前来打劫的。但知县对彭的话并不全信。廖则在二十二日申诉,彭实际上是由刘姓雇来诬陷他们两方的。

知县决定亲赴案发地点了解个究竟。经现场勘验后,知县指出,事实上地界划分十分明确,因此真难理谕被告为何"滋事不休",他怀疑"其中显有主唆之人"。这时廖再度呈文,指控刘姓在四庄牛场上种植茶树。知县对此未置一词,他只是在其呈词上批道,"该处埔北业经本县勘明,已得真情",廖氏所呈地契实系伪造。四月初九第二次堂讯时,知县做了总结:刘姓契内四界注明符合。接着他斥责被告及其代言人:作为地邻,他们侵占刘姓土地,做事手段实属"蛮横",而四庄"包讼"之人亦寡廉鲜耻"不守卧碑"。很明显,知县在这里是把廖琼林当作讼师看待。

该案的最后一次处理,是在六个月后的第四次堂讯。在这之前,廖已死去,不然他多半会受到知县的惩罚。现在知县只批道:"此案唆讼之番生廖琼林已死,而免置议。"最后他接受局外调停人及涉讼各方的请求销结此案。解决办法包括:明确划定地界,对刘姓做适当赔偿,各方具结接受(淡新,22514,1885.8.24[土-94])。

"讼师"不一定只是受人雇佣者。举例来说,张元海本人即施展本领跟邻居张顺益和吴邦打了一场旷日持久的官司。元海曾为顺益与其族人张钳之间的一起租地交易做过中人,知道他们并未写下正式地契。他想抓住这个漏洞向顺益索诈钱财。作为其图谋的第一步,他唆使张钳拒不向顺益交租。然后,当顺益在1890年腊月十三状告张钳要求他交租时,元海指使张钳跟一个叫王义方的串通,一起辩诉,称这块地根本不属顺益,乃是王义方所有。元海自己也告了一状,称顺益和他的另一邻居吴邦筑了一道堤坝,让水侵流入他的田里,毁坏庄稼。

六个月后,当县官受理此案时,面对复杂纷呈的种种控告和要求,他未做任何表示。只是责令清丈涉入纠纷的土地,并查实业主。在此过程中,元海又告一状,称吴邦霸占其田亩,拿走农具,不让他耕种。

直到一年之后(1892年四月)第二次堂讯时,这场纠纷才得到审理。知县根据清丈土地所获得的结果,断定张元海对邻居吴邦所控不实,责令元海具结接受衙门裁决。但元海对张顺益的控告仍未有结果,这一控告直到几乎又过了一年之后(即1893年三月二十日)才得到处理。这时顺益已死,由遗孀顶替他打官司。知县再次判张元海无理,所控纯系捏造,因为如果他的田亩真的受到水流冲毁的话,他可轻易地把水引开。

衙门接着处理佃户张钳所控,即张顺益的土地实属王义方所有。为此衙门又庭审两次。二十三日,知县做出判决,王氏所说纯系无中生有,此地块应归顺益遗孀所有。在次日的第五次、第六次(也是最后一次)堂讯中,佃户张钳与顺益遗孀之间的争执也得到解决。张钳得偿还所欠田租,顺益遗孀可以另寻佃户(淡新,22223,1890.12.13[土-30])。

从材料上可以看出,所有变幻多端的诬告和不实之词显然都出自张元海一人的"唆弄"。他除了不断给其两户邻居张顺益和吴邦找麻烦,还制造混乱;他让衙门堂讯五次、耗时三年,才澄清事实。尽管如此,他仍侥幸脱身,免于受罚。他指使佃户张钳和王义方以各自的名义呈告,自己因此逃脱诬告责任。至于他自己对邻居的诬告,因为是民事争端,衙门不会施以刑罚。

清代衙门每次堂讯只审理一个争端的程序,虽然行之有效且可能很有必要,但却使张元海免得同时应对他过去次第提出的种种控告。知县也没有在判词中对张唆使他人诬告专门加以斥责。因此,这样一个诡计多端的人,居然可以公然搬弄是非,而免遭"讼师"之责。

张氏一案显示了此类滥用诉讼行为的活动空间。民事审判不具有什么实际威慑力,因为那些老练的人知道民事审判中很少使用刑罚。张元海在此案中所使用的策略,是靠多方原告以大量不实之词来困扰衙门。尽管张本人未能遂其所愿,但通过施展花招,也使得衙门无法同时对付他的各种动作。他可以为所欲为而免受责难,这一事实本身即已助长了淡水-新竹滥用诉讼的风气。

"讼棍"　　大清律例用"积惯"一词来形容这类人。所谓"讼棍",系指那些"串通胥吏,拨弄乡愚,恐吓诈财"的人(例第三百四十条之六)。讼棍也可能就是胥吏自身——尤其是那些借代写状词,唆人兴讼,或增减情节的"代书"(例第三百四十之十、之十二)。这等人一经审实,即严加惩处,发往边远地区充军(例第三百四十条之六）。

有关不法胥吏的事例当然不易获得。淡新民事档案只有一例,不过内容详尽,颇能说明问题。1870年,26岁的童生杜清吉状告表亲郑树。据称,其祖父死时曾将家业交给郑照应,郑不讲信义,盗卖其中九块地,私吞赃款三千元。杜详列了九块地,并举出中人的名字。

精明的县官马上便察觉,按其所说,杜在其祖父去世时(1867年)应已超过20岁。其祖父在嫡孙业已长大成人时,不大可能还把家产交给姻亲照管。此外,知县发现,杜曾被前任县官押禁。

杜声称,他之所以被押禁,是表亲郑某跟继母串通诬告所致。知县则批道:杜只会因不安本分,游荡非为,才被送案禁押。尽管如此,他仍指派衙役查清此事。

其表亲郑树,两次呈辩,提出了自己的一套说法。首先,他否认自己曾照管其家业。他指出,杜清吉祖父死时,四个儿子中有三人健在,老人完全没有必要让一个外人照顾家业。其次,他指出,杜欠他的钱,并有据为凭;杜进行诬告,意在拒不偿债。最后,他还指明,杜所列举的九起土地买卖,有六起是卖与别人,并不是他。至于其他三块地,皆有乡贤作证,并非杜氏告状上所写的中人。当时,这件官司就到此为止。十年之后,当杜氏再次控告表亲时,我们才知道第一场官司是通过庭外调解解决的。

1880年的这桩官司由一位新任知县审理。此次杜弄虚作假,称自己32岁(比以前所说的小4岁),企图以此表明祖父去世时他还很小。控情跟原来一样,表亲郑树背弃祖父的信任,贪财肥己。他还呈上所谓祖父遗嘱,这份遗书称有家产"数万元",还有业经其削减的所谓四块地,据称这四块地被郑"霸占"或"盗卖"。但是,现任知县与其前任同样不易受愚弄。若郑氏果真曾掌管其家业并做过如杜所控之事,"何以各房默无一言,独尔出控?""所呈显有架捏,不准",县官批道。

杜并未就此罢休,反而再呈一状,重复原先控情。郑树不得不再次做出回应。他说,状词中所提的几块地,都是在遭水淹后从其祖父手上买来的。后来他把这些地租给佃户,重新开垦。杜看到这些地越来越值钱,便想对他进行敲诈。郑有原始地契,可证明这笔买卖,这本来已经足够。郑氏所出示的在头一场官司中所留下的两份调解文件,更使事情尘埃落定。其中一件写于官司初起的1870年,杜承认自己欠郑81元,为了逃债而诬告他。调解书要求他立即付给30元,还有20元以后再还。郑考虑到杜家境不佳,放弃剩下的31元钱,并接受杜的道歉及其不再滋事的保证。这份文件有数人作证,并留有杜的签名。

另一份文件写于三个月后,已是1871年。杜承认他所觊觎的几块地实际上早已卖给了郑。杜家近来连丧数人,弄得穷困潦倒。杜想翻修祖坟冀图改变家运。郑出于善意,资助杜四元。杜表示感激,并保证不再为土地一事找麻烦。这份文件也有人作证,并留有签名。

在1880年2月28日堂讯时,虽然面对这些证据,杜仍竭力抵赖,说他是在严刑相加的情况下被逼得没法才同意的。知县并未听信。在判词中,他先是叙述涉讼土地的实情,接着表述了他的疑惑,即假如这笔交易不合法,为什么杜家其他各房并不出来反对。然后,他指责杜"平日甚不安分,屡冒文武衙门书役,动辄图索良民",断令将杜枷号示众。三周后,杜因生病请求宽待,并表示悔改,同时其婶母也请求宽恕,知县这才允许开枷释放。

杜显然认为自己只是小受挫折。一年半以后,即在1881年8月,当另一位知县上任后,他再次状告郑氏。这次,他先是重复祖父托人照管家业的故事。接着宣称,郑氏所购土地中,有一块属于杜家祀产,这块地根本没有出卖,只是用作一笔债款的抵押,而郑氏却拒不让他回赎。不仅如此,郑还假造了一张售地文契,并把这块地载入赋册。但他这位"大贤大孝"之辈却不忍其祭祖烟火因此断绝,故恳请衙门助其收回祀产。

知县随即批道:此人受过前任知县的惩罚,早就应该知道改过。他何故竟敢再次冒犯官府?但杜氏又呈上一状。这次县官批道:涉讼土地业已卖断,不可挽回,早已成为事实。他在结尾处威吓道:"岂枷号尚不足以悔过,必欲照例究诬耶?"

两年后,即1883年,又有新官上任,杜氏再呈递两份诉状。他编造了相似的情节,声称新任知县应给他一个机会,纠正这桩冤案。县官在1884年2月16日勉强地审理了此案。庭审时,知县发现杜在衙门当帮书已久,是个十足的积惯"讼棍"。他还查阅了杜氏的一本账册。关于这本账册,我们仅能从知县的下面这段判词中得知一点内容,虽然简短,却耐人寻味。"查阅杜吉账簿,半系衙役包案等费。实为讼棍无疑。付之一炬以少株累。"这里我们仅能做出这样的猜测,这本账册暗示杜氏还有其他不法行为,并且跟衙役有同谋关系。

至于对杜的处置,知县在叙述了其前任于四年前做出的判决后,首先指出杜某屡次诬告他人,如不严惩,则讼棍之害无法控制。

这段话无疑十分中肯,然而他的结语却出人意料:"姑念杜某尚知悔过,予以自新。日后倘再纠缠衙门,招摇撞骗,即将该总书一体治罪。"此案遂告结束。

在上述事例中,杜使得衙门在他所编造的种种状词上耗费了大量时间(也给郑带来无休止的麻烦),而杜本人则基本逍遥法外。我们只能推想,杜氏是否只是衙门众多"讼棍"中的一人,而知县是否因此不敢或不便认真惩处他们(淡新,22406,1870.9.29[土-43])。

诬告者 大清律例认定,此等人为非积惯性的犯法者,他们可能有讼师相助,亦可能没有。如前所述,这种人所受刑罚,要重于其所诬之罪。雇人诬告者,与自诬告同罪(例第三百四十条之五)。

在本书所研究的三个县中,诬告现象都很普遍,所占比例几乎一样。

宝坻45件经审案件中有8件属诬告,巴县98件中有15件,淡新78件中有13件。淡水-新竹不同于其他两县的地方在于诬告者的刁诈程度:13件诬告案中有9件系屡次诬告,且因之堂讯不止一次。而宝坻没有一件如此,巴县也只有2件这样的案例。当然,在那些旷日持久、屡次诬告的案例中,我们能够最清楚地看到最刁顽的诉讼者。

举例而言,许国在1881年假造了一张田契控告许乞食侵占其田亩。他之所以敢这样做,是因为在新竹一带流行用"白契",这在土地买卖中可避免交契税。这些文契因未在官府登记,无法律效用,所以极易做假。

告状呈上后过了四个月,县官第一次堂讯,对这种非正式的地契采取了通常的办法。由于许国的田契未在官府登记,没有投税,便没有这块地的合法所有权,它应被充公当作公家学田。许国立即请求再庭审一次,声称他不知道他所呈交的是张白契,而非红契;且称他早将土地抵押给别人,不得已借来田契,呈示衙门。只是在那时,他方才得知这是张白契,他答应交纳田赋。接着他重申了原先告状的内容,即许乞食霸占了他的田地。

知县定期三个月后复讯。这次他仍不知道许国是捏情诬控,判道"许国既知悔过,准令将契投税一半,充入明志书院"。许国乐得这么做,因为数目不大,他在假契上所杜撰的地价只有 19 元。衙门在收到契价一半的罚款之后,没有实察许国假"田产"的四至,就发给了加上钤记的红契。

有了这张堂堂皇皇的地契后,许国有恃无恐,变本加厉地进行诬告。先是和侄子一起控告一个叫方焕的人霸占其土地。事实上,方焕是从当初的被告许乞食手里典买了这块地。许国想要的还是那块地。一年后(1883年)衙门受理此状。县官仍未识破许国的诡计,草率地判决这两块地地界分明,应当遵守。任何一方不得侵占对方田地。

叔侄二人随即进一步状告许乞食和方焕侵夺其地,于是又有了十个月后的一次堂讯。这一次(第四次)知县终于查清了实情,并把许的几次状告对照起来加以研判。在判词中,他先是对许国的所作所为做了准确的描述,然后判决维护许乞食对其土地的所有权,并当场涂销许国红契。许国叔侄二人侥幸只受到警告,如果再"呈刁混控,定即从严究办"(淡新,22419,1881.12.3[土-56])。

这件案子进一步显示了滥用民事审判制度的广阔空间。尽管县官在处理诬控案件时有权决定施加刑罚,但实际审理过程中却极少使用。因此,像许国这样的不法行为便可以有施展之地。他用接二连三的诬告和呈词纠缠衙门,为时达两年半之久,结果却泰然无事地脱身。

上了年纪的诬告者更可以肆无忌惮,因为清律规定他们可以交纳罚金代替体罚(例第一条之八)。有这样一桩案子,71岁的吴士梅用任意的做法,企图把其守寡的弟媳不久前卖给曾联升的两块地要回来。其中一块地,他显然有权管用,因为这块地是吴的亡弟继承得来的。另一块地则仅是他弟弟名义上所有。当年他的一个朋友想把一块地卖给外甥,怕人说闲话,便请吴士梅的亡弟出面做名义上的买主。

由于土地主权混淆不清,吴士梅便有机可乘,声称这块地实系祖传家产,为他们兄弟俩所共有。他先是在1890年九月初三告了一状,陈述了这一说法,并控告租种这块地的佃户胡欣已有三年未交地租。但他拿不出地契。为了自圆其说,他又呈词宣称,这些文契现在守寡的弟媳手里,因为是她在掌管家业。接着他再告一状,称其弟媳已将家产非法卖给曾联升。在最后一次呈词中,他又要求衙门查验他们兄弟之间的分家契单。同时,他还派人去跟耕种这块地的佃户争吵,牵走了四头牛。

衙门确实被吴接二连三的诬告和运作搞糊涂了。头一次堂讯时县官只断令放还耕牛。吴的那帮人因此胆子更大,继续跟佃户找麻烦。于是新业主曾正式呈状诉情。知县饬令衙役前往保护佃户的耕种权。但吴反告一状,指控曾蓄意诬告。他甚至竟有脸呈催衙门尽早做出判决。

1891年5月22日第三次、第四次堂讯时,各方均到场,相关文契被一一呈验。知县根据这些证据总结了本案详情,然后断令:曾某购田合法,吴氏孀妇须将所得售款付给其中一块的实际业主。至于吴某,知县责其"刁讼""妄评","本应究坐……姑念年老,从宽免斥"。

但这个老头居然再呈一词,固执其说。这次县官对他也毫不客气:"该职生自恃老年,逞刁缠讼,希图复翻,谬妄已极。"当即驳回呈词。不过他还是让吴某免受刑罚(淡新,22222,1890.9.3[土-29])。

总的来看,这些案例展示了一种宝坻和巴县所没有的滥用诉讼的风气。清代法律制度的一个特色,是企图借助衙门庭审时的威严,让那些单纯的诉讼当事人畏怯、屈从。因此,每次升堂,总有刑具、皂隶侍候一旁。这套方法虽然对于像宝坻、巴县两地打官司的农民还能派上用场,但对于19世纪晚期淡水-新竹一带老于世故的讼民则不甚起作用。那些精明的当事人知道民事审判中有什么空子可钻,假冒、诬告可免受处罚,因为民事案极少用刑;捏造事实可以让衙门面对杂乱的情节而无所适从;拒不具结接受判决,则衙门便无法结案,如此等等。这类动作无休无止地纠缠着淡水-新竹法庭,结果使它越来越不情愿受理民事案。只有当事人一告再告,反复催促之后,才会列入日程。

良性的诉讼服务

尽管清代官员把诸如淡水-新竹衙门那里日益沉重的讼案负担,简单地归咎于为非作歹的讼师、讼棍。但实际上滥用诉讼的日渐严重,反映了更深一层的问题:一个只是针对简单小农社会的制度,与现实中日益复杂、老练的社会之间,差距在不断扩大。后者不仅使得滥用诉讼变得普遍,也推动了法律许可范围内的良性诉讼服务。

大清律例内容相当复杂,并非简单的官方表白,从中不仅能窥见讼师、讼棍的斑迹,也能找到这种良性诉讼服务的线索。律例指明两种服务可以容许其存在,虽然并不完全赞同。一是民间的代笔人,那些为人如实撰写状纸、呈词,不增减情节的代笔人。他们不同于衙门里的代书。另外还有一种有识之士,他们指点乡愚,教人得实,助其申冤。这两种人都有别于讼师、讼棍(律第三百四十条、例第三百四十条之十二)。从淡水-新竹档案中还可以看到第三种具有诉讼专长的人员存在,而律例上却未予承认。他们很像现代律师,受雇于人,替当事人出面讲话,为其合法利益服务。此类专业人员的出现,也许最能说明传统制度的局限。

代写词状 我们在前面已看到,农民打官司时赶到衙门,让代书录下其口述的案情,填妥应有的文件。但是,在淡水-新竹,这种做法并非常例,而是一种例外。唐泽靖彦的研究(Karasawa Yasuhiko, 1993)证明,在该地晚清案例材料中,80%以上的词状(还有诉词、呈词)都是事先拟好稿子带到衙门的。在他所统计的2982件民刑案中,最多的是在呈状前面空处注明为"自[来]稿"的(占59%),另有9%注明是"自稿缮便"(即经衙门代书修改过的自来稿)——不同于"缮便"(即由衙门代书代拟),还有约14%是用非官定状纸呈递衙门的。①

由于绝大多数农民不识字或识字有限,这些讼民中显然有很多人找了别人代写词状。但没有一个人敢公开承认,因为私人"代书",一如指点"乡愚"诉讼的人,在清代法律中顶多是半合法的。尽管律例把这两种人区别于"讼师""讼棍"可免受惩罚,但并未正式称许他们的行为(律第三百四十条)。按照法律条文,原告如果不能自作呈词,只允许其口诉,让衙门代书据其口诉之词,从实书写(例第三百四十条之十二)。推言之,亦即原告不得找私人代写状词。正因如此,没有一份状词哪怕是暗示有旁人代写。

虽然如此,我们仍不妨推测一下捉刀人的不同类型。在我看来,乡间很少有人专靠给人代笔吃饭。尽管打官司并不稀罕,但一个小地方的请人代写之需,不足以产生一个整天靠撰写状词、助人诉讼谋生的人。最有可能的是,乡村诉讼当事人的所谓"自稿"词状,实际上都是非专业或半专业人员所写。这些人通常帮人写分家单、借款契据、田契、书信及其他书面材料。他们中间有村镇塾师、童生或生员,以及通文字的村中头面人物乡保乃至四处巡游的算命先生或风水先生。其中有些人也许会用它来补助生计,在小镇的交通要道处摆个摊子,写上服务项目,或者在集市上搭个铺子,招揽生意。

在县城一类的城镇上,职业化的代笔人员应相当普遍。虽然我们无法得知他们如何收取润笔费,但从刚毅19世纪晚期的描述中,却可看到他作为一个知县,怎样乔装打扮,去找一个讼师,以揭

---

① 宝坻和巴县的状纸上没有这样的空处,也没在其他地方注明状词是如何写成的。

露其真相。刚毅记述道,他花费2元请此人代撰状词(刚毅,1889:15)。这个数目比衙门收的告状费用高出二三倍,会让大多数农民望而却步。它相当于一个成年男子25天的伙食费。① 但对于像淡水-新竹档案中常见的那些有钱有势的讼民而言,这笔钱还是出得起的。

助人诉讼和代人诉讼 代笔人员提供的服务,可能只包括按当事人口述写成状词这样的简单行当,但也可能包括提供复杂的法律咨询和服务。这里我们碰到的是类似现代律师的专业化人员。官方对于这类人员,甚至连半合法的地位也未曾给予。相比之下,那些替人捉刀者倒是受到律例的正式承认。尽管律例也承认有人为他人提供良性的法律服务,但对他们界定得十分狭窄:他是助人"申冤"者,为遭受命盗诬控的无辜者洗清罪名(律第三百四十条);像欠债不还或侵夺他人财产之类的"细事",谈不上什么"冤"字。19世纪晚期的一位刑名幕友王有孚的下面这段文字,颇能说明律例中的概念的可能含义及其局限:

> 若夫安分良民,或为豪强欺压,或为仇盗扳累……捶胸饮恨,抱屈莫伸。仅假手于庸碌代书,具词呈诉,非格格不吐,即草草敷衍,徒令阅者心烦,真情难达。于此而得一智能之士,为之作词状,摘伏发奸,惊心动魄。教令对簿当堂,理直气壮……卒致冤者得白,奸者坐诬,大快人心。不唯无害于人,实有功于世。(《牧令书》,1848,18:21b)

---

① 这一数字得自一位知县于1888年给上级的开支报告,显示一个衙役一天的伙食费为0.08元(淡新,11407,1888.1)。下一章将详细讨论诉讼费用。

王接着又论说"讼师"一词应用来指这种良性人员,"讼棍"则专用于那些够得上这一蔑称的人。"拨弄乡愚,从而取财者,乃讼棍耳,岂得以师字加之?"他的结论是,"余谓讼棍必惩,而讼师不必禁"。

可是王有孚并非提倡要现代律师一样的法律服务人员,他的想法仍未摆脱大清律例的窠臼,跟其中有关良性讼师的说法别无二致;这等人只是在现有制度内替人申冤。法律制度本身的概念结构事实上并未受到质疑。县官跟乡民的关系如同父母与子女的关系;由律师代表子女在父母面前讲话,乃是不可思议的事。"细事"官司本来就不应该有;由律师出来替顾客争取合法权益,也是不可理喻的。提倡这样的律师,等于背弃清代法律制度的根本概念。

显而易见,在清代官方话语中,"讼师"一词中的"讼"字,作为一个不可取的字眼,掩盖了带有褒义的"师"字。因此官方在笼统地使用该词时便带有贬义:讼师即"刁讼之师"。甚至像汪辉祖(1730—1807)这样富有卓识的法律专才,也同意这种看法。例如,他这样写道:"唆讼者最讼师,害民者最地棍。二者不去,善政无以及人。"(《牧令书》,1848,18:21a)律例中狭窄的良性"讼师"概念,最后也只可能从清代官员的意识中消失。

这就难怪我们不易在档案中找到类似现代律师协助诉讼或代理诉讼人员的例子。以下这件来自淡水-新竹的案例比较少见。1884年,谢妈愿状告林、彭两家。原告将一块垦种不成的土地抛荒,被告接着垦种。早在同治年间(1862—1874),这场纠纷便曾闹到官府,当时知县判决土地归两方平分。但这一裁决并未得到执行。现在谢某想把土地全部归自己,而林家和彭家则坚持土地归他们。

五月二十四日堂讯时,知县坚持前任原判。但双方显然都不愿接受。于是谢妈愿请到生员谢文辉(称是族亲)来帮他打这场官司。文辉再呈一状,称彭家强占谢家的荒地。并且一再呈催衙门堂讯。结果在下一年,也就是1885年的八月和十一月,连续堂讯两次。知县再次维持原判,而双方又不依从照做。

此后,文辉又呈词七次之多,结果在1887年六月知县再度开审。这次的判词有了新意:当地调解人士应估定该块地的市价,要么由林、彭两家出价买地,让谢姓放弃产权,要么由谢姓贴补林、彭两家工本,让还田园。

林、彭两家迟迟不肯出钱,为此原告代理人谢文辉连续向衙门施压。他两次呈词,指控当地调解人故意拖拉,使他无法如期参加乡试;他还向知府衙门提出申诉(后者催促县衙门尽快审理);他呈请知县再度堂讯;此外还四次状告衙役没有尽责传讯彭家到庭。

案子到这地步,正好有新官上任,他对谢某的作为表示不满,在谢文辉的最后一次呈词上批道:"此案缠讼多年,各前县屡次讯断未结,皆因该生偏执己见,居奇把持。"庭审时(此时已是1889年的腊月)知县再度表示了他对文辉的反感,斥他"健讼不休",差点责他是讼师或讼棍,并断令让当地公亲"秉公调处"。

此后谢文辉又五次呈词,要求县官升堂,责令彭姓各户付钱。于是在1890年腊月二十五日,一户林姓和一户彭姓各付了70元和50元。文辉接着又七次呈文,要求另外两家彭姓交钱。一家在

1891年交了140元,另一家(彭老邦)也在1893年终于交了100元。这些款项相当于这块熟地时价的20%—30%。在获得对方的支付后,谢文辉终于歇手,这件案子的记录也到此终结,所留下的词状、诉词、呈词达四十余件(淡新,22513,1884.3.3[土-93])。

必须一提的是,谢文辉始终都是在法律许可的范围内行事的。他没有做过一次诬告,也从未捏造事实。用我们今日的术语来说,他仅仅如同一个坚持不懈的律师那样,在为自己的"客户"谢妈愿"恪尽职守"而已。但那些曾审理此案的知县们,显然从未也不可能这样看待他。在清代标准的法律话语中,大致只有这样两种概念范畴,要么是不怀善意的讼师讼棍,要么是范围很窄的好心为人申冤的人士。这两种范畴对谢皆不适用。知县没有其他任何类型可套用在他身上。伴随案子的拖延,他们越来越倾向反面范畴。毕竟,谢文辉用这桩官司纠缠官府长达十年之久,而按官方理想,这样的"细事"根本不该闹到官府。虽然知县们从未直截了当地斥他是个"讼师",但当他们责谢"健讼不休"之时,显然在意识上已经套用了"讼师"的概念。

谢文辉这样的"律师"在淡水-新竹的出现,反映了清代法律制度与日益复杂分化的社会现实之间的差距在不断扩大。像谢妈愿这样的诉讼当事人,既老练又有钱财,完全会寻求专业的法律服务。同时,由于讼案越积越多,县衙门的唯一对策是尽量避免卷入民事官司。为此,要得到衙门的审理,专业人员的帮助便不可或缺。但这些专业人员的存在,反过来又加重了衙门的负担。

横向(共时)型式与纵向(历时)变化

淡水-新竹与宝坻和巴县之间的种种不同,当然可以归因于当地的不同特点。在淡水-新竹,宗族势力高度发达,因此便有种种团伙。更由于当地土地肥沃,人们落户较晚、生齿不繁,因此大地主比比皆是,土地关系亦较复杂。双层土地所有制已在这里扎根,田底与田面权划分明确。相比之下,宝坻和巴县却付之阙如。同时,土地之高产也足以支撑双层地租——田底之"大租"与田面之"小租"。这一现象亦不同于其他盛行双层土地所有制的地方,如长江三角洲部分地区。在后者那里,田面所有人通常是自行耕种,只有极个别人把田面再租出去,收取像淡水-新竹那样的"小租"(黄宗智,1990:107—108,157—158)。

落户相对较晚也带来当地特有的一些问题。有很多官司都是由新垦土地引起的。如上所见,那些把荒地垦熟的佃户,觉得自己有资格要求补偿他们投入的劳动力,甚至要求拥有产权。这成了主佃纠纷的一个常见的原因。与此同时,清政府也特别关心将新垦土地升科。这类案情在生息既久的宝坻和巴县已很少出现,但在淡水-新竹却屡见不鲜。

诸如此类的差异,应视为横向的、同时的不同特征。我们可以从更广的角度,把淡水-新竹跟中国的一些土地最肥沃的农业地区(诸如闽粤一带)一样看待,而把宝坻放在华北平原干旱农业地区的背景下思考。巴县也许更能代表长江上、中、下游水稻地区的情况——比华北平原肥沃,但不及东南和华南富饶。

但这三个地区之间的有些差异是历时的纵向的。19世纪晚期淡水-新竹显示的是比当时的宝坻"先进"的型式。在明清两代,中国许多地方都经历了长期的商品化,甚至在以干旱农业为特色的华北平原,随着棉植业的推广,也出现类似的增长(详见黄宗智,1985)。

可以认为,随着商品化增长,华北平原的某些地方在经济和社会两方面都和19世纪的淡水-新竹日益接近。到20世纪,甚至连宝坻这样的地方,作为"改良土布"生产中心之一,也经历了商品化的加速增长。宝坻最终也会像淡水-新竹那样,经济走向多样化、都市化,社会结构日渐复杂、分化。那里也会出现存在于淡水-新竹地区的由多方组成的商业团伙。

至于巴县,我们所掌握的案例只到1850年为止,也就是在新式变化到来之前。但是,在近代都市重庆的影响下,巴县乡村最终也会发生如同淡水-新竹那样的社会分化。如果我们做一个跨越19世纪晚期和20世纪的纵向研究,也许就会发现一些类似宝坻与淡水-新竹之间的对比所显示出来的变化型式。

总而言之,清代民事审判制度是在相对简单的小农社会基础上形成的,它颇易对付诸如19世纪宝坻那样的地方,却不易应付像19世纪晚期的淡水-新竹那样的较复杂的社会。在宝坻,衙门颇能胜任词讼审理任务,简单而有效地做出裁决。而在淡水-新竹,衙门苦于讼民不依从判决、诬告以及各种各样的诉讼策谋、手段。由于裁决不易执行,或由于讼民的各种拖延伎俩,积案乃日益增多。淡水-新竹衙门终于面临如同18世纪福建地方官员所埋怨的词讼累牍、不堪重负的情形(麦考利[Macauley],1994:86—89)。

淡水-新竹衙门所受的压力不断上升,部分原因无疑在于商品化和人口增长所带来的日益增多的土地和借贷交易。土地买卖及银钱借贷越频繁,交易方式越复杂,所引起的争议便越多,官司也就越多。但上述两处衙门运作型式上的差别,主要应从它们截然不同的社会结构中寻找解释。有钱有势的个人与团伙,在宝坻乡间很少见,但在淡水-新竹却很平常。这样的讼民较有见识,不轻易屈从,不轻易罢手,比普通农民更会利用法律制度。他们舍得花时间、出钱财,不避烦难,雇请专人助其诉讼,或代其出面,旷日持久地打官司。他们的出现,乃是淡水-新竹法庭积案日增、负担加重的最终原因。

第七章　诉讼的规模、费用和各种策略

如果像以上各章所揭示的那样,确有大量小农为各种民事而打官司的话,那么有关衙门胥吏在收费时肆意敲诈的传统说法,显然有待推敲。假使讼费高得吓人,绝大多数老百姓应当视兴讼为畏途;以为小农会为小额的利害冲突而花大钱打官司,这是说不通的。

上面两种对立的观点在诸如《牧令书》《幕学举要》之类的手册中都能找到根据。因此,夫马进利用这些材料所写成的出色论文(1993),一方面认为官司频仍,另一方面又称胥吏贪赃枉法。夫马进并没有追究这两种现象的彼此矛盾之处。

本章把有关实际运作的实证资料,从道德的和意识形态的表达中甄别出来,试图弄清事实真相。首先将有关民事诉讼的规模及费用方面的现有证据加以核实,对这些问题得出一个大致的认识。在此基础上,就地方政府实际运作的可能情形,也提出一些看法,以显示其不同于官方话语中对它们的表达。最后将分析一下

第七章 诉讼的规模、费用和各种策略

诉讼当事人所使用的各种策略,以及在此背景下所做的抉择。

清代审判制度既令人生畏又非高不可就,既重道德说教又讲究实际。诉讼当事人那些自相矛盾的策略和选择,如果置于这样一个充斥着矛盾的制度中加以考察,便不难理解。我们只要把有关民事诉讼和地方政府的各种表达,跟它们的实际情形清楚区别开来,就不难形成一个比较符合实情的图像。由此也能解释所谓官府衙门弊端丛生的传统说法是如何形成的,以及为何得以产生。最重要的是,过去人们普遍认为胥吏们的贪婪成性,使得绝大多数人被拒于审判制度之外,只有少数人借兴讼渔利。我们将会看到,这是不合实际的。事实乃是,大量平民百姓为了解决纠纷和保护自身权益而打官司。

民事诉讼的规模

以下首先根据利用现有材料所做的初步研究,对民事诉讼的规模试做探讨。这里利用了三种不同的资料:见于知县略历自述中的参考材料、知县们给上级的月报,以及县级司法审判年度记录。每类资料所提供的数字都略有不同。

我们先剔除那些容易歪曲实情的资料。一个明显的例子,是蓝鼎元对他于1728年在福建潮阳县任上的一段叙述,麦丽莎·麦考利引述如下:"收词状一二千楮。即当数少之日,亦一千二三百楮以上。"(Melissa Macauley, 1994:88) 从字义上看,这段话意味着蓝氏所收的案件多如天文数字,完全令人难以置信。假设每天平均有1500个案子,一年有300天都是如此的话,那么他要处理45

万个案子,等于全县每人不止打一件官司。但从引句前文中可以看出,蓝氏所指的实际上是"每三百一放告"(《鹿州公案》,1765：10)。也就是每年当中 72 天左右的时间(八至三月份每旬日三天),这期间官府受理"细事"官司。这就把数量降低到只有原先估计的 1/4 不到。

更重要的是,蓝氏所谓的"词状"不仅仅指新到的官司。汪辉祖在记述其 1787 年在湖南宁源的一段经历时写道,每当官府受理"细事"官司时,他每天收到二百多件词状(汪辉祖,1796：2：9),但他在别处又说道,"法应准新词,每日不过十纸,余皆诉词催词而已"(引自夫马,1993：476,注 11)。如果新官司与所收词状数的比率为一比二十多的话,则蓝氏的上述数字又降到每年 5400 个案子。但这个数字显然仍嫌夸张,超出其他资料所显示的规模。

较为可信的是夫马所引用的一些笔记资料。康熙末年浙江会稽县令张我观称"日收词状一百数十余纸",其中含有"真情"者"十无一二。"此外汪辉祖的数字是 1787 年每天新收词状二百多件,当时每十天中有两天(第三、八日,而非原先的第三、六、九日)放告收受"细事"案子,其中大约只有十件属新词讼。最后一则数字是关于乾隆某年湖南湘乡县的。在此期间,那里收了三百至四百件词状。如果我们认可汪氏的数字,即每天十件新词讼,共计 48 天的话(8 个月内每月 6 天),那么一年将有 480 个案子。这还不到蓝鼎元所称数量的十分之一,只相当于每 250 人或每 50 户一件案子。① 如果我们把涉讼双方原告和被告都考虑进去,所得数字将两

---

① 1816 年宁远县户数为 23 366 户。

倍于此(夫马,1993)。

19世纪的三则笔记所显示的数字与此相近或稍低。梁章钜似乎有意质疑汪氏的数字(每天二百多件词状),他在1873年以雄辩的笔调写道:"讼牒虽多,每日所进能过百纸乎?百纸中,其待理者能过十事乎?每日记十事未为难也。次日再收百纸,大半复词。诉词其应记者,又减十而五矣。"(梁章钜,1837,5:4[245])任职于江苏阜宁的阮本炎在1887年说:"三八期呈,每期约六七十纸",相当于张我观数字的一半(或汪辉祖数字的三分之一;阮本炎,1887,3:8)。另外,光绪年间(1875—1908)任职于河南的县令钱祥保自称他在严惩"讼棍"之后,词状数量如何从"百数十起"跌到"只四五十起"。① 到该年年底,他在到任六个月后写道,他一共讯结了130起自理词讼,其中一半是前任积案(钱祥保,1920,1:18;参见4:14),如果我们把130件当作全年总数的八分之五(因为在下半年的六个月当中有五个月衙门受理此类词状,上半年六个月中只有三个月受理),这就意味着一年大约有二百个案子。②

总的来说,这些笔记显示,每年新受理的民事案件在大约二百至五百件的范围,而词状总数可能约十倍于此。这一估计是否跟另一类主要资料来源,即知县向上级的月报一致?让我们来看看樊增祥1901—1908年就任陕西巡抚期间对他所收词状及月报(年

---

① 他接着又说,其中绝大多数与田宅典卖有关。因为许多买家并未交税,没有获得官契。卖家得知此情后,会乘机敲诈,或另卖他人。
② 穆翰说假定一个知县"每日约结三四案,则一月可结八九十案不等"(穆翰,1845:132)如果正式审结的案子达到所有受理案件的55%左右(这是本书三县的比率),那么穆翰的数字便意味着每月新收案件达150件以上,即每年1200件案子——数量过高不太可能真正如此。

月分散)的评论(樊增祥,1910,册1—3),特别是其中33件关于州县自理、已经判决的案件之"自理词讼月报"(相对于非"州县自理"的"上控"案件。这里的"上控"是上报的意思,指的是要上报的重案,不是当事人因不服下级衙门审判而"上控"上一级的那个"上控")。如表17所示,在绝大多数情形下,知县平均每月审结五起"细事"(即"自理"案件),大致相当于一年60起(虽然接受民事词状有规定日期,但知县却整年都在处理这些案子)。

表17 陕西各县衙门每月审结"细事"案件,1901—1908年

县名	案件数(N=173)	来源(卷,页)
宝鸡	4	14:9b
长安	5	18:15b
长武	9	18:24b
朝邑	4,4,4,7	10:29b;13:20a;14:12b;15:10a
澄城	3	14:14a
城固	16,4	13:27b;16:38b
大荔	3	17:39b
定远	4	19:14a
富平	4,4	18:5a,28b
邰阳	5	13:21a
华阴	3	13:42b
临潼	6,4,8,7	10:28a;13:31b;15:9b,10a
雒南	4	13:16a

续表

县名	案件数(N=173)	来源(卷,页)
蒲城	6,4	10:25b,19:43b
三原	6	11:21a
山阳	3,3	11:27b;12:23a
石泉	6,4	16:39a;18:22b
咸宁	4	15:36b
咸阳	5,5	18:10a,15b
宜川	11	18:32b
宜君	4	18:24a
平均	5	

资料来源:樊增祥,1910,册1—3。樊氏在1901—1908年巡抚任上对呈报于他的词讼月报所做批谕并无日期。

樊巡抚怀疑各属知县"讼案按月册报者,不过十之三四"(樊增祥,1910,13:32a)。读者会回想到,这跟前几章所述三县经判决的案子所占比例(35%)大致相同。据樊氏称,由于"庸幕庸吏,不望褒奖,但求免于训责",他们往往"类列两三案塞责",而且通常选那些"没要紧之事,问案者易了结,造册者亦易申叙"的案子。如果我们假定,月报中上报的民事案件数约占县衙门实际处理案件总数的35%,那么当时陕西大多数县实际处理案件应为每月15件或每年180件。这一数字与上述县官们的文字材料中的定性证据所反映的规模相当接近。

有关清代县级民事诉讼规模的最后一个资料,是宝坻县

1833—1835年和1862—1881年的24本各年度"词讼案件簿"。它们把当年经县衙门处理过的各类案件(包括民事、刑事及行政案件)皆以一句话加以胪列。表18显示各年受理的所有案件,分为四类:民事(按本书所下定义)、斗殴、行政(主要涵盖乡保及牌头的任命及其职责)及重大犯罪案件。

表18列出的民事案件数明显低于另两种资料所提供的数字,甚至也低于巡抚樊增祥所说的"类列两三案塞责"的数字。这24年的平均数实际上每年不到9件。考虑到斗殴案会跟民事纠纷有牵连,这样即使把半数的斗殴案也加进去的话,其总数(稍低于15件)仍低于樊氏所称的"塞责"上报数。问题在于,应如何理解这些数字?如何理解这些数字与其他两种资料所显示数据之间的差异?

一方面,宝坻的数字可视为是"硬性"的,因为它们看来应是一年当中所记实际案件数。它们来自县衙门档案,就事情表面来看,它们应把经县衙门处理过的各类案件全部胪列其中。另一方面,由于这些案件簿属正式文件,需要上交,因此樊氏所说的情况这里或许也会发生。实际情况很有可能是,只把那些已结案件,甚或只是将这些已结案子的其中一部分,记入案件簿。可惜的是,我们没有像我在顺义县档案馆找到的那种1927年的《民事案件月报表》。这些报表(如第二章所述)把所有新收的案子都做了登记,了结时再做上记号。如果樊氏的话可信,那么宝坻县处理的民事案实际数,应是上报数的三至四倍,即一年50件左右。

当然这一数字仍比其他资料所显示的数量要低。一个可能的解释是该县的特殊情况,它地处中心地带,但商品化程度较低。与汪辉祖曾于1787年就任过的地处湘南、位置偏僻的宁远县相比,宝坻县位近京师而治安较易。① 然而,此县土壤贫瘠,是华北平原的典型县份,并非如淡水-新竹那样繁荣并产生贫富分化。在后者那里,会有更多的商品交换,以及随之而来的与这些交换相关的更多纠纷。②

表18 宝坻县各年案件,1833—1835年,1861—1881年

年份	民事① (N=209)	斗殴 (N=274)	行政 (N=78)	刑事② (N=367)	总计 (N=928)
1833	16	22	10	42	90
1834	11	20	14	20	65
1835	14	14	4	30	62
1861	2	15	4	13	34
1862	1	10	1	13	25
1863	6	10	3	15	34
1864	10	3	0	6	19
1865	8	7	0	14	29
1866	2	1	4	6	13

---

① 例如,汪辉祖即曾提及一个在该县逞凶16年以上的土匪团伙,人数多达六七十人(汪辉祖,1796,2:5a,b)。
② 需要指出的是,商品化程度与诉讼发生率之间,并不存在简单的对应关系。正如前一章所述,当兴讼的富人越来越多,并使出种种花招纠缠官府时,普通农民便越来越难得到官府的帮助。因此,在像宝坻这样比较简单、商品化程度较低的地方,小民反而比在淡水-新竹更有机会使用法庭。

续表

年份	民事① (N=209)	斗殴 (N=274)	行政 (N=78)	刑事② (N=367)	总计 (N=928)
1867	8	7	4	11	30
1868	13	4	9	11	37
1869	12	16	3	8	39
1870	10	14	0	7	31
1871	7	17	4	7	35
1872	8	9	1	6	24
1873	6	8	3	12	29
1874	7	10	2	12	31
1875	4	18	1	16	39
1876	6	9	1	22	38
1877	8	22	3	23	56
1878	8	14	1	17	40
1879	19	8	0	23	50
1880	11	10	5	19	45
1881	12	6	1	14	33
平均	8.7	11.4	3.3	15.3	38.7

①有5件案件不属于土地、债务、婚姻或继承(含赡养)范围,其中1833年1件,1871年1件,1872年2件,1873年1件。在209件案件中,有31件除含有民事纠纷,还涉有"殴"或"斗殴"情节。

②包括像偷窃这样的轻度犯罪。

资料来源:宝坻,329:《词讼案件簿》,1833—1835,1861—1881。

综上所述，我们也许可以暂时做这样一个估计，在清代后半期，县衙门每年处理50—500件民事案子，好些县可能每年在100—200件。平均而言，每县每年大概有150件。

与民国时期的现有资料比较，这一估计是合理的。如表19所示，1939年有236个县法院报称它们平均新收249件民事案。近年出版的新县志中有5个县的资料显示各县平均数为270件，这也支持了上面的数字。考虑到民国时期由于正式承认民事诉讼，并把法院收费规范化，使得人们更易上法庭，这一增长（至1936年止，约增三分之二）是可以理解的。我们从表7及表8（第二章）中已经看到，民事案件的比例已从清代占所有案件的三分之一增加到1936年的一半左右。

为了使关于清代诉讼规模的这一估计便于比较，表20把上述数字变换成每十万人口民事官司比率，并把清代与民国时期和革命后的中国，以及当代美国加以比较。这些十分粗略的指标显示，民国时期中国的民事诉讼发生率可能增长了一半或更多，到20世纪80年代后期又进一步增长一倍。到1989年，其发生率达到1750—1900年的三倍有余。

表19　全国(236个县)及5个个别县的民事案件数，1918—1944年

县		年份	案件数[①]	年均数
236个县		1936	58844[②]	249
5个县	松江（江苏）	1918	187	
	松江	1924	130	

续表

	县	年份	案件数①	年均数
5个县	顺义（河北）	1927	101③	
	临海（浙江）	1928	821	
	临海	1929	853	
	顺义	1930	126③	
	随县（湖北）	1935	163④	
	随县	1936	101	
	宁都（江西）	1940	146	
	宁都	1944	72	
	总计	1918—1944	2700	270

①这些是三种不同但大致相当的类目的数字。除特别注明者，所有数字所指类目均系受理案件。

②1936年的《司法统计》列有19个省236个县的总数。这里剔除了19个省及北京、上海两市地方法院上报案件数，亦未包括三家高级法院上报的初审案件数。

③系新收案件类目。

④系审结案件类目。

资料来源：236个县：《司法统计（1936）》，2：1—8。松江：《松江县志》，1991：258。顺义：《民事案件月报表》，1927；《民事诉讼案件年报表》，1930。临海：《临海县志》，1989：234。随县：《随州志》，1988：431。宁都：《宁都县志》，1986：367。

表 20 清代、民国以及革命后的中国与当代美国每十万人之民事案件数

国家	年份	每十万人案件数
中国	1750—1900	50①
中国	1936	83②
中国	1989	163③
美国	1980	6356④

①这是按每县每年平均 150 个案子,每县平均 30 万人所做的一个十分粗略的估计。
②见表 19,注②。
③民事案收案数为 1 815 385 件,人口为 111 191 万人(《中国法律年鉴 1990》:993;《中国统计年鉴 1990》:89)。
④估计全国有 1460 万件民事诉讼(据 28 个州的完整报告推知),人口则为 279 712 000 人(State Court Caseload Statistics, Annual Report, 1980:14、15)。该年加利福尼亚州的数字是 6725 件(同上,第 58 页)。这些数字并未包括当年由各联邦法院所处理的民事案每十万人平均 73 起(Annual Report of the Director of the Administrative Office of the United States Courts, 1981:200)。民事诉讼的四大主要类型分别是:小额赔偿、家庭关系、民事侵权行为及财产纠纷。

但这仍要比美国低得多,中国 1 件案件相对于美国 39 件。在当代美国社会,大量的民事诉讼肇因于离婚、车祸,以及遗产继承。而在当代中国社会,因这些问题产生的纠纷少得不成比例。在当代美国文化中,用打官司的办法来解决纠纷的观念是根深蒂固的。而在当代中国(正如在清代一样),大多数民事纠纷都是通过司法机关以外的调解加以解决,而不是通过法院来处理。我们可以从近年编成的有关资料中对它的相对比例获得一个大致的概念。

1989年,据称中国数量超过一百万的调解委员会共处理了7 341 030个纠纷(上海市司法局,1991:264),相对经法院处理的1 815 385件民事诉讼,这意味着每4件经过调解的纠纷中只有1件变成诉讼案件。可见,中美两国民事诉讼率的显著差别,既源于中国较低的民事纠纷率(约1件纠纷相对美国的10件诉讼),又源于中国之依赖法庭外调解来处理纠纷。

不管这些方面的确切比较数字如何,我们绝不可低估国家法律在中国社会中的重要性,无论当代还是清代都是如此。有关清代的实际数字显示了一定程度上的健讼性,每年可能有150个案子闹到县衙,相当于一年当中每2000人就有一件新案子(假设每县平均人口为30万人)。如果我们是按诉讼当事人(包括原告和被告)而不是按官司件数,是按户数(平均每户5口人)而不是按个人来计算的话,那么一年当中每200户就会有1户卷入新官司中。这也意味着每20年内(这相当于日本人类学家所研究过的3个村庄中人们所能清楚回忆的年限),10户当中就会有1户有人卷入官司,本书第二章中的村庄资料所显示的发生率与此大致相当。在20世纪初至20世纪30年代的20年中,平均每村发生6起诉讼案件,相当于每9户中有1个新的当事人卷入诉讼。[①] 尽管拿当代美国的标准看来,这一数字显得很低,但它足以使这些官司留在绝大多数农民的记忆中,并成为几乎所有村庄的共同回忆。官方法律在绝大多数人的一生中扮演着十分重要的角色,这是没有疑问的。本分的农民也许会对官府大堂心怀畏惧,但不至于害怕到不敢依

---

① 满铁人员做调查时,在三村共有315户人家(黄宗智,1985:316,317,319)。

靠衙门解决争端、保护自身权利的地步。

民事诉讼的费用

民事诉讼的规模跟它的费用自然是紧密相连的。这里我们暂避开清人笔记里有关衙门胥吏营私舞弊的一些可能是夸张的言辞不谈，先来考察一下能够说明民事诉讼"正常"收费的现有资料。

民国时期法定费用的收取范围可以约略显示清代的收费情况。在顺义县，1940年原告需花0.6元买状纸，每百字0.1元缮写费。距法院10里以内证人0.15元传唤费，10—15里内0.23元，15—20里内0.3元，20—25里内0.38元(惯调，1：116)。非财产案件"审判费"4.5元。财产案如果涉值不到10元，收费0.45元，75—100元收费4.5元，900—1000元收费33元，8000—10 000元收费105元，在此之上每多1000元加收0.45元(惯调，1：312—313)。尽管当事人要先交审判费，但如果案子在进入正式审判程序前就已解决，那么审判费还可退回(惯调，1：307；参见黄宗智，1991：8)。换言之，对一个涉讼人来说，其所花费用，起诉约需1元，而涉值百元以下的案件，要坚持到庭审，需再花4.5元；涉及1000元财产的重大官司，要花34元。[①]

[①] 绝大多数农民在打官司时并未考虑到律师费开销。民国后期，农民仍很少聘用律师。

表21 沙井村长工工资、土地价格及小麦价格,1936—1942年

年份	长工工资(元/年)①	土地价格(元/亩)②	小麦价格(元/石)
1936	30	45	6
1937			12
1938			22
1939	40	100	23.5
1940	90		42+
1941	130	150	
1942	170	200	50

①仅为现金工资(即不含长工食宿费用)。
②为中等土地。
资料来源:工资:《惯调》,2:55,88,261,267;参见《惯调》,1:45。土地价格:《惯调》,2:265,268;参见《惯调》,1:40,91;2:171,227。小麦价格:《惯调》,2:70,238,252,354—355。

为了衡量打官司所带来的负担,我们再来考虑一下这一地区在战时通货膨胀前夕农业工资、土地价格,以及小麦价格的数字(表21)。1936年,起诉费相当于一个长工全年现金收入的1/30。对一起涉值100元以下的普通纠纷,要坚持到法院做出判决,需另花其全年现金收入的1/7。当然,一个长工不易负担一起涉值1000元的财产官司所需的相当于他全年收入的费用,但他也不大可能卷入这样一个相当于他三十年收入以上的财产纠纷之中。另外,对一个拥有土地的农民来说,这样的耗费尽管很高,却不至于让他望而却步。如表21所示,在这一地区,一亩中等土地的价钱,当时平均是45元(30元至60元不等)。而一个农民可以凭所谓指地借

钱的做法,用土地抵押,借到相当于其土地价格 50%的钱。如果把土地典出去,则可以借到相当于其土地价格 70%的钱(见第二章)。也就是说,抵押一两亩地,足可打一场官司。

口粮是农民生活中的一项主要开销,我们也可以据此来评估诉讼费用。一个成年男子每年平均消耗粮食约为 3 石。① 以此来衡量(也是以 1936 年为准),一场小官司的起诉费需花 1/6 石小麦。而一场大官司要花掉 5 石小麦,相当于一个成年男性农民一年粮食消耗量的 1.66 倍。至于清代晚期,戴炎辉引用新竹的数字如下:状纸费 0.4—0.5 吊(相当于大约同样数量的银元),送审费与此大致相等,缮写费 0.4—0.7 元(戴炎辉,1979:706—708)。这样整个起诉的费用是 1.2—1.7 元。② 如果正式开堂审讯,那么原告还得花上 3—4 元乃至 10 元的"堂礼";一个大的案子更需花上多至 100 元乃至更高的费用(同上)。

这些数字与 1906 年巴县知县所报称的讼费并无多大出入。③ 他写道,首先开单送审要花 0.7 银元(700 文)左右。此外,如果发一张传票原告得花 3 元左右,每开一次庭还得另花 1 元。如果要派一名胥吏或衙役前去丈量土地,或进行调查,在 40 里距离之内要收费 0.8 元。超过 40 里,每增加 10 里多收 0.2 元。如果要另

---

① 即每个月 40 斤,大致相当于 1950 年松江县的口粮额(黄宗智,1990:184)。
② 这一数目跟 1957 年《新竹县志》的数字大体相当。据后者提供的资料,清代告状时需交挂号及登记费 1.4 元,另加首次挂号费 0.08 元,即 80 文(《新竹县志》1957,4:307)。有关 1879—1910 年间长江三角洲地区的银钱比率变动,见白凯(Berhardt),1992:246—247(表 B.2)。
③ 白德瑞(Reed)1993 年论文中有该报告的完整英译。我感谢白德瑞让我参考并在此使用此份报告。为便于比较,这里已将这位知县的数字由文换算成元。

派衙役(也许因为其他原因,而非送传票或丈量土地或做调查),还需再交 5 元。① 如果要重新开庭,还得再付 0.16 元。可见,虽然原告呈状投诉一次花费不足 1 元,但如果要把官司打到堂讯阶段,他得花费至少 4 元。重大诉讼案件的费用更不止于此。

此时的粮价,每石稻米将近 6 元(白凯[Bernhardt],1992:表 B.2)换言之,原告告状一次,花去相当于 1/6 石稻米。要打完一场普通官司,直至做出堂审,要花约 3/4 石稻米,这和 1936 年顺义县的费用相当。重大诉讼的费用要高出好几倍,这也跟民国时期的顺义一样。

清代早期的资料不易获得。汪辉祖给 18 世纪中叶的情况提供了大体的轮廓:

> 如乡民有田十亩,夫耕妇织,可给数口。一讼之累,费钱三千文,便须假子钱以济。不二年必至鬻。鬻一亩,则少一亩之入。辗转借售,不七八年而无以为生。其贫在七八年之后。而致贫之故,实在准词之初。(《牧令书》,18:19a)

汪氏这里所说的多半是件较重大并且经过堂审的官司,而不仅仅是指投告或一件涉值不足 100 元的普通官司。果真如此,汪氏的数字就和有关晚清及民国时期的资料十分接近,即相当于一个农业雇工一年的工资(亦即 2000 至 5000 文铜钱;李文治等,1983:附表 1,页 230—232)

---

① 据这位知县称,原、被两造都得交上述费用。

这些零星且不那么令人满意的数字显示,清代民事诉讼的费用,尽管从小农的观点看来很高,但并不完全让人望而却步。除了不正常的收费外,一名当事人要呈状投诉,促使纠纷的调解处理有利于己,相对来讲并不很贵。汪辉祖说的当然没有错,即一个中等农民(譬如有十亩土地)若是惹上一个大官司的话,将会久受其害,但对一个较宽裕的中农或富农来说,这种费用还是能够承受的。如果一个农民所面临的纠纷事关重大,对他来说,打一场官司可能还算是值得的。

这里并不是要否认那些把诉讼费用说得像天文数字一般可怕的种种"恐怖故事",过去的学术研究已引用得很多,本书第三章侯振祥(侯家营村)一案也是其中一例。侯氏担心自己会因媳妇自杀而受到犯罪起诉,卖掉40亩地中的20亩,共花2400元钱,才把事情打发掉。不过应该指出的是,像这样极高的破费背后,多半隐含着遭受严重犯罪指控及严厉惩处的危险。不难理解,在那种情形下,当事人很容易受到要挟、威胁而付出大笔费用,而那些底层官吏更会借此敲诈勒索。此外,在涉及大笔财产的民事案中,这种情况可能也在所难免。但我们不应把这样的敲诈跟普通的民事官司错误地混为一谈。假如费用真是那样高昂,就肯定不会有大批农民为了小额的数目而打官司。

上述的两个形象,即一方面费用高昂,另一方面农民频频兴讼,看上去似乎是矛盾的。但如果我们把普通的民事诉讼与含有大笔财产或重大犯罪的官司区别开来,那么对此就不难理解。就官司自身而言,我们还要进一步把仅仅做控告跟坚持到堂审区别开来。此外重大诉讼案件开销要大得多,会更多地使用讼师,也常遭胥吏敲诈。但普通民事诉讼及为了给对手施压而仅告一状，仍是相对简单而不那么昂贵的。正因如此，普通百姓才得以利用官府解决争端。

"衙蠹"

即使对于那些事关重大、让人相信其中会有敲诈勒索的案子，我们也不能简单地对清代的官方话语深信不疑。只要仔细查看一下，就可以发现，一如清代国家和官僚把讼案累牍的责任推加在讼师们的头上，同样地，清代国家和官僚也把地方吏治废弛的责任怪罪于贪得无厌的胥役。

大清律例把在衙门里营私舞弊之人贬为"衙蠹"。此词包括胥吏和衙役在内（例第三百四十四条之七），而"蠹役"则专指衙役而言。据例三百四十四条之三，此等"蠹役"倘有"恐吓索诈贫民"情事，将会根据索诈钱财数额而处以不同等级的刑罚。"蠹"字本身形象地表达了此词的意思；这些无赖会从内部把衙门蚕食致毁，正如蛀虫会把一本书或木头毁坏一样，他们是衙门内一切弊端的祸源。

如"讼师"与"讼棍"二词，"衙蠹"这个概念的根源显而易见。仁治出于有德君子。沿此逻辑，弊政只能归咎于卑鄙小人。事实上，我们可以把"清官"与"衙蠹"视为"仁治"这一概念的两个不同面。按照官方统治思想，县官们"取自品行端正的君子"，他们之中很少有人会怪罪自己，该指责的自然是他们手下没有功名没有官衔的办事之人。

第七章　诉讼的规模、费用和各种策略

把地方政府腐败归咎于"衙蠹",跟把法庭积案成堆归咎于"讼棍",道理完全一致。对清朝官员而言,胥役人员贪得无厌跟地方上兴讼频仍,两者之间并不矛盾。清政府在统治思想上从来没有承认本书所证明的事实:为数众多的"良民"为了自身的合法利益而打官司。因此,对他们来说并不需要解释这样一个费解的问题:小农们在面临肆意勒索的情况下,怎么可能为普通民事而状告至官府?相反,他们用自己的一套说法消除了这个矛盾:官府弊窦丛生是因为作恶多端的讼棍跟不法胥役狼狈为奸。本分百姓不会打官司,就像国家的道德说教总是劝民息讼一样。

可见,"讼棍"和"衙蠹"两个说法都是从同一个基本的概念结构中引申而来的。事实上,在律例中,讼棍跟衙蠹的定义是交搭的,讼棍要么跟胥役沆瀣一气,要么本人就是胥役中的一员。

"衙蠹"的说法根源于清朝国家自始以来对胥役人员的构想。就理想层面而言,按照官方的说法,胥役人员跟民事案件一样,根本不该有;即使有的话,也得把其数量降到最低程度。瞿同祖(1962)的研究表明,清代早期所规定的每县法定胥吏人数低得不切实际,"从数人到三十人以内"(第38页)。同样地,法定的衙役人数也只有15—50人(第59页)。大清律例中甚至含有一律(第五十条),规定对县官突破数额的处罚:多用一名胥吏或衙役,笞一百,此外每多用三人加刑一等,罪止杖一百,徒三年。

县衙门的实际需要量当然要比这大得多。特别是在清代,随着人口增长以及地方政府组织日益复杂,情况更是如此。洪亮吉(1746—1809)估计,大县的胥吏实际人数在一千人以上,中等规模的县有七百至八百人,小县也有一百至二百人(瞿同祖,1962:39)。

至于衙役,19世纪早期的资料所显示的数字也差不多,每县从数百人到上千人不等。据刘衡称,他在1825—1827年知巴县事期间,一年内就把衙役人数从七百人减少到二三百人(第59页)。

至于胥役们的薪金,官方说法与实际情况也存在类似的差距。清初规定的胥吏薪金很低(1652年为六两),至康熙元年(1662年)则完全取消(瞿同祖,1962:45)。同样地,对衙役的薪金也定得很低,"大多数地方为六两左右"(第64页)。事实上国家对待胥役人员薪金的态度跟它对待其人数的态度一样:理想上他们根本不该存在;如果不得不要的话,也必须降到最低程度。

同样地,胥役们的实际人数需求和他们的实际收入要比上述规定高出很多。清代长期的物价上涨使这种情况日益严重。白德瑞(Reed,1993)用巴县的档案资料证明,胥役收入中的很大一部分依赖于收取讼费。县衙门的法定开支数目极小,实际的日常开支主要靠诉讼费用来维持。正如1800年的一道谕旨所说,地方胥吏收入远远超过法定数额,以至一名胥吏离职时,取代者必须向其人付出替任的"缺底"金额(瞿同祖,1962:52)。到20世纪初,巴县的役总可赚到一千两,尽管法律条文仍规定为六两。

正如白德瑞所说的,胥役也许并非如官方的种种说法所形容的那样贪赃枉法。有关这一问题的"硬性"证据当然不易获得,也不可能把它解决得使疑者完全释然。不过,我猜测大多数县衙门的任职人员的实际表现,既不同于国家所坚持的不切实际的理想,也不同于其夸大的反面理想。迄今为止,白德瑞所用的巴县档案中的证据是现有资料当中最可靠的。我在前面所提到的新竹县知县1888年的那份报告,对白德瑞的发现也是一项佐证。这份报告中所说的开支是大致可信的——衙役工食每月2.4元,即每年28.8元,主要胥吏人员每年120—300元(淡新,11407,第1—3页)——这可视为当时胥役实际"薪水"的一个大致轮廓。这些数字当然要比官方标准高出许多,但也不算优厚,更谈不上过分。

可是,不管胥役们的实际数量以及他们的薪金如何适度,也总免不了官方的责难。如前所述,清代国家总是抱守其理念不放,还专门制定法律,把胥役人数限制在官方理想数额之内。像刘衡这样的模范知县还不无自得地叙述他是如何禁止其属下胥吏收取验尸费,如何自己掏腰包辅助官用(瞿同祖,1962:46)。与这些理想化的做法相比,县衙门中的实际做法无论怎样合情合理,总会受到责难,不为国法所容。由于国家的思想构造并未把那些不合法却符合实际需要的做法,跟真正的营私舞弊清楚地加以区别,所以清朝官员就难免把两者混为一谈。胥役人员因从一开始就被视为非法存在,也就轻易地成了被攻击的靶子,部分人肆意妄为的少数例子一下子变成一幅衙门职役人人贪赃枉法的图像。

要弄清楚清代地方官府的实际运作情形,我们需要把那些称不上不轨的与真正不轨的做法区别开来。我想,当时那些有自尊心的正派的人也明了这一区别。我们所需要的是介于官方理念与相反理念之间的第三种范畴。在这一点上,瞿同祖所用的"习惯性费用"一词(1962:44—49)是个有用的范畴,虽然他并没有把它跟什么属合法以及什么属贪污清楚地加以区分。

前面已详细讨论过的那些官司费用,尽管按照国家法规条文来说它们是不合法的,但最好视为习惯性的、适度的。这些费用似乎已为县官、胥吏,以及普通百姓所普遍接受。它们即使违背了国家所表达的种种理想,但与那些不法"衙蠹"的真正敲诈完全是两回事。

清代绝大多数地方衙门的实际运作情况,想必应处在习惯性收费这样一个中间领域,而不属营私舞弊的范围。否则我们很难解释小农们怎么及为什么,会为一笔不大的数目去打官司。较为可信的解释是:官方的说教使得人们把习惯性收费跟真正意义上的敲诈勒索混为一谈,从而形成"衙蠹"这样一个夸张性的范畴。而绝大多数地方官府的实际做法并非如此肆无忌惮。

以上并不是要否认衙门内的腐败现象。从长期来看,就像上一章所揭示的借兴讼渔利现象日益泛滥一样,衙门内的腐败可能越来越严重。随着清代社会变得日益分化复杂,以及那些老练且有势力的讼民越来越多,使用讼师来争取自身合法的或不合法的权益的现象,可能都在增加。这一趋势,加上官司中所卷入的利害冲突越来越大,自然会使衙门内的贪赃枉法行为越来越严重。我们已看到淡水-新竹档案中的杜清吉一案,其中就反映了大清律例上所指的讼棍和衙蠹现象。这里并不是要否认这类不法行为的存在,而只是要说明,它们并不像人们普遍认为的那样到处泛滥。否则,本书所引证的众多各类民事诉讼案件就不可能存在。

当事人的抉择与策略

同样地,诉讼当事人的形象被国家描绘得要么过于理想化,要么过于丑恶,两者皆不符合实际。他们中的绝大多数既非不屑于细事讼争的正人君子,亦非如同讼棍一般的刁民。他们是些本分的平民百姓,为了解决争端或保护自身利益,不得已才去打官司。而且,绝大多数人都是主动要去的,并不像官方所说的是在讼棍们的唆使下被动兴讼。他们根据自身的财力和诉求,选择适合自己的策略与行动。有关这类抉择的直接证据当然不易获得,因为我们没有像知县及刑名幕友笔记那样能够说明普通诉讼当事人之所作所为的各种动因的资料。尽管如此,我们仍有相当充分的证据,可就诉讼当事人的各种抉择做出一些明确的推断。

决定告状

清代绝大多数老百姓视打官司为畏途,这一点并无疑问。衙门之所以令人望而生畏,首先是因为它对当事人以刑相待的态势。这一点可从许多方面体现出来。大清律例无疑是以刑罚为主的,一开头就规定了刑罚的种类、分等,以及刑具。法律本身就被视同刑罚,正如从县衙门到中央政府的司法机构都被称作刑房或刑部一样。县官们在形式上只要求办理刑事案件,或以刑事案为主。每次升堂都备好了刑具和守候一旁的皂隶。即使民事案中很少用刑,但让人自始至终感受到一种威胁。除此之外,民间充斥着衙门胥役敲诈勒索、官司费用高得吓人的种种恐怖故事,这些都已成为清代法文化的一部分。这样,也就难怪官府衙门对于大多数老百姓来说,变得令人生畏了。

但是,对于许多可能打官司的人来说,官府并非高不可就。在官司频仍的情况下,许多人都会知道,县官在审理民事案时极少用刑。县官们一贯是依据法律做出判决,这也应是众所周知的事实。那些比较老练的当事人和讼师对此肯定都熟稔于心。最重要的是,尽管有费用吓人的种种传说,尽管衙门胥役贪赃枉法的威胁一直存在,但那些习惯性诉讼费用并没有超出绝大多数老百姓的承受能力。

当事人选择以打官司的途径来解决争端之决定,正是在这样一种结构性背景下做出的,其特点可以用"恐惧下的可就性"来概括。从理论上讲官府并不欢迎民事诉讼,但在实践中,它又以常规、一贯的方式来处理民事纠纷。官府开庭审判的态势虽离不开刑罚,总令人生畏,但其实际做法却是合理而可加利用的。当事人做出打官司的决定,是因为争端所涉入的利害关系足以克服他们的畏惧和犹豫。

还要记住一点,仅仅呈状投诉并不一定意味着当事人要把官司打完。如表22所示,本书所研究的三个县,在绝大多数情形下,诉讼记录在正式开庭之前即已中止。其原因,要么是当事人声称他们已自行解决争端(占20%),要么是当事人或官府没有积极追理此事(占42%,含记录受损或散失的数例在内)。而当事人情愿破费,坚持到最后法庭判决的案子,只占35%。

表22 巴县、宝坻、淡新经民间解决、法庭审决及记录不完整的案件

类别	巴县(N=308)		宝坻(N=118)		淡新(N=202)		总计(N=628)	
	数量	占所有案件百分比	数量	占所有案件百分比	数量	占所有案件百分比	数量	占所有案件百分比
民间解决	53	17.2%	45	38.1%	28	13.9%	126	20.1%
法庭审决	98	31.8%	45	38.1%	78	38.6%	221	35.2%
记录不完整	152	49.4%	26	22.1%	86	42.6%	264	42.0%
总计	303	98.4%	116	98.3%	192	95.1%	611	97.3%

资料来源:附录表A.3。

据此可以推断,有相当数量的当事人是把告状当作在纠纷中向对方施压的一种手段。有些人明显是在吵架斗殴之后,因一时冲动而采取告状行动的。也有些人是在调解时为了使对方屈从自己的条件,用呈状投诉的方式吓唬对方。还有些人则可能策划利用告状的办法,把官府的观点带到调解过程当中。例如我们看到,在沙井村的通行权纠纷中,赵文有在向县法院告状之后,有效地改变了他与李广恩争端的村内调解条件:法院有可能采取的立场成了达成调解方案的部分底线。在此案中,赵氏通过投诉而在村内调解过程中占了上风。

不管其背后的动机与策略如何,当事人的呈状投告,跟他决定把官司打到底,两者需要区别开来。如上所述,前者的费用只及后者的一小部分——还不到1/4。许多人之所以情愿打官司,费用相对适度无疑是原因之一,甚至是最重要的一个原因。

表达方式的选择

一旦决定告状以后,当事人就面临着其他一些决定。一是要不要请人代笔写状词。如在第六章所见,私人写状纸在法律上是非法的;国家要求原告讲清事实,让衙门里的专职"代书"原原本本地录下他们所讲的内容。这差不多是宝坻县的一般情况,但在淡水-新竹,请私人代笔非常流行,那里有80%以上的词状是在送到衙门前写妥的。虽然没有一个当事人承认自己请人代笔,但他们中的绝大多数,特别是不识字的农民,必定是这么做的。

对于那些较为老练和有权势的当事人来说,他们在诉讼之初的另一个决定是要不要请讼师。我们已看到,这类做法在淡水-新竹屡见不鲜。但是,由于官方禁止此类"律师"的存在,没有哪个当事人承认自己这样做过。还是以谢文辉为例,他实际上是谢妈愿所请的代理人,协助妈愿确认一块已由佃农垦熟的土地的所有权,但在对官府的表达中,他算是妈愿的家人。

显然,并非状纸上的所有文字表达都遵循国家的要求,写得跟告状人原来的口述完全一致。在撰写过程中,原告的诉说已或明或暗地发生了某些变化。这些变化或许仅仅是形式上的:把口语变成书面语言,把普通的语句变成标准的诉状用语,诸如状词首尾两处所用的程式化文字,原告的标准自称,以及对县官的标准称呼,等等。但有些变化是实质性的:调整或重新组装事实与真相,以适合于各种法律范畴和概念(或者是代笔人及讼师或胥吏所认为的法律范畴和概念)。

在这种意义上,撰写状词可视为民间社会与国家法律之间的第一次交会。考虑到当事人都是些不识字的农民,我们还可以把它视为农民的以口述为主的文化与官吏们的书面文化之间的初次交会。要对此一问题做详细分析,需要进行有重点的研究,并考虑到语言、其微妙含义、描绘手法,以及概念范畴上的种种变化。①

如前所见,当事人改换表达内容的一个主要且常见的类型,发生在那些跟丈夫关系恶化或者(以及)受到夫家欺压而逃回娘家的妇女身上。如果妻子受到娘家全力支持,做丈夫的以及他的家人就无法逼她回来。民间非正式的调解也不能不顾她的意愿而逼迫

---

① 唐泽靖彦(Karasawa Yasuhiko,1994)已着手探讨这种口述文化与书面文化相互交会所涉及的多重问题。

她回去。而对县衙门来说,有关婚姻和离异的法律中也没有任何条文禁止妇女回娘家。像基于这样一种状告而来的官司,衙门很可能会拒不受理。在此情形下,丈夫家常把这种情况套上其他的框框,以得到官府的重视和支持。一个常见的表达方式是称那位妇女受"略"或遭人"诱拐",按清朝法律这些都是要受惩罚的罪行(律第二百七十五条)。因此,在宝坻的一件案子中,一个16岁的新娘为逃避丈夫及公婆虐待而躲到祖母家之后(见第四章),其公公就控告她被一个"土匪""诱拐"而离家出走。这样的控告果然受到衙门的重视(尽管当天不是收受细事诉状的日子,他仍能投诉受理)。尽管原告陈和因为控告失实而受到法庭申斥,并勒令跟其子一起出具甘结,保证今后不再虐待其媳。但他依然达到了自己的目的——衙门断令新娘回到男方家中。在宝坻的33件与婚姻相关的案例中,有13件皆称妻子受"略"、被"拐"、非法重婚,或逃跑,其中有6件实为因妻子回娘家而起讼争(黄宗智,1991b:39及以下数页)。

当事人相应国家法律而改换表达方式的做法,再次揭示了清代司法审判制度的矛盾性格。虽然衙门一直在照常处理民事纠纷,国家在表达上却坚持它并没有这样做。正是这种态度促使一些当事人把民事纠纷说成刑事纠纷,以引起官府的注意。

决定结束官司

另一个至关重要的决定是何时结束官司。如上所述,民间非正式的调解把息事宁人、相互妥协当作它的主要原则和方法。与此相比,衙门判决主要是基于体现在律例中的正式法规。如果一个农民当事人所关心的,是要修补因激烈争吵而受到破坏的人情关系,他们会倾向于调解。不过,如果他认为自己明确是有理的一方,可能会觉得调解不足以得出一个明辨曲直、令人满意的结果,而官府却大有可能做出这样的判决。但要那样做就必须权衡诉讼费用。

从第四章所用的证据来看,大多数当事人都使用了步步为营的策略。先告上一状,获知县官对纠纷的初步反应,这是最简单也最便宜的做法。这一步骤往往会促使社区或亲邻加紧调解。衙门的观点在调解过程中也会起一定作用。下一步可能就是衙门传讯(如有必要,衙门还需查情或勘验)。最后一步是堂讯。随着衙门逐步卷入纠纷处理过程之中,费用也在步步攀升。

由此看来,官司一步步推进的过程,可视为农民在不断做出抉择,要在多大程度上借助法庭正式审判,取代民间非正式调解。民间调解最便宜,但也会让双方做最大退让;而衙门审讯最破费,但双方曲直判得最分明。当事人显然不会在非正式的制度与正式的制度之间只做一次性选择;在这两者中间,他们可做一系列的抉择。在解决争端的过程中,当事人按司法审判程序走得越远,衙门的观点所占的分量就越重,法律的作用也越大。对此有所了解的农民总在权衡利弊得失,把调解妥协跟法律手段结合起来,以达到自己的目的。

一种形式是原告只告上一状就达到自己的目的,随后通过调解便解决了纠纷,如前面所看到的通行权一案。但只此一步往往不够。以1845年宝坻县发生的许万发与杨宗魁之间的地界纠纷一案为例(见第五章)。许某本可在杨某拿出地界图作为反驳的证据时撤诉,但他坚持到堂讯。可当时尽管有双方的地界图在手,也有证人在场,县官仍觉得证据不足以让他做出明确的判断。于是派衙役去清丈土地。丈量结果证明许某有理。到此阶段,衙门将会做出怎样的判决,已经无疑,杨某才接受了亲邻的调解。我们可以推想,原告许某下决心坚持到堂审是因为他当初就知道自己有理,而对他来讲,此项官司所涉及的利害关系,也超过了节节攀升的费用。他得支付传唤证人及首次堂讯费用,然后还有土地丈量费,可他仍然坚持下来。但他同意在第二次堂审之前结束这场官司,原因可能在于他得到了想要得到的,可能在于接受调解处理所带来的退让损失,要小于二次堂讯对他的破费。这里我们再次看到,由于清代司法制度中非正式制度与正式制度两者并存而又相互矛盾,当事人是如何有意识地利用它们所留下的空间的。

最后,输掉官司的一方即使在官府做出判决以后,也还有各种选择。当然,他受到很大的压力,要服从县官及衙门的裁决。但是,一个顽强且老于世故的当事人仍会有相当的余地不去服从。他可以像固执的刘琴五老汉那样,拒绝具结接受判决(详见上一章)。刘某在这里所钻的法律"漏洞",产生于这样一种官方表达,即县官并不判案,而只促成案子的解决。在处理刑事案时,这种理念引申出要求嫌疑犯在正式结案之前供认罪行的做法。在处理民事案时,它所引申的一个相应的要求是:当事人出具甘结,自愿接受官府裁决。刘某在县官把他投进监狱之后,仍拒绝出具这样的甘结,因而使得衙门一直无法正式结案。刘某在这里凭的是他那股倔劲儿,最后使县官不得不屈从于他的意志。

当事人也可以不履行他具结所做的保证,以此抗拒衙门的判决。在上一章所引用的曾朝宗一案中，衙门便无法使他履行承诺清偿债务。可见当事人并不完全处在被动的地位。

现在再回到本章开头所提的问题上来。显而易见，过去那种把衙门胥吏视如虎狼的看法，是建立在清代国家所倡导的一种反面理想上面的。清代官方的法律话语呈现为这样一种结构，即道德理想通常总跟道德化的反面理想对应起来，唯有贤者可充地方官（仁治）是一种理想，与之对应的便是卑劣吏役的反面理想。同样地，善者不沾惹官司是一种理想，与之对应的便是不法讼棍蛊惑乡愚频频兴讼的反面理想。

清代民事诉讼的实际，既非如同官方所构造的理想那样，不存在细事官司，亦非如同官方所构造的反面理想那样，以为当事人受尽敲诈勒索。事实上，打官司者不在少数，而且都是抱着解决民事争端、保护自身财产和合法权益的合法目的。清代地方官府也是这样。它既非如同官方理想那样是由贤者施行仁治，亦非如同其反面理想所称的"衙蠹"横行。实际上，地方衙门多是按习惯标准收费。这种做法虽不合法，但也并非如同官方反面理想所称的那样腐败。当时的法律和政治制度既没有也不会从理论上承认这些现实，要不然儒家的仁治理想就会受到质难。

不过，这样一个在表达上高度道德化的制度，在实践中确也根据实际需要做了调整。结果，在道德理想与实际需要的相互影响下，产生了一个同时具有矛盾两面的制度。当事人正是在这样一种结构之中行事的。对于在这种制度下人们动辄受刑和费用高昂的种种说法，当事人的确心怀恐惧。但他们知道官司并非不可打，因而也常有人打官司。有些人变换表达内容，把民事案说成刑事案。不少人找私人代写状词,还有人使用讼师。当然,没有人会承认自己这么做,因为法律上受到禁止。不少人同时利用非正式调解和正式审判,在其间活动,追逐自己的利益。只有少数人像官方所描绘的那样借兴讼以渔利,或为讼师、讼棍所愚弄。大多数是主动打官司,以维护其正当权益。如果我们把实际与表达分开,在考察此一制度时多考虑这两者之间的背离之处,就不难理解当事人的抉择和行为。

第八章　从县官"手册"看清代民事调判

最后,我们还有必要发问,清代的州县官们是如何看待当时的法律制度以及他们自身在其中的角色的?前面各章所勾画的那种矛盾的法律结构,又是如何影响到他们的思想与行为?要回答这些问题,我们不妨借助于那些人们过去依赖的资料,亦即在清代曾被广泛使用的知县以及刑名幕友的"手册"。在州县官公事活动的表达与实践两方面,这些材料都很能说明问题。如果读者对于前面所阐述的论点还不能完全信服的话,那么仔细查阅一下这些笔记资料,也许会让我们了解,由诉讼档案和大清律例所提供的证据,是否经得起推敲。

仁治的理念

《牧令书》(1848)大概要算清代最具综合性的一部州县笔记。它从有关"治原"的讨论开始,收集了清初至19世纪十多位作者的心得之作。该书编者徐栋在序文中称,政治的好坏,取决于地方官吏,因为"州县理则天下理"。而地方吏治良窳,则又系于州县官之"身"。徐氏在这里述及《大学》首章所揭示的凡读书之人都晓然于心的主旨,也就是儒家官僚士绅循序渐进的自我设计:读书的用途在于修身、齐家、治国、平天下;最终理想乃是"仁治",亦作"人治"。

说得更具体些,为州县者必须亲民——这一概念也源自《大学》第一章。18世纪的著名官员陈宏谋(1696—1771)便这样说:"朝廷设官,原以为民。官必爱民,乃为尽职。"(《牧令书》,1:13a)事实上,在清代官方话语中,州县官常被称为"亲民之官"。"亲"字在这里首先意谓官吏待百姓之爱有如双亲,它同时也可以作亲近解。换言之,"亲民"之谓含双层意思,即州县官既处在众多官僚中最接近百姓的位置,因而他们必须是待民仁厚的君子。

陈宏谋接着借用《大学》(第十章)中的说法,进一步写道:"百姓称官曰父母,自称曰子民。谓民间苦乐,府州县当无不关切如一家也。"(《牧令书》,1:19a)另一位具举人功名、曾在乾隆时期做过候补官员的谢金銮,也就此原则做了如下论述:"只将'父母'二字坐实自己身上。一存心,一举念,一开口,一举动,无非父母。不出三年,便成羲农世界。"(1:51b—52a)

从这些原则出发,《牧令书》及其他一些笔记得出了这样的看法,即"听讼"是州县职守中最重要的一项,因为比起其他各项,它使州县官更贴近民众。汪辉祖在其广为传诵的《学治臆说》中便写道,"治以亲民为要",而"亲民在听讼"(1793:12)。这显然意味着,民事纠纷的处理,虽然名义上只不过是细事,事实上乃是每个州县官最重要的活动。

但是,汪辉祖和其他大多数笔记作者并未明确提出这样的看法,因为这样说将会与源自《大学》(第四章)的官方意识形态的另一部分内容直接抵触,即人人尊亲相爱,不兴讼争,并且,在理想的状态下,根本不该有讼争。宣称处理此类纠纷是州县官的首要任务,等于承认他们的正当性。儒家意识形态要求官员们让民众信守这样的教条,即真正有德行的人不会堕落到兴讼的地步。黄六鸿在《福惠全书》中针对17世纪晚期一位知县的下面这段论述做了评论:

> 致讼之由有三:一种倔强之徒,见理不明,好刚斗胜,略有小事,以出头告状为才能,以熟识衙门为体面。此由情性之乖戾也。一种贪恶之人……不遂其欲,叠告无已……更有一种教唆讼棍,心实虎狼,迹同鬼蜮,原无恒业,专哄平人告状。(11:15a—b)

黄氏评道:

> 夫息讼之要,贵在平情,其次在忍。以情而论,在彼未必全非,在我未必全是。况无深仇积怨,胡为喜胜争强……以此平情,其忿消矣,而何有于讼?以忍而言,彼为横逆,从旁自有公论,何损于吾……以此为思,其念止矣,而何至于讼?(11:13b)

按照这样的说法,讼争皆出自好事、无赖之徒;正人君子洁身自爱,不当思及于此。这等于说,一个人涉入官司,是因为在德行上有失检之处。

一个半世纪之后,徐栋编入著名满族官员裕谦(1793—1841)的一篇论述,其中有这样一段:

> 善教家者曰仁,曰义,曰礼,曰智,曰信。人既好讼,则居心刻薄,非仁也。事理失宜,非义也。挟怨忿争,非礼也。倾资破产,非智也。欺诈百出,非信也。(《牧令书》,17:46a—b)

在所有清代州县笔记中,都不同程度地存在这样的观点。这实际上构成帝制中国晚期官方法律话语的一个组成部分。可以说,如此加以道德化,已变成清代统治精英的"官话"的一部分。在清代,套用儒家道德化的语句,才会显示自己是一个有素养的贤人,位于士绅(或预备绅士)行列。①

视事实情

不过,州县笔记并未仅停留在上述道德化说教上,它们还就州县官的实际视事做法,提出具体、明确的指示。可以说,渗透在州县官活动中的不仅有道德文化,而且还有一套实用文化。黄六鸿在讨论了上述平情之需后,接着写道:"平情乃君子之行,容人亦非

---

① 把兴讼当作不道德的行为,并认为有悖于儒家价值观,这种观点通过制度化形式表现出来。清代衙门有这样的规定,即功名士子不得兴讼。18世纪的巴县和19世纪的宝坻所使用的状纸均规定,士绅告状不予受理,得由他人出面代理具呈。

浇俗所能。"既然如此,现实中便会有大量"细故"讼争(黄六鸿,1694,11:14a)。

黄氏在对待这类讼事及如何加以处理的问题上,糅合了道德观念和实用观念两个方面。首先,他指出,正是因为绝大多数投诉都是出于一时激忿,所以法律上设有一个让人平情的间隙。把收受细事告状限于某些特定的时日和月份,便是为了确保"延至告期,其人心气已平。杯酒壶茗,便可两为解释"。这种办法,反映了"为民父母者所深愿"。(黄六鸿,1694,11:5b)不过,他接着又说,县官们仍得受理一定数量的控状,因为"民之有讼,出于不得已而后控"。同样地,"官之听讼,亦出于不得已而后准"(在争端无法获得调解,而原造告状在理之时;同上)。换言之,尽管据官方表达不该发生细事官司,但现实是它们实实在在地存在。

《牧令书》的一位作者袁守定(1730年进士)对这一现实做了数量估计,"来讼者固有不得已之情,而亦由不能忍。苟能容忍,则十省七八矣。哀民者,果谆谆切切劝民,忍忿兴让,必有气平而已讼者"(《牧令书》,18:17b—18a)。袁氏虽然没有明确言之,县衙门显然仍得受理剩下来的十分之二三告状。

上一章提到,汪辉祖根据他1787年在湖南宁源县任上的经历,说在受理细事投诉之日,通常"法应准新词,每日不过十纸"。他的用意是强调新到词讼之少,但即使这样的数目,也足以让"细事"案件在州县官所听审的案件中占很大比重。

19世纪一位有丰富知县阅历的官员方大湜,在其所著笔记《平平言》(1878)中,对此做了简洁明了的说明。在"勿忽细故"题条下,他这样写道:

> 户婚田土钱债偷窃等案,自衙门内视之,皆细故也。自百姓视之,则利害切己,故并不细。即是细故,而一州一县之中,重案少,细故多,必待命盗重案,而始经心,一年能有几起耶?(方大湜,3:32a)

但方氏并未进而从这段话中得出这样一个明显的结论,若善政的关键果真在于亲民,听讼果真比其他事更能让县官接近百姓,而县官所受理的绝大多数词讼果真属于"细事"的话,那么,对这些案子(而非重情案件)的处理,事实上才是地方善政的关键所在。可是官方的一套说法,即细事官司根本不应存在,却使绝大多数笔记作者不愿或不能得出这一显而易见的结论。事实上,他们在笔记中大都没有花许多篇幅讨论对民间细事的处理。

相比之下,曾在18世纪中叶做过30年刑名幕友的万维翰要算一个例外。他在所著《幕学举要》(1770)中,指出了上述逻辑的结论,"批发词讼,虽属自理,其实是第一件得民心事"(万维翰,1770:5b)。

州县活动中的德治文化与实用文化

上述注重德化与讲求实用两种观点的矛盾结合,构成了县官们的思维方式,我们可称之为"实用道德主义"。之所以谓之"道德主义",是因为它强调崇高道德理想的至高无上地位。但它又是"实用"的,因为在处理州县实际问题时,它又采取了实用主义的做法,两者之间尽管充满紧张关系,却结合为一个整体。

把两者凑到一起的方法之一,是避免从两者各自的角度得出直接冲突的结论。州县笔记的作者们从未采取实用主义哲学立场,凡事都得从其实际结果加以衡量。他们也未采用相反的立场,即固守道德原则,排斥任何有悖于这些原则的实用做法。在儒家县官的文化中,德化的外观与实际的考量,两者是矛盾而又合一的。作为儒家,清代州县官是道德家;作为官吏,他们也是世俗的讲实际的人。

民间调解

"实用道德主义"在实际操作中意味着什么,汪辉祖有关州县公务方面的详细阐说,为此提供了一个例证。他指出:

> 勤于听断,善已。然有不必过分皂白,可归和睦者,则莫如亲友之调处。盖听断以法,而调处以情。法则泾渭不可不分,情则是非不妨稍借。理直者既通亲友之情,义曲者可免公庭法。调人之所以设于周官也。(汪辉祖,1793:16)

在他看来,这才是人人和谐相处的唯一之道,"或自矜明察,不准息销,似非安人之道",因为"既分曲直,便判输赢,一予责惩,转留衅隙"(汪辉祖,1793:13,16)。这里我们要弄清汪辉祖的实意所在。他并不是像过去学术研究所设想的那样,要州县官们亲自担负起调解的任务,他仅是主张让亲邻在官府之外进行调解。

如上段引文所示,汪氏坚信县官们应尽可能选取调解,避免堂审。但如果案子无法获得庭外解决的话,接下去必然要做正式堂审。州县官就得"明白剖析",做出"是非判"(汪辉祖,1793:13)。为此,汪辉祖又强调每个县官首先得研读律例。作为一个县官,当然不能像刑名幕友那样精通律例,因为他还有其他诸多要务有待处理。但"若田宅、婚姻、钱债、贼盗、人命、斗殴、诉讼、诈伪、杂犯、断狱诸条,非了然于心,则两造对簿,猝难质诸幕友者,势必游移莫决,为讼师所窥测。熟之……不难立时折断,使讼师慑服。"职是之故,每个州县官"每遇公余,留心一二条,不过数月可得其要。惮而不为,是谓安于自怠,甘于作孽矣"(汪辉祖,1800:6—7)。换言之,尽管按照州县官道德文化所推崇的理想,为州县者不必做出判决,亦即不必断出真相,或依据法律断出孰是孰非,而只需促使涉案人自行供认,从而使真相大白,但为官者之实用文化却要求他研读律例,以便有效地做出裁决。据汪辉祖所说,这是因为"断事茫无把握,以复讯收场,安得不怠。原其故,只是不谙律例所致"。汪氏给这段话加上了一个很贴切的标题,"律例不可不读"(汪辉祖,1800:6)。

不过,尽管总的来说清代州县允许通过汪氏所主张的庭外调解(以及原告的呈请)让案子撤销、告结,其他一些笔记作者却强烈反对这种做法。《牧令书》的另一位作者陈庆门(1723年进士)便有这样的告诫:

> 户婚田土,当视其情词虚实,不宜滥准。不准者,必指批其不准之故……其准者,必亲问,不可听其讲和。问则必速,不可稽延拖累。审明则必断结,不可含糊。(《牧令书》,18:

19b)

一个世纪后的刘衡也有同样的看法:"状不轻准,准则必审,审则断,不许和息也。"据刘所说,这是因为如果县官因有调解结果便接受呈请而结案的话,那么讼棍们就会以为直到临近庭审之时,他们都可以通过"一纸调停"了事,因而可以随意告状。县官若是批准了这样的呈请,"官既未讯,无由得知。彼诬告者,竟终其身无水落石出之时"(《牧令书》,17:37a—37b)。

方大湜指出了汪辉祖与刘衡之间的分歧,他依次摘录两人的文字,然后做出评论说:"就杜诬告而言,则以刘说为是;就睦族邻而言,则以汪说为是。"(方大湜,1878:2:31a—31b)实际上,如我们所用的讼案材料所示,清代县官大体上听从了汪氏的意见。

不过,陈庆门、刘衡、汪辉祖及方大湜都同意这样一点:如果讼案不能通过民间调解得到解决的话,就必须做出明确的裁断。他们当中没有一个主张县官扮演调停而非裁判的角色。他们之间的分歧在于是否允许通过民间调解人的呈请而结案,而非是否依据律例来判案。他们的论说所反映出来的州县官主持堂审时的形象,无疑是一个法官,而不是一个津津于"教谕式调停"的息事宁人的调解者。

至于依法裁决的具体含义,方大湜就债务案的处理提供了一个明确而简单的例证:

> 钱债以券约为凭……其券约分明者,自应照律追偿。若不追偿,则富民不敢放债。一遇岁饥,或新陈不接,小民束手

矣。追债之法,律载私放钱债,每月不得过三分,年月虽多,不过一本一利。(方大湜,1878,3:31a)

在方氏看来,州县官之担当法官角色,依照法律条文做出判决,是毋庸置疑的。

由此可见,尽管在州县道德文化中,细事官司根本不应该存在,州县实用文化却承认这类讼案存在的现实,并要求依照法律做出明确判决。这两种观点的同时并存,是以正式庭审与民间调解两者的并存为依据的,同时这种并存也跟律例本身道德化的"律"与高度实用的"例"之矛盾结合相一致。

正式庭审

在如何裁决的问题上,州县笔记中含有十分具体的阐说。首先一点,依法裁决并不意味着从严判决,或简单地诉诸刑罚。在汪辉祖看来,县官做判决时应照顾到人情因素,把它糅合进去。为说明此点,他举出江苏某位张姓知县的判决,该知县以判案严厉出名。犯人是个童生,因把样文带进科场试图作弊而被拘捕。县官依照法律,判决枷号示众。这位年轻人的亲属恳求县官宽大,推迟一个月施刑,因为年轻人刚刚成婚(就在考试前一天)。知县张某拒不接受。新娘得知判决后便自杀了。虽然张某立即释放了童生,惨局已无法挽回:年轻人也跟着新娘投河自尽了。汪辉祖评道:"满月补枷,通情而不曲法,何不可者?"(汪辉祖,1794:6)

对于细事争端,汪辉祖强调,州县官决不可依靠强制手段而必须让原被两造理解并接受县堂判决。据汪所论,如果双方明白义

理所在:

> 安得有讼。讼之起,必有一诪于事者持之,不得不受成于官。官为明白剖析,是非判,意气平矣。(汪辉祖,1793:12)

汪氏接着解释了为什么通常都要涉讼双方具甘结接受判决,方才正式销案。他认为,即使在应该用刑的场合,县官若能不用刑而向犯人说明"将应挞不挞之故,明白宣谕,使之幡然自悟,知惧且感",收效要比用刑好得多。这种做法,实是"于执法之时,兼寓笃亲之意"。这里,汪氏把凭刑罚处理"细故"的官方表达,跟不用刑的实际做法做了调和。但这不是绝对的通则,如果犯人"实系凶横,或倚贫扰富……或恃尊凌卑……为之族姻者,必致受害无已……遇此种之人,尤须尽法痛惩"。即便如此,县官也得注意"反复开导,令晓然于受挞之故"。(汪辉祖,1793:12—13)

可见,汪氏所提倡的审案态度和方法,跟州县父母官的道德理想是完全一致的。为州县者应像慈母一样待其子民,增进人与人之间的和谐友爱关系。同时也应像严父一般,如果遇到真正桀骜不驯的孩子,不让其破坏他人之间的良好关系。

此类融情于法的训诫,同样也不应被理解为要求州县官进行调解而不做审断。这里的关键之点,并非要求摒弃是非分明的裁决,专注于息事宁人的事,而是要求在用刑的时候,把人的感情和种种关系也考虑进去,并且在依据法律做了明断之后,让涉讼人信服州县的判断是正确的。

在州县笔记所反映的法律话语中,"情"字不仅具有感情的意思,也有"事实"之意(如"实情""情实",与虚假相对)。查清实情,是审断当中的第二项重要原则。袁守定便这么说:"凡审词讼,必胸中打扫洁净,空空洞洞,不预立一见。……只细问详求,其情自得。若先有依傍之道,预存是非,先入为主,率尔劈断,自矜其明,转致误也。"(《牧令书》,17:20a)

王植(1721年进士,本身也是一名县官)也许是为了跟他的学究式同僚进行沟通,乃将留心案情的细微末节,比作讲究写作技巧:"听讼如作文字,必钻研深入往复,间又自有新悟。非是不能得其情,而中其肯綮也。余听事颇能耐心,不惮烦。"(《牧令书》,18:7)袁、王二人显然不主张州县官们做不分黑白的和事佬,只专心于消除双方分歧。可以肯定地说,掌握一件案子的真实细节,其意图乃是为了弄清真相,进而从法律角度明断是非。

如上所见,"情理"这一复合词,不仅可以转达"天理""人情"所具有的道德含义(乾隆皇帝在1740年修订的律例序文中便如此使用),而且也可以转达从常理角度思考案情时所具有的更世俗、更实际的含义("理"在这里作通俗的"道理"解)。方大湜称"凡事必有情理",便是此意。为解释他的意思,方氏特地援引了他在湘阳任上所遇到的一件案子。此案中谷正立控称,其岳父尉道亨用他的名义向一家票号借钱三十四万文。尉死后,其遗孀将六十亩族田给谷作为此笔债之抵押。但其子尉秉恭对这笔债拒不认账,谷因此告到官府。方大湜从"情理"角度分析了这桩讼案:秉恭的父亲家道殷实,这笔借贷据称是24年前发生的,当时原告谷氏才14岁。方推测,此事几乎不可能:为什么一个有钱人要凭其年幼的女婿的名义借钱。再者,那张据称是由该孀妇立下的抵押契据,并无尉家任何亲属做中或做保,仅有一外姓保人。方认为这也不大可能:尉氏的族亲理应介入这么大一笔交易中。据方氏称,原告面对他这般有力的分析,不得不承认自己是在诬告(方大湜,1878,3:22a)。

从这些笔记的观点来看,作为州县官,最重要的一点在于通晓法律掌握案情。黄六鸿就此解释道:"夫两造当前,枉者常负,直者常伸,而无情之辞,不敢骋矣。"(黄六鸿,1694,11:14a)既然法制失轨,咎在"讼师""讼棍"以及诬告之徒,那么,抑制之道即在确保裁断得当、明确、有效。

批词

这些笔记要求州县在做批词时,采取相似的做法。州县官必须从一开始即明了法律条文,而又同时从道德原则和人情,以及常理和事实两个角度思考问题,这样他的批词才会写到点上。汪辉祖即说:"批语稍未中肯,非增原告之冤,即壮被告之胆。图省事而转酿事矣。"(汪辉祖,1786:1)如其所言,这些初步的批词,用意不在避免做出官方断夺,而在促成庭外调解,避免堂审。"第摘词中要害,酌理准情,剀切谕导,使弱者心平,强者气沮,自有亲邻调处。"这样,事情"晓于具状之初,谊全姻睦"对于当事人来说,这也是最好的办法,远优于"息于准理之后,费入差房"(同上)。

汪辉祖在这里所谈的,实际上正是本书所说的清代民事调判的中介领域,亦即州县裁断与民间调解交相作用的地方。如前所述,州县的批词在此"第三领域"制度的运作中,会发生相当大的影响。汪氏这里重申了清代法律思想对庭外调解的态度,认为应尽可能如此解决争端;公堂裁断只是不得已的办法。在清代州县官们看来,通过亲邻调解促成和解,跟在县衙做出明确的裁决,根本不相抵触。

乾隆中叶的一位刑名专家王又槐,在《办案要略》中对撰写批词的技巧做了较详细的说明:

> 批发呈词,要能揣度人情物理,觉察奸刁诈伪。明大义,谙律例。笔简而赅,文明而顺,方能语语中肯,事事适当。

王氏认为,批词一定要写得恰到好处,这样"奸顽可以折服其心,讼师不敢尝试其伎"。一个刑名幕友"若滥准滥驳,左翻右覆,非冤伸无路,即波累无辜",其结果"呈词日积而日多矣"。(同上)

万维翰则从州县考绩时如何获得好评这样一个很实际的角度,对此事做了解释:

> 批发词讼……讼师奸民,皆以此为尝试。不能洞见肺腑,无以折服其心。
> 或持论偏枯,立脚不稳,每致上控,小事化为大事,自理皆成宪件矣。即或不至上控,造入词讼册内,亦难免驳查。故必能办理刑钱之案者,方可以批词。(万维翰,1770:5b)

换言之,即使在促成庭外调解时,县官们也得立足于他们的法律知识。这跟调判制度中正式审断与民间非正式调解之矛盾结合,是相一致的。这也是降低讼案数量,在考绩时获得好评的最顶用的办法。

受理状词

在受理讼案一事上,这些笔记都同意一点,即州县官应"不轻准"。前面提到,汪辉祖称他在细事放告之日所收下的近二百件词状中,有一大半属辩词和催呈,而他正式受理的新案通常不超过十件。陈庆门和刘衡都主张不轻易受理(然一旦受理,必得明确审结而不许和息)。可以说,拒绝受理控状乃是州县官对付积案过多、考绩不佳的第一道防线。

汪辉祖主张,州县应在衙门大堂当众听讼,批发呈词,而不应在内衙闭门听讼。他指出,大多数县官都情愿在内衙工作,那里不用讲究衣着可以起止自如,比起在大堂正衣冠"终日危坐"要简便得多。这是可以理解的。但是,他认为,在内衙办公有其弊病,即只有涉讼人可以听到州县官的批词、判决。而在大堂,听众可达数百人,其判词的影响可以引申而旁达类似的案件。这样,一个老练的州县官可以通过每一件案件的批发和判决,对讼师、讼棍发出警诫(《牧令书》,1848,17:27a)。

刘衡也赞同公堂听讼。他主张州县官收呈后即时批示。一个县官如果拖延四五天才批发词状,就会发现自己理不胜理。"此呈未批,彼呈复来;奸棍得以一逞伎俩,甚或贿买批语。"刘衡主张县官身坐大堂,亲自收呈,必要时直接查问原造。县官还应将其批词"即行榜示",公布于众。

但是,方大湜在引述这段话之后,却点出了一个问题。他说,那些经验不足的州县官,在公堂上不一定能够应付自如,而那些棍蠹总在找空隙抓县官的弱点(方对积案起源的看法是和其他作者一样的)。牧令若不通晓律例,深知情伪,捏控、诬告就会纷至沓来。因此,方大湜认为,只有州县老手才能照汪辉祖和刘衡所说的办。初为知县者,未能洞悉律例、人情,地方情形又未了解透彻,放告收词,何能当堂批示?因此,不如等退堂之后,将本日所收之词,与幕友逐一研究,再行批示。"讲求日久,门径自熟,开口下笔,自然不错"(方大湜,1878,2:30a)。

方大湜在19世纪晚期做如是之说时,同时点出了当时地方衙门(至少是受案较多的衙门)实际运作中的一个通例:词状是先送到刑名幕友那里的,由其在副本上撰一草批,交给县官核阅;然后送交"墨笔"誊抄到原稿上;墨笔再把状词连同批词照抄到"状榜"上公开展示。方氏主张对此程序做些调整:应把状词连同经县官允准的批词直接抄到状榜上,尽快与公众见面,不必等墨笔把草批抄到状词原件上去(方大湜,1878,2:31b)公布州县的批词,当然是官司第二阶段的开始。在这一阶段,县衙门意见的作用开始在一直进行的民间调解中发挥出来。这也就是本书所称的诉讼中间阶段,其特征是官方审判与民间调解在共同运作。这一阶段一直延续到正式庭审(讼案的最后阶段)开始之前。

奸蠹玩法

大多数笔记作者都提出了奸蠹玩法的问题,并且随着讼案日增,使地方衙门不胜烦扰,此类问题也越来越突出。有人指出了"南方"与"北方"在这方面的显著差别,一如我在第六章所指出的宝坻与淡水-新竹之间的差异。万维翰便说:"北省民情朴鲁,即有狡诈,亦易窥破。南省刁黠最多,无情之辞,每出意料之外。据事陈告者,不过十之二三。"(万维翰,1770,3a)与万氏同时代的袁守定,也有类似之说,并把此一差别归因于讼师:

> 南方健讼,虽山僻州邑,必有讼师,每运斧于空中。而投诉者之多,如大川腾沸,无有止息……北方则不然。讼牍既简,来讼者皆据事直书,数行可了。即稍有遮饰,旋即吐露。此南北民风之不同。(《牧令书》,17:26b—27a)

此种观点跟大清律例把所有弊端归诸讼棍、讼师,当然是完全一致的,它认为好人根本不会兴讼。

有关如何对付这些奸徒的实用性指示,是在这种话语构造下提出的,内容大多是如何防止这些弊端、减少讼案数量的方法。如上所述,其第一道防线是"不轻准"。牧令应识别真伪,拒收不实之词。做批示时,下笔要谨慎。让奸徒无机可乘,同时要促成亲邻调解。如果不能由民间自行解决争端,州县官就得细心查明案情,明辨真伪,然后依照法律,做出明确的裁决,杜绝讼师、讼棍的欺弄官府之心。

这些笔记还建议州县官坐堂收呈,直接讯问原告,以此查明状词所告是否属实,防止诬告。虽然牧令在处理民间细故时应尽力避免用刑,但一旦发现诬告者,当毫不手软,以儆效尤。而且应当在大庭广众之下对待此等人,这样方可起惩戒作用。

虽然这些作者大都把衙门所面临的重重困难归咎于社会上的

枉法之徒,但也有些人把问题追究到衙门书差那里。汪辉祖即指出:"凡讼师差房,无不乐于有事。"为什么?因为"更乐百姓之扰,而后得借以为利"(汪辉祖,1786a:4—5)。他认为,公役之中,绝无"端人","此辈下乡,势如狼虎"(汪辉祖,1793:18)。吏书也好不到哪里,谚云"清官难逃滑吏手"。相较之下,县官的刑名幕友则乐见"百姓之和,而后能安于无事"。防止书差作弊,乃是幕友与牧令的职责所在(汪辉祖,1786a:4—5)。

裕谦谈到书差时,比汪氏多点怜悯之意,但看法是一样的。他先提到这样的事实,即胥役工资还不足以维持一人生计,但他们和其他人一样也有父母、妻子儿女。他们也要衣食,怎能指望他们空着肚子跑差?抱着这种同情态度,裕谦得出此一结论:"岂得责以枵腹办公?"(引自夫马,1993:480,注6)在裕谦看来,这些书差是逼不得已作弊的。

曾在19世纪晚期和20世纪初做过秀山知县的吴光耀,同样做了同情的解释并得出一致的结论。他称古时庶人在官,禄足代耕。但现在(序文注明作于1903年)书差额设不足,役食徒有虚名。在此情形下,安有良家肯干此事,结果只得聚无赖之穷民而用之。既然这些人不能靠官府所给的一点工食糊口度日,就不得不恃"构弊内外"以谋生计(吴光耀,1903:1b—2a)。和汪辉祖及裕谦一样,吴氏视书差的腐败为"势使然也"。

这一看法的形成,首先可以追溯到县官与衙门吏役之间制度化的利益对立上。如在前章所述,由于法定工食越来越难满足书差的实际需要,讼案收费便成为衙门各种开支的主要收入来源。此一现实决定了州县官与书差之间的关系必然是对立的。牧令们力图减少讼案数量,因为其政绩考核取决于他能否限制案件发生数,以及他处理所收案件的效率。而从衙门吏役的角度看,官司越多则收入越高。正是由于有这样的利益冲突,难怪县官幕僚们总是把书差看得十分丑恶。

此外,官方话语也照例呈现为一种二元构造,一方面是贤者德治的理念,另一方面是"衙蠹"的为非作歹,这就类似于不屑争讼的君子仁人与唆使兴讼的"讼棍""讼师"。在这两者之间,几乎不存在或根本就没有一个中介性的概念空间。在那些笔记之中,不可能存在正派的非法定书差,也不可能存在正派的诉讼当事人。

然而,这些笔记中的实用性告诫,尽管是在此种话语背景下做出的,但却揭示出一个截然不同的运作现实。它们显示了地方衙门大体上是按照惯例性的规则和程序运转的。例如,代书要通过考试方有资格任职。刘衡强调,新任州县到职之初,尤得严守成规。为排除不合格或非正式的代书,刘氏主张对通过考试者当时给戳,无论当差、候补,概行榜示。他还要求代书把自己的名字、印戳加在每份状词上。如果县官在讯问时发现原告供词与呈词有不符之处,便能查明并严究代书(《牧令书》,17:34b—35a)。

方大湜则描述了上面所见的 19 世纪晚期誊抄榜示批词的一套做法。他主张把草批直接抄到状榜上,以加快公布过程。在他看来,这样做的目的不仅在于使事情办得快些,而且意在防止衙门书吏在公布之前,把县官的反应泄露或售卖出去(方大湜,1878,2:31b)。

再如,黄六鸿亦谈到衙役轮班充差的办法,他主张应悉心遵守这套成规(黄六鸿,1694,11:11a)。虽然黄没有道出原因所在,但如果我们从白德瑞(Bradly Reed,1993)的分析角度来看,亦即各班差役常因争夺讼案所提供的收入而起纠纷。那么,就不难明白,此等做法实是为了使各班收入分配均等,从而减少衙门内部的冲突。

黄氏还强调如果在细事案中遇有原告逃避传讯(也许是因为犯了诬控嫌疑),州县官在饬令拘捕时,应即撤销原来传票。之所以要如此做,是因为持着有效传票的书吏,可能会用它来向被告进行敲诈(黄六鸿,1694,11∶13a)。

诸如此类的实用性告诫,颇能说明地方政府的运作现实。这些告诫要求人们谨守成规,且其中含有如何改进这套成规、减少营私舞弊的种种具体建议。它们也显示出衙门胥役按惯例办事,即作为公务员的一面,这一面迥异于官方表达中把他们描述为无恶不作的奸徒的假象。

这里当然不可能对衙门的运转过程做详细的描绘。我只是意在说明,那些笔记把地方政府的堕坏归咎于衙门书差,其说法与理由,跟他们把讼案激增归咎于讼棍、讼师是一致的。就此而言,他们的说法与理由也和大清律例的道德性包装表达方法一致。但是,他们的说法与理由也同时包含诸多实用性的训诫,足以显示地方政府的实际运作状况。就此而言,他们的这些说法与理由和充满实用性例文的大清律例也是一致的。

"细事"与"民事"

如前所见,州县手册在证明当时理论上不存在民事与刑事之明确划分的同时,却又显示在实践上两者是分开的。有种种证据可以说明两者之间存在制度化了的分别。例如,在晚清的新竹县,"凡借贷、田土、婚姻等案,即[由门房]移送钱谷幕友;窃盗殴打赌博等,即移送刑名幕友审阅"(《新竹县志》,1957,4:307);与此相应的行政划分便是衙门内的户房与刑房。①

这种分开办理的做法,至少可追溯到18世纪。正如王又槐(乾隆中叶的刑名专家)在下文中所说:

> 刑钱交涉事件,每多分析不清,以致争竟。夫刑钱之分,须视其告者来意,为着何事。如意在争田房、索钱债、交易税契等类,内有一二语牵涉斗殴无伤、赌博无据,以及别项不法之事,并干连坟山争地者,皆归钱谷。若告斗殴、奸伪、坟山争继、婚姻及有关纲常名教一切重事,词内有钱债应追、田产不清等类,应归刑名。(王又槐,年代不详:29a)

这里,王又槐意在为已经实行的做法提供概念上的判别标准。

首先得判断案子所涉是否细事。在王又槐看来,即使控状提及斗殴赌博之类的重罪,但如果没有伤痕或证据,而整个情节重在财物或债务,那么该案便应归户房处理。这里他已隐约建议,民间细故不必由管刑罚的刑房来处理。

问题在于,在大清律例中,细事与重案之间并没有这样的质性区别;两者皆应受罚,差别只在受罚程度不同而已。基于此,欠债不还,或侵占他人田宅,即应根据涉讼数额之多寡,施以数量不等

---

① 白德瑞(Reed,1993)的研究显示,在晚清的巴县,则有这样的三重划分:婚姻和家庭纠纷案件归礼房,债务和财产案件归户房,刑案归刑房。

之笞杖。王氏因此无法拿出一个明确的说法,便以应否用刑为标准,把细事与重案区别开来。这样的想法会跟大清律例的概念基础直接抵触。

王又槐所建议的另一个判别标准是看案子是否牵涉纲常名教。如果不是,则应交钱谷幕友及户房处理;如果是,则应归刑名幕友及刑房处理。这里的困难在于,如何对待婚姻和继承案。根据大清律例,细事包括"户婚、田土细事"案。如果以此来分别,则婚姻及继承案皆应归户房掌管。但按照王又槐的说法,它们都涉及纲常名教,应归刑房掌管。王氏未能解决此一难题:他认为继承案两房皆可处理,并未试图指明谁归谁管。

这一问题要到民国时期方告解决,办法是使用引进的概念和词汇,去掉细事、重案之别,代之以民、刑事之分。前者即"民间的事情",不直接牵涉国家,因此一般亦在理论上和事实上免用刑罚;后者直接牵涉国家,要由其治安机关用刑。这一区分终于把民事关系从传统的概念架构中分离出来;在旧架构中,它们同是对社会秩序及道德秩序的触犯,细事与民事的区别,仅在刑罚程度上不同。

王又槐的建议与 19 世纪早期的王有孚(在第六章已有讨论)的意见是类同的。王有孚试图把清代官方法律话语中的良性"讼师"与恶性"讼棍"加以区别,他的说法实已接近于提出近代的民间"律师"概念。但由于受清代法律话语结构的限制,王有孚难以设想服务于私人客户之合法利益的合法律师。因为这将违背清代法律之官方表达中的一个根本前提,即兴讼乃意味着家庭、社会道德秩序的衰败。说到底,王有孚的良性讼师之说,仍只不过是大清律例上所指的那种例外的"讼师",即在现有体制内助人伸冤的人。王有孚不可能提出法律的自主性和私人法律服务的正当性问题,进而对清代整个法律制度的概念基础提出质疑。

上引王又槐的一段文字之所以重要,主要是因为它证实了实践中存在的细事与重情案件的制度性区别,此一区别为后来民国时期的民刑事之分奠定了实践基础(虽然并没有其理论基础)。如果我们跨越清代和民国的时期划分来考察问题,就会看到其间的矛盾趋势:一方面是表达结构的显著改变,另一方面是法律实践的基本延续。不过那将是我的下一本书(有关民国时期民事纠纷的调解与审判)的主要内容了。这本书的主要内容,乃是清代法律制度中所存在的表达与实践的矛盾背离:一方面是表达上缺少民法的概念,另一方面是实践中日常处理民事纠纷;一方面是缺少独立于国家家长制权力的产权或契约权,另一方面是惯例性地保护这些"权利"。可以说,清代法律制度所体现的乃是民法与权利的实践现实但没有其相应的表达现实。

综上所述,如果我们带着辨别表达与实践的眼光去阅读州县笔记,就会看到它们证实了本书的中心论题。尽管照人们所信奉的道德理想,不应存在细事官司,笔记中的实用规诫却告诉人们应如何处理这些官司;尽管理想上县官并不做出裁决,实用诫谕却不厌其烦地告诉人们应如何研读律例并据之裁断;尽管清代法律制度就表达形式而言,只是一套刑事法律,实用诫谕却认定细事争端的处理鲜用刑罚;尽管民事纠纷处理在表达上系受道德规范而非法律条文主宰,实际规诫却明确区分基于和解的民间调解和与基于法律的官方审判;尽管讼案裁决在理论上同时受道德原则、人情和法律的约束,实际规诫却毫不含糊地指出法律的主宰地位;尽管人情之"情"是以道德化的包装表达出来的,实际规诫却提出一个更接近"情实"的实用性解释;尽管法律并未做出民事、刑事之分,实际诫谕却把这两者如此区分;最后,尽管理论上并无产权的概念,实际训诫却要求一以贯之地做出维护产权的裁决。

此外,对于清代民事纠纷处理的中介空间或第三领域中,民间调解与官方审判两者之交相作用,这些笔记皆视为当然的事情。笔记作者均主张对词状做出适当的初步批示,以促成民间调解,并视其调解为优先于正式审判的解决纠纷的办法。不过,如果调解失败而纠纷坚持到堂讯阶段,州县官的任务便是依据法律和实情做出是非分明的判决。

最后,这些笔记还印证了上一章所指出的大清律例的话语结构,道德化的理想与其反面理想二元并存。地方政府要么被刻画成由贤者施行仁治的表率,要么被描绘成不法书差营私舞弊的渊薮;一如社会被视为要么是正人君子,不屑于争讼,要么是讼师、讼棍,动辄兴讼渔利。在此二元结构中,人们不可能承认存在那种既非道德高尚亦非贪婪成性的规规矩矩的职能人员,一如不会承认存在那种既非专心修身养德、超然于讼争之外,亦非道德败坏、孜孜于讼争的本分百姓。但是,这些笔记还是为我们展示了一个截然不同于这种二元结构的运作现实。尽管它们把衙门吏役描绘成丑恶的不法之徒,只受品格端正的牧令、幕客的约束,但其中的实用训诫却证实他们是按惯例办事的职能人员。

由这些笔记可见,州县官们的活动受到道德文化和实用文化的双重影响。这两种文化的矛盾结合,我称之为"实用道德主义"。

我们可以这样来表述,清代法律说的是一回事,做的是一回事,但是,两者合起来又是另一回事。

这些笔记进一步显示,清代法律制度是一个矛盾多端而又多层次的制度,其中包含了一个基于法律的正式制度,一个基于妥协的调解制度,还有一个介于这两者之间的第三空间。总之,清代州县笔记进一步证实了前面各章所提出的主要论点。

第九章　马克斯·韦伯和清代法律及政治制度

那么,我们应该如何来理解清代法律制度的性质？如何用现代西方的学术话语来刻画它的特征呢？本章以当今仍具影响力的马克斯·韦伯的观点为出发点,来对清代法律做一理论上的探讨,并将帝制后期的中国与西方做一比较考察。

法律制度

韦伯把不同的法律制度归类为几个主要类型,借此来做比较分析。他以形式主义相对实体主义、理性与非理性两对二元建构来区别四种理想类型(形式非理性、实体非理性、形式理性和实体理性)。其中的两个关键类型,他认为是西方现代化朝向的主要类型——形式理性,以及与其对立的非西方的实体非理性。

前者是从抽象的司法定理逻辑地演绎出来的。在这样一个制度中,法律具有自律性,独立于统治者的意志和外在环境的反复无常。它的主要载体是专业的法律人士。它也导致形式化的程序主义,在其中,"事实真相"被定义为在法庭程序范围内建立起来的真实,这一操作性的法律真实是法庭所承认的唯一真实。对韦伯来说这些代表了近代西方法律的本质特征。

与这种形式理性主义法律截然对立的,是韦伯所说的非理性的实体性和工具性法律,那种法律不是从恒定抽象的法律定理中逻辑地推导出来,而是统治者意志的产物。那样的法律充其量是"包青天式"(Solomonic)的,否则就是专横的。除了其他的说法外,他将其称之为"卡迪法"(如韦伯,1968,3:976—978;2:644—646,812—814,844—848)。这样,在有意无意中形成了一种西方与非西方的二元对立论点。

从前面几章的讨论中,我们可以清楚地看到韦伯的这两个抽象类型都不适用于清代法律制度。诚然,清代法律制度不是韦伯意义上的形式主义和理性化的,但它显然也不是"卡迪法"。我希望我已经证明,它不是专横武断、反复无常和非理性的。

韦伯本人实际上超越了这个简单的中、西方二元对立。他另外考虑到自己四大理想类型中的"实体理性"类型(韦伯,1968,2:656—658;参见 868—870)。虽然韦伯对此概念未做充分发挥,但他对其内涵还是做过一些提示。虽然他主要把西方现代法律等同于形式理性主义,将实体法等同于非西方、非理性的"卡迪法",但他同时也指出:与欧洲大陆法依靠专业的法官不同,英美的习惯法依靠常人组成的陪审团,因此带有强烈的实体主义性质。这暗示了韦伯认为英美习惯法兼有形式主义理性和实体主义理性两方面的特征。

第九章 马克斯·韦伯和清代法律及政治制度

似乎是为了修正中西对立的线性目的论,韦伯主张现代社会主义国家可能发展了另一种"实体自然法",该法强调工人对其劳动产品的权利,而与强调个人财产这种资产阶级权利的资产阶级国家的"形式自然法"形成对照(韦伯,1968,2:868—871)。这样他几乎对自己两极化的历史论述重新做了的概念建构,而主张可能存在多种理性和法律,可能存在多种不同的现代化发展方向。

我认为,如果我们承认理性是多元的,并把"实体理性"解释为一个包含矛盾的概念,那么"实体理性"对理解中国法律制度是一个有用的概念。首先,"实体"一词可以用来刻画统治者的意志在法律制度中所起的作用,这种作用表现为官方表达坚持皇帝是一切法律的唯一合法来源。正如雍正皇帝在1725年清律的序言中所宣称的:他在刊布此律之前,对其"一字一句"都"亲加审览"。同样地,乾隆在1740年颁行的"清律序言"中也说:他本着"撰诸天理,准诸人情"的原则,亲自仔细审阅了该件(转引自郑秦,1933:41,56)。与这样的"实体主义"不同,"形式主义"则拒绝这种外部介入,趋向自律的体系。

但是,这并不意味着中国的司法是反复无常和专横的。清代法律并没有主张统治者可以像韦伯所说的"卡迪法"那样为所欲为;相反,它的意图是通过法律条文来体现统治者意志中普遍永恒的道德原则,用以作为司法实践的指导。经过历代皇帝的积累,这种条文本身就成为对任何帝王个人专断独行的强有力的制衡。对《大清律例》律文的唯一一次修改是在1725年,当时把定律从四百五十九条减少到四百三十六条;此后再无变更(郑秦,1993:41)。皇帝个人不得将针对某一案件的"特旨"或对某一行政问题的处分载入定律，律文必须具有普适性和恒久性(同上，第62页)。显然，理论上的绝对皇权并不意味着实践中的没有制衡的专断权力。

由此，"实体"这个概念可以用来刻画清代法律制度的第二个重要特征，即法律应受道德原则指导的观念，皇帝的意志应该体现这样的原则。这就是为什么乾隆皇帝自称他刊布律例是"本于至公，而归于至当"(转引自郑秦，1993：56)。如我们所看到的，国法要同情理(天理和人情)相配合。延伸到今天，也可以理解为共产党倡导的社会主义理念。

此外，"实体"还可以刻画清代司法程序对事实真相的强调，而不是满足于用形式主义的程序在法庭中建立起来的真实的近似。理论上，清代法律不承认存在统治者/法官所不能认识的更高的真实，因此从来没有形成这样的认识，即满足于获得作为它的近似物或替代物的法庭真实。因此，也没有发展出一套像近代西方形式主义法律中的程序主义规则那样精致的关于证据的规则。例如，面部表情可以被县官用来作为他判案的根据，但其可取之处是不会为程序而牺牲实质。

这样的制度，不能简单地看作违反了韦伯的"理性"一词所包含的连带意义。确实，韦伯赋予了他的概念"形式理性"以特别专门的意义：它被用来刻画这样一个制度，其"任何裁决都出于抽象的法律定理对具体的'事实情境'的'应用'"(韦伯，1968，2：867)。然而，韦伯同时也赋予了形式理性更多的一般特征，如恒常性和可预期性，用以与专断和反复无常的"卡迪法"做对比。如郑秦所清楚指出的，清代法律无疑是寻求普遍恒常意义的合理化的法律，定律力图做到不可更改，"万世不易"。国家主要通过增加例文来适

第九章 马克斯·韦伯和清代法律及政治制度

应社会的变化,因此清律中的例从清初顺治年间(1644—1661)的四百四十九条增加到了同治年间(1862—1874)的一千八百九十二条(郑秦,1993:71)。

清代法律也力图做到实践的和工具理性意义上的合理化。如我们所看到的,清代法律不仅仅由道德和意识形态的高层次所组成(它们主要体现在固定不变的律文中),它也力图为解决实际问题和纠纷提供实用的和恒常的指导。前面的几章已经讨论了大量清律中这种实用的民事条例,也就是本书之所谓实用道德主义。

因此,我们应该把韦伯的"形式理性"的核心意义与其连带意义区别开来。清代法律在恒常性和可预期性的意义上显然是理性的,但不是在形式主义的意义上,它在实用的意义上也是理性的。我们或许还可以顺着韦伯的提示说社会主义中国的法律也应看作理性的,因为它实体性地强调工人对其劳动成果的权利,而与形式主义和资产阶级强调个人财产的绝对权利相对立。

如果我们简单把"理性"含义限定于形式理性主义逻辑的法律,那么便谈不上实体的理性。统治者的绝对权力的理论不会承认强调抽象定理和逻辑推论至上的理论,从它之中也发展不出法律是自律的和独立于统治者意志的理论。同样,它也不会发展出支配现代西方法律的形式理性主义的程序主义。这种程序主义认为只有在法庭里建立起来的真实,而不是统治者所断定的实在的真实,才是唯一可以接受的判决根据。

"实体理性"概念之所以有助于理解中国法律传统,是因为它可以用来抓住中国法制传统中的实体和理性的两个方面,既矛盾又统一,同时又能刻画韦伯要我们注意的"卡迪法"与"形式理性"

之间的张力。和韦伯一样,我们在考虑一个活生生的法律制度时,没有必要局限在"卡迪法"和理性法这样过分简化的两极对立中;我们可以保留他抽象类型中的理论洞见,而不曲解明清时期中国法律的现实。

同时,我们也可以借助韦伯的思路来进一步剖析他所建构的西方"形式理性主义"。它其实是个"形式主义"和"理性主义"结合下的特殊产物。形式主义的核心含义在于它的排他性和自我整合性。这点不仅可见于韦伯指出的原始巫术和天启的(形式非理性)实例,也可见于之后西方天主教会的法制。而如此的形式主义传统与现代"理性主义"之结合,则导致了一种自我封闭的、要求严格遵循演绎逻辑的思维,一种绝对的、排他的,自视为普适真理的思维。这样的"形式理性主义"法律的优点是西方长期以来的法律专业化和司法独立化。但同时,它也促使法律脱离社会和实际,并显示出强烈的西方中心观点。我们不应把它视为人类唯一的可能选择。

此外,我们也可以推论,实体主义和理性主义的矛盾性结合会产生这样一个结果,即一种比现代西方法律深入社会的程度要低得多的法律。① 韦伯本人并没有明确地把实体主义法律与他的政治抽象类型"世袭君主制"(patrimonialism)联系起来(在这一制度中统治者享有由世袭和领土个人所有所带来的绝对权力),我们如果把两者结合起来观察,就可以借用韦伯世袭统治概念中的一些

---

① 这里我受益于迈克尔·曼(Michael Mann,1984,1986)对国家的"专制权力"和"社会基础权力"的区分,不过我是在比曼的社会基础权力更有限的意义上用"深入社会程度"这一概念。我用的这个概念单指国家深入社会的程度。

第九章 马克斯·韦伯和清代法律及政治制度

分析来理解实体法制。韦伯认为,对于世袭君主统治的最大威胁来自两个方面:其一是世袭权威瓦解为分裂的地方势力或封建制度;其二是官僚主义的常规化,如在现代政府中的情形。要应付前者,世袭统治者通常严格控制国家机器的多层化,而力图通过直接的个人依附来进行控制。要应付后者,典型的做法是限制官僚制度常规化的充分发展,以防止对统治者权力的直接挑战(韦伯,1968,3:1047—1051)。

可以设想,"实体理性"法律具有相同的要求。为了保证行政权力不受限制,法律规定就要故意制定得笼统简单,以免它们的过分具体而限制了统治者的权力。同时,依靠类推做判决并抵制现代民法中那种法律的充分精致化。此外,要维持世袭君主对国家机器的直接的个人控制,官僚系统就要尽量避免权力的多层化,使它不可能深入社会基层。反之,便会危及统治者通过其官员对他个人的依附来进行的控制。因此,要依靠民间的调解系统,尽可能地让社会自己去处理"细事"。形式主义的法制,如韦伯所说,具有强烈的精致化和向社会基础渗透的冲动,并导致专门化和职业化。而实体理性的法律,我们或许可以说,则具有限制深入社会基础的内在逻辑。其结果是像在清代的情况那样,它导致了官方裁判和民间调解的矛盾性结合。

我们不应把官方法制和民间调解看作一种简单的支配和从属的关系。根据它自己的统治思想,清代的官方系统应该让民间去优先处理"细事"纠纷。政府应保持距离和界限,而不是横加干预。只要有可能,琐细的民事纠纷就让社会本身的民间调解系统而不是由官方的司法制度去处理,对家庭和宗亲的纠纷尤其如此。这样的意识形态架构,使得官方审判和民间调解系统间的关系比国家支配社会的理论所设想的要更平等一些。如我在第四章里所讨论的,其中还包含了一个谈判性的"第三领域"层面。

不过,我们不能因此认为民间调解是自律的和独立于官方制度的。尽管清代的民间调解给诉讼当事人提供了相当的选择空间,但这不是因为民间社会迫使国家做出了让步,而是国家不愿意让自己的司法制度去负担民间的琐细事务。毫无疑问,国家司法机关及其官员如果有意干预民间纠纷处理的话,是可以随时这样做的。因此,对民间调解在很大程度上的自行其是,不应将其误解为自由民主制度下的一种政治权利。①

实体主义和理性主义及官方审判和民间调解在清代民法中的矛盾结合,可以看作对韦伯富于启发性但未得到充分发挥的概念——"实体理性"的一个推展。我相信,这一个命题比韦伯所突出的两个简单对立的抽象类型中的任何一个都更能抓住中国法制的特征。它把我们从以近代西方的理性法为一方,而以非西方世界的"卡迪法"为另一方这样一个简单的两极对立的欧洲中心论和目的论的观念中解放出来。它可能打破在一个非此即彼、两极对立的命题中争辩的陷阱,也打破把近现代西方作为标准来衡量一切现代化和发展的做法。而且它仍然允许我们对中国和西方做有意义的比较。

---

① 关于这些问题的进一步讨论,以及关于哈贝马斯"市民社会"概念在清史研究中的应用,请参见黄宗智,1993a。

第九章 马克斯·韦伯和清代法律及政治制度

政治制度

毫无疑问,清代的司法制度的性质可以在很大程度上帮助我们了解其整个政治制度的性质。一如赋税缴纳,法律诉讼使普通百姓与国家机器发生了直接的接触;但是,与赋税缴纳不同,法律诉讼不仅是实践层面上的接触,同时也是表达层面上的接触。它们同时涉及制度结构和诉讼当事人以及法官的个人选择。通过案件记录所看到的法律制度的运作,事实上是观察政治制度的最能说明问题的三棱镜。

同样地,这里韦伯关于政治制度的抽象类型(是与其关于法律制度的抽象类型密切相关的)是我们讨论的一个有用的出发点。在他的两极化类型中的一端是世袭君主制和封建制,其另一端则是近代的理性的官僚制度。①

在世袭君主制的国家,政府是按照家长和家仆的关系组织起来的,官员们都是个别地依附并效忠于皇帝。他们的官职就像个人财产一样是皇帝赐予的,官职和个人之间没有区分。这样的统治不会导致代表近代"理性的"官僚制度特征的形式化、专门化和职业化。

对世袭国家的最大威胁来自地方分权化和封建化。围绕统治者所形成的个人依附关系很容易破裂和分解。因此,如前所述,世袭君主制的国家总是力图维持较简单、较少层次的政权组织,以避

---

① 接下来的讨论是根据韦伯,1968:1006—1097。

免个人依附的层次太多。政府机构倾向于因陋就简,这又和现代官僚国家形成对照。与此不同,封建制是一种分裂的世袭君主制。封建国家对社会的深入程度要比中央集权的君主制大得多,其原因正在于它的权力更分散。封建领主与农民的接触要比世袭皇帝大得多,因为他更接近于农民,他同农民之间没有被层层个人依附关系分开。

与世袭君主制和封建制相对立的是现代官僚制度。它是形式化的而不是个人化的,是专门化和职业化的而不是一般化的。它建立在官职和官员分离的基础上,而不是两者的纠缠不清。官僚是领薪的,而不是像在世袭君主制下依靠世袭的有俸职位。在官僚管理之下,一切都按部就班,可以预期和一以贯之,而不是专断的和以君主意志为转移的。这就是韦伯所说的合理化。

当讨论到中国政治体制的经验事实时,一如他对中国法制的思考,韦伯没有局限在他自己的简化的抽象类型里面。他没有把中国套进一个单一的类型,而是用"世袭君主官僚制"的概念提出了一个初步的既矛盾又统一的命题(韦伯,1968з:1047—1051)。他注意到世袭君主制度寿命有限,它始终受到分裂的威胁。能够确保它生存的是官僚制度,即发展独立于对统治者个人效忠、具有合法性的标准化统治。虽然韦伯没有进一步发挥他的想法,但对我来说,与"实体理性"的概念一样,他提出了一个超越中西二元对立的简单类型的思路。

如同其法律制度,我认为中国的国家是世袭君主制和官僚制矛盾结合的一种国家制度。没有一个皇帝能够指望在没有常规化的官僚制的情况下能保证世袭君主制的长期存续,但他们都害怕他们的权力会受到来自官僚制的威胁。中国历朝帝王因此选择两者的结合,世袭君主权力是这个矛盾体制的一面——皇帝在理论上仍旧是所有法律和行政任命的最终权力来源。① 这样,君主就有权力把官僚化制约在它形成现代官僚制的那种形式化和半自律的权力之前。然而同时,中国的帝国体制具有一个历史悠久的韦伯式的官僚制。清律将其大量的注意力放在行政法律法规上并不是偶然的。同样地,中国远在近代官僚制度在西方确立以前就已成为第一个采用文官考试制度的国家也不是偶然的。

既不是简单的世袭君主制,也不是官僚制,而是两者的矛盾结合决定了帝制后期中国的国家特征。② 诚然,儒家关于圣贤仁政的政治理想可以看作世袭君主制的统治思想,它造成了政治制度和家庭制度之间以及君主和家长之间的明显类似,统治的合法性和正常性是建立在道德优越的基础上的。另外,法家的"法治"则可以看作官僚制的意识形态,它所强调的是常规化的行政管理和规章制度。帝制国家当然既非简单的儒家亦非简单的法家,既不单纯地依靠人治也不单纯地依靠法治。中国帝制国家的坚韧和长寿是同时结合了这两者的结果。

清代地方政府的一些显著而复杂的特征可以看作世袭君主官

---

① 即使有上面提到过的对皇帝个人把"特旨"作为法律条文的限制,他还是保留了发布特旨的权力,这些特旨可以绕开法律甚至与现行法律相抵触(郑秦,1993:62)。
② 虽然孔飞力(Philip Kuhn)强调他同韦伯的不同(而认同于汉斯·罗森伯[Hans Rosenberg]对前拿破仑时期普鲁士国家的"绝对君主制"和后拿破仑时期普鲁士国家的"绝对官僚制"的区别),但他的"官僚君主制"与韦伯的"世袭君主官僚制"在本质上很相似。然而,他并没有明确地提出我在这里提出的矛盾命题。他强调的重点是君主和官僚之间的对立:乾隆皇帝如何利用1768年的盗魂恐惧来振作他的官僚机器(特别参见第九章)。我强调的重点则是它们之间制度性的相互依赖。

僚制的产物。世袭君主制的统治思想直接导致了地方官是"父母官"的观念,他的权力应该是全面的,一如在中央的皇帝。这种家长式的统治的"正当性"得自地方官的道德优越性,这是儒家仁治和仁政意识形态的基石。此外,世袭君主制要求限制国家机器对社会的深入程度,因而导致了要求地方政府保持尽量少的办公人员;如果衙门胥吏是必需的话,其人数应该少而又少并且没有正式薪俸。

另外,官僚政府意味着县官只是这个强调照章办事、循规蹈矩的行政机构中的低级僚属。在这个精致复杂的官僚体系中,他只是一个办事人员,始终受到一个严格仔细的审查制度的密切监视,除了照章办事以外很少能有自己的选择。不仅如此,他的公务负担迫使他的衙门发展成一个复杂精密的行政机器,以应付地方政府繁杂的日常公务。他所管理的地方政府是一个需要有一批官僚执行公务的政权组织。

人们也许会联想到,县官们是否意识到他们职位的这种性质。理论上县官拥有绝对的权力,但在实践中他处处受到官僚规章和程序的制衡,他的仁治必须辅之以官僚的法治,他个人以身作则的仁治要由衙门胥吏所组成的官僚机器来施行甚或是制衡,甚至表达和实践的背离也是这个职位的结构上的一部分;道德表达需辅之以对现实的适应。整个制度是建立在两个矛盾方面的相互依赖之上的。

这也是一个建立在一些不可避免的张力之上的制度,这种张力特别表现在县官与其幕僚的有限任期同衙门胥吏的长期把持这对矛盾上。县官的政绩考核要求讼案越少越好,胥吏们的收入却

第九章 马克斯·韦伯和清代法律及政治制度

要求讼案越多越好。官方的话语系统只能使这个关系更加紧张。它把正直的县官同邪恶的胥吏相对立,一如它把不屑争讼的正人君子与滥用司法制度的邪恶讼师、讼棍相对立。结果造成一系列脱离了其矛盾结构就难以理解的现象:其中县官习惯性地诋毁胥吏为贪婪的"衙蠹",但又依靠他们来运作日常的官僚机构。尽管地方政府实际上是一个官僚机构,但县官们总是把自己描绘成一个道德君子,不得不时时同那些他们在日常运作中必须依靠的胥吏的道德堕落做斗争。尽管县官们的实际行为像一个官僚,但他们要用道德话语来表示对世袭君主制的仁政统治思想的认同。

地方法制的性质与地方政府的性质密切相关。世袭君主制的仁政统治思想,以及把县官等同于家长的意识否认民事诉讼的合法性,正如孩子们告父母于法庭是不可思议的事一样。然而,官僚行政机构的实际要求则迫使知县们不断地卷入所谓"细事"的纠纷。尽管声称自己讨厌琐细诉讼,但他们不得不惯常地花费大量的时间去处理它们。这一矛盾现象也可以很好地用世袭君主制和官僚制之间的互相依靠和互相冲突来解释。

对于县官们在他们处理民事案件时的所说和所做也应作如是观察。根据世袭君主制的仁政统治思想,父母依靠成文法典来处理他们子女间的争吵是荒唐的。县官的权力和皇帝及父系家长的权力一样,应该是绝对的,只受他个人道德取向的制约。在裁判民事纠纷时他是不会也不用援引律例的。另外,作为一个复杂而常规的官僚体制内的一个底层官员,县官必须按照规定的规章制度办事。可以想象,任何这样的官僚办事人员在他办案时都会遵照成文的法律规章。

最后,官方审判和民间调解也一样是矛盾地并存。世袭君主统治决定了官僚机器应尽量简单,避免多层化,以免颠覆建立在个人依附基础上的控制,因此官方不得不依靠民间调解制度。另外,官僚制则要求制度的成文化和规范化,因此导致官方司法制度的建立。民间调解和官方审判的合作与紧张,是世袭君主制和官僚制之间合作与紧张的一个直接的表现。

换言之,清代法律制度的实体理性是同它的世袭君主官僚制的政治制度内在相关的。法律制度的运作不仅很好地记录和显示了政治制度的性质,它们或许也可以看作这一政治制度的产物。我们甚至可以说,法律制度中的实体理性在世袭君主官僚制的政治制度中得到了解释。

"支配"和"权力"

研读过韦伯著作的读者会注意到,我对"实体理性"和"世袭君主官僚制"的讨论虽然受到韦伯的启发,却与他的重点不同。韦伯最关心的问题是支配关系及方式(relations and modes of domination)。世袭君主制和封建制是韦伯抽象类型中传统支配的主要形态,而理性官僚制的统治则是现代支配的显著特征。现代公民的法律权利在他的研究兴趣中只是次要的和隐晦的。事实上,他甚至主要是从现代官僚统治下的"法律支配"的角度来考察形式理性主义的法律。若要与他的这种关心相一致,中国帝制时期的法律制度就必须首先和主要从支配工具的角度来考察。

这一方面正是我们这个领域过去的主要分析角度和学术贡献

所在。特别是瞿同祖（1962）与卜德和莫里斯（Bodde 和 Morris，1967），他们很明确地指出帝制中国的法律是如何通过把君主和臣民、上司和下属的关系同父子和夫妻关系相类比，而把父系大家庭的等级关系扩展到政治体制和社会整体中去的。他们还揭示了法律是如何强化社会中的支配关系，并把这些支配原则运用到国家对社会的政治支配中去。这些研究在我们这个领域里是众所周知的，它们是本书研究的出发点。

沿着同样的思路我提出了应该把清代法律看作是一个多重结构的文本，其最显著的和表层的结构是由法家和儒家的关于政治和社会支配的统治思想所构成的。我进一步揭示了民间调解制度在这方面的性质：它虽然可以有效地调解地位相当的双方的民事纠纷，但对双方权力地位悬殊的民事纠纷则无能为力。例如，媳妇若无娘家的支持以拉平她与其夫家在权力/地位上的差距，她就不可能诉诸民间或官方的调判系统来改善她在夫家的待遇。富强者和贫弱者之间的紧张大都被抑制在支配/屈从的关系之中；难以爆发为公开的冲突，更不用说成为法律诉讼了。弱者反抗强权的案件几乎不可能在官方的法庭上出现。这些可以看作对韦伯支配主题的说明。

但是，本书所研究的案件把我的主要注意力引到了被人们忽视的基于法律的"权利"和"授权"，而不是支配关系，即平民百姓维护合法要求的权力而不是统治者和权势精英支配他们的权力。我越是深入地研究它们，就越清楚地认识到地方法庭是常规地和一贯地在处理民事纠纷，而县官们事实上是按照法律在审判案件。尽管在官方统治思想中，皇帝和行政官员拥有绝对权力，因此使人们把整个制度看成是专横武断的体制,但在实践中清代法律制度常规地在保护普通百姓的财产、契约、继承和养赡的合法权益。我希望即使是最多疑的读者现在也能够承认,大量的甚至淳朴的农民都在利用法庭来维护他们的合法利益;对他们来说,即使不在理论上但至少在实践中这样的权力就是他们的"权利"。

这些"民事权利"当然不包括政治权利。一个把民间"细事"看得与国家不甚相干的民法理论,是不会觉得有必要来考虑国家与社会的权力关系的。在这个方面,今天的情况没有什么两样。"民法"在今天中国的概念中仍然只是用来处理同等公民间的横向关系,而不理会他们与国家间的垂直关系。

清代的这些民事权利也不包括贫弱者对抗权势精英的社会权利。不像近代西方的民事传统,它宣称法律面前人人平等,清代法律坚持和强化社会等级秩序。因此,官方法律和民间调解都无助于人们反抗权势。直到20世纪法律改革以前,社会正义并不是一种明确的关切。

因此,作为对清代民事调判制度的一个简洁刻画,必须根据这些方面以及本章前面所总结的将"实体理性"理解为一个(从源于西方经验的理论角度来看的)悖论概念。它揭示了清代中国有财产、契约和继承方面的民事"权利",但没有政治和社会方面的民事权利。这些"权利"为世袭君主的权威所容许,而不是民间社会从专制统治那里争取来的。尽管如此,它们授予了普通百姓在日常生活的一些重要领域中相当的权力。

最后,我虽然受益于韦伯,但也同时与他的初始观点分离。他最关心的垂直支配关系不适用于解释以民间横向关系为核心的民

第九章 马克斯·韦伯和清代法律及政治制度

法课题,他的理性法与"卡迪法"的对立理论架构的任何一端都解释不了清代中国的实际。但是,我们不能因此转向清代本身的意识构造,或客观主义地把清代民事法律只等同于它的实际应用。相反,我们需要集中注意表达和实践的既背离又抱合。在这里,韦伯的试探性的矛盾命题是有用的。清代的法律和政治制度可以看作"世袭君主-实体的"表达和"官僚-理性的"实践的一个结合,道德主义和实用主义纠结在清律、县官和地方政府的实践中,权利在理论上被否定但在实践中得到保护。20世纪的法律改革者们将同时面对这份遗产的局限和成绩。

附录 A

淡新数据是根据戴炎辉划归"民事"的所有"民事"案件,宝坻根据1988年春季所有可以复制的、编目为"土地""债务""婚姻"和"继承"的案件,巴县根据1990年夏季四川省档案馆工作人员提供给我的所有案件(顺义则根据县档案馆所藏的所有民事案件)。

表 A.1 研究的案件(按县份和年代)

年代	巴县	宝坻	淡新	总计
1760—1769	20			20
1770—1779	82			82
1780—1789	40			40
1790—1799	38			38
1800—1809	0			0
1810—1819	3	2		5

续表

年代	巴县	宝坻	淡新	总计
1820—1829	60	7		67
1830—1839	6	18	1	25
1840—1849	3	10	1	14
1850—1859	56	11	10	77
1860—1869		25	8	33
1870—1879		12	62	74
1880—1889		14	102	116
1890—1899		8	18	26
1900—1909		11		11
总计	308	118	202	628

表 A.2 巴县、宝坻和淡新案件(按年代和类别)

年代	土地	债务	婚姻	继承	总计
巴县,18 世纪 60 年代—19 世纪 50 年代					
1760—1769	7	13	0	0	20
1770—1779	38	37	7	0	82
1780—1789	0	0	40	0	40
1790—1799	19	0	18	1	38
1800—1809	0	0	0	0	0
1810—1819	0	0	0	3	3
1820—1829	19	26	15	0	60

续表

年代	土地	债务	婚姻	继承	总计
1830—1839	0	0	2	4	6
1840—1849	0	0	0	3	3
1850—1859	17	20	17	2	56
总计	100	96	99	13	308
宝坻,19世纪10年代—20世纪初					
1810—1819	0	1	1	0	2
1820—1829	0	3	4	0	7
1830—1839	6	7	4	1	18
1840—1849	1	5	3	1	10
1850—1859	1	4	3	3	11
1860—1869	6	8	7	4	25
1870—1879	3	6	2	1	12
1880—1889	5	5	4	0	14
1890—1899	0	5	2	1	8
1900—1909	1	7	2	1	11
总计	23	51	32	12	118
淡新,19世纪30年代—19世纪90年代					
1830—1839	1	0	0	0	1
1840—1849	0	0	0	1	1
1850—1859	9	1	0	0	10
1860—1869	6	1	0	1	8

续表

年代	土地	债务	婚姻	继承	总计
1870—1879	38	14	2	8	62
1880—1889	61	30	6	5	102
1890—1899	10	5	1	2	18
小计	125	51	9	17	202
遗失	6	1	0	0	7
其他①	3	2	0	0	5
总计	134	54	9	17	214

注:中国内地的档案工作者没有用现代的法律范畴来整理(巴县和宝坻的)清代档案,只是按其内容做简明的归类。虽然戴炎辉整理淡新档案用的是现代范畴,他的民事范畴与我的用法差不多,222件案子中的214件归入上面的四个主要类别,但我们的主要不同是对通奸和妇女拐卖案的分类。大陆的档案工作者(和我)将其归入婚姻范畴,而戴则将它们归入刑事案件。我对戴的民事范畴做了一些调整,以使其与巴县和宝坻的分类一致:10个土地典卖案件戴将其归入"债务"类下的"典当"项,我则将它们归入"土地"类;13件"土地房屋——争财"案件我归入"继承";1件"土地房屋——公业"我归入"继承";2件"土地房屋——抄押"我归入"债务";另外,"债务——买卖"和"债务——讨物"中各1件归入"土地"。

①残件。

表A.3 巴县、宝坻和淡新案件的结局(按类别)

结局	土地	债务	婚姻	继承	总计
巴县,18世纪60年代—19世纪50年代					
民间解决	22	13	17	1	53

续表

结局	土地	债务	婚姻	继承	总计
通过调解	22	13	17	1	53
通过原、被告自己	0	0	0	0	0
法庭拒绝受理	0	0	0	1	1
法庭裁决	32	28	33	5	98
不完整案件	46	55	45	6	152
其他	0	0	4	0	4
小计	100	96	99	13	308
宝坻, 19纪初—20世纪初					
民间解决	10	19	13	3	45
通过调解	10	15	8	3	36
通过原、被告自己	0	4	5	0	9
法庭拒绝受理	0	2	0	0	2
法庭裁决	8	17	15	5	45
不完整案件	5	13	4	4	26
小计	23	51	32	12	118
淡新, 19世纪30年代—19世纪90年代					
民间解决	14	12	1	1	28
通过调解	13	10	1	1	25
通过原、被告自己	1	2	0	0	3
法庭拒绝受理	4	2	1	0	7
法庭裁决[①]	55	12	0	11	78

续表

结局	土地	债务	婚姻	继承	总计
不完整案件	50	24	7	5	86
其他②	2	1	0	0	3
小计	125	51	9	18	202
总计	248	198	140	42	628

①其中包括法庭仲裁的案件。
②例如,法庭当作刑事案件(如斗殴和强奸)来处理的案子或法庭撤销的案子。

表 A.4 巴县、宝坻和淡新记录不完整的案件(按类别)

原因	土地	债务	婚姻	继承	总计
巴县					
记录损坏或遗失①	9	0	10	1	20
县官不亲自处理②	0	0	0	0	0
找不到原告或被告	7	10	5	0	22
存档止于传讯	30	45	30	4	109
其他③	0	0	0	1	1
小计	46	55	45	6	152
宝坻					
记录损坏或遗失①	0	1	0	0	1
县官不亲自处理②	1	2	0	3	6
找不到原告或被告	2	6	4	0	12
存档止于传讯	2	3	0	1	6

续表

原因	土地	债务	婚姻	继承	总计
其他③	0	1	0	0	1
小计	5	13	4	4	26
淡新					
记录损坏或遗失①	5	3	0	0	8
县官不亲自处理②	22	4	3	2	31
找不到原告或被告	0	3	1	0	4
存档止于传讯	21	12	3	3	39
其他③	2	2	0	0	4
小计	50	24	7	5	86
总计	101	92	56	15	264

①例如,存档有案件后期的记录而无前期的,或纸张损坏。
②如把案件交给乡保或衙役去代表县官处理。这样的案子很少会有进一步的记录。
③例如,案件因超过法庭规定之期限而终止。

表 A.5 巴县法庭案件(按案件类别和判决依据)

判决	土地	债务	婚姻	继承	总计
原告胜诉	13	19	14	1	47
依据法律	13	18	14	1	46
据法外理由	0	1	0	0	1
加上象征性妥协①	(3)	(2)	(0)	(0)	(5)
被告胜诉	10	4	6	2	22

续表

判决	土地	债务	婚姻	继承	总计
依据法律	9	4	6	2	21
诬告	5	4	6	0	15
其他	4	0	0	2	6
据法外理由	1	0	0	0	1
加上象征性妥协①	(1)	(0)	(1)	(0)	(2)
无人胜诉	5	2	6	1	14
依据法律	1	0	3	0	4
根据仲裁	4	2	3	1	10
无判决,待进一步调查②	4	0	1	0	5
其他③	0	3	6	1	10
总计	32	28	33	5	98

注:如果一件案子经过几次堂讯并有多次法庭裁判,则根据第一次的裁判。

①加上象征性妥协的案件已计入其他类别的数目中,不再重复计算,故加括弧以示区别。原告、被告胜诉中未排除为挽回面子而做的象征性妥协。

②只包括那些没有再进行堂讯的案件。

③例如,县官把案子当作刑事案件(强奸、略人)处理,或没有做出明确判决。

表A.6 宝坻法庭案件(按案件类别和判决依据)

判决	土地	债务	婚姻	继承	总计
原告胜诉	4	5	8	4	21
依据法律	4	4	8	4	20
据法外理由	0	1	0	0	1
加上象征性妥协①	(0)	(0)	(1)	(0)	(1)
被告胜诉	3	10	3	1	17
依据法律	3	10	3	1	17
诬告	1	6	1	0	8
其他	2	4	2	1	9
据法外理由	0	0	0	0	0
加上象征性妥协①	(0)	(0)	(0)	(0)	(0)
无人胜诉	0	2	4	0	6
依据法律	0	2	3	0	5
根据仲裁	0	0	1	0	1
无判决,待进一步调查②	1	0	0	0	1
总计	8	17	15	5	45

注:如果一件案子经过几次堂讯并有多次法庭裁判,则根据第一次的裁判。

①加上象征性妥协案件已计入其他类别的数目中,不再重复计算,故加括弧以示区别。原告、被告胜诉中未排除为挽回面子而做的象征性妥协。

②只包括那些没有再进行堂讯的案件。

表A.7 淡新法庭案件(按案件类别和判决依据)

判决	土地	债务	婚姻	继承	总计
原告胜诉	32	9	0	3	44
依据法律	30	9	0	3	42
据法外理由	0	0	0	0	0
加上象征性妥协①	(2)	(0)	(0)	(0)	(2)
被告胜诉	12	2	0	5	19
依据法律	12	2	0	5	19
诬告	6	2	0	5	13
其他	6	0	0	0	6
据法外理由	0	0	0	0	0
加上象征性妥协①	(1)	(0)	(0)	(0)	(1)
无人胜诉	10	1	0	3	14
依据法律	9	1	0	3	13
根据仲裁	(1)	(0)	(0)	(0)	(1)
无判决,待进一步调查②	0	0	0	0	0
其他③	1	0	0	0	1
总计	55	12	0	11	78

注:如果一件案子经过几次堂讯并有多次法庭裁判,则根据第一次的裁判。

①加上象征性妥协案件已计入其他类别的数目中,不再重复计算,故加括弧以示区别。原告、被告胜诉中未排除为挽回面子而做的象征性妥协。

②只包括那些没有再进行堂讯的案件。

③法庭命族人去解决纠纷。

附录 B

度量衡

1 市亩 = 0.165 英亩

1 甲 = 11.3 亩

10 斗 = 1 石

1 石 ≈ 160 斤 ≈ 176 磅(英制)

1 担 = 133.3 磅

1000 文 = 1 吊 = 1 串

1 元 = 800—2000 文

引用书刊目录

满铁调查资料(《中国农村惯行调查》)在引用时均简称《惯调》。

本书所引《大清律例》条文,均据薛允升1905年注释、黄静嘉1970年编校版本。头一组数字系指由黄静嘉所加的律文序号,后一组数字(若有)则指例文序号。本书所引民国时期民法条文,均据《中华民国民法典》(1930年英文版);中文版见《六法全书》(1932年版)。

巴县档案在引用时标有全宗号、目录号、案卷号、年、阴历月日(若有)(如巴县,6:1:1062,1789.2.23);宝坻档案则注明卷号及阴历日期(如宝坻,194,1839.2.23);淡新档案注有整理者所加的编号及阴历日期(如淡新,22615,1893.7.4);顺义档案注有目录号、卷号、年、阳历月日(如顺义,3:483,1931.5.21)。引用上述档案时所示日期,均为首份状词之日期。如果此日期不可考,则以首份标有日期的档案资料为依据。最后方括号内的中文字及数字,则系我自己所加,分别指案件类别("土"指土地,"债"指债务,"婚"指婚姻,"继"指继承)和编号。

中、日文(按作者姓氏的拼音字母顺序排列)

宝坻县词讼案件簿(1833—1835,1861—1881),见宝坻县档案,卷329。

宝坻县档案,北京:第一历史档案馆。(归顺天府;引用时注有卷号和阴历日期)

巴县档案,成都:四川省档案馆。(引用时注有全宗号、目录号卷号及阴历日期)

《巴县志选注》(1989),重庆:重庆出版社。

《辞海》(1979),三卷本,上海:上海辞书出版社。

戴炎辉(1979):《清代台湾之乡治》,台北:联经出版事业公司。

淡新档案,加利福尼亚大学洛杉矶校区(UCLA)东亚图书馆藏缩微胶片,戴炎辉编目。

《大学》,无出版日期,见《四书集注》(1964),台北:世界书局。

樊增祥(1910):《樊山政书》,无出版日期,三卷,台北:文海出版社。

方大湜(1878,序文日期):《平平言》。

夫马进(1993):《明清時代の訟師と訴訟制度》,见梅原郁编《中國近世の法制と社會》,京都:京都大学人文科学研究所。

刚毅(1889):《牧令须知》,无出版日期,台北:文海出版社。

《各级审判厅试办章程》(1907),见《新法令辑要》,上海:商务印书馆。

洪焕椿编(1988):《明清苏州农村经济资料》,江苏:江苏古籍出版社。

黄六鸿(1694,序文日期):《福惠全书》。

经君健(1981):《论清代社会的等级结构》,《经济研究所集刊》,3,北京:中国社会科学出版社。

臼井佐知子(1981):《清代賦税關係數值の一檢討》,《中國近代史研究》,第一号(七月):第43—114页。

蓝鼎元(1765):《鹿州公案》,台北:文海出版社重印,1971。

李文治、魏金玉、经君健(1983):《明清时代的农业资本主义萌芽问题》,北京:中国社会科学出版社。

梁章钜(1837):《退庵随笔》,台北:文海出版社重印,无日期。

《临海县志》(1989),杭州:浙江人民出版社。

《六法全书》(1932),上海:法学编译社。

《民事案件月报表》(1927),见顺义县档案,2:卷458。

《民事诉讼案件年报表》(1930),见顺义县档案,3:卷281。

穆翰(1845):《明刑管见录》。

《牧令书》(1848)。

《宁都县志》(1986)。

钱祥保(1920):《谤书》,台北:文海出版社重印,1976。

阮本炎(1887):《求牧刍言》,台北:文海出版社重印,1968

上海司法局(1991):《上海市人民调解工作手册》,上海:上海市新闻出版局。

顺义县档案,顺义县档案馆藏(引用时注有全宗号、卷号及阴历日期)。

《司法统计,1936年》,2:《民事》;3:《刑事》,见第二历史档案馆,(全宗)7:卷7078。

《松江县志》(1991),上海:上海人民出版社。

《随州志》(1988),北京:中国城市经济社会出版社。

万维翰(1770,序文日期):《幕学举要》。

汪辉祖(1800,序文日期):《学治说赘》,见《丛书集成》,上海:商务印书馆,1939。

汪辉祖(1796):《病榻梦痕录》,无出版地:广文书局重印,无日期。

汪辉祖(1794,序文日期):《学治续说》,见《丛书集成》,上海:商务印书馆,1939。

汪辉祖(1793,序文日期):《学治臆说》,见《丛书集成》,上海:商务印书馆,1939。

汪辉祖(1786a,序文日期):《佐治药言》,见《丛书集成》,上海:商务印书馆,1937。

汪辉祖(1786b,序文日期):《续佐治药言》,见《丛书集成》,上海:商务印书馆,1937。

汪辉祖(无日期):《牧令书》辑录(见该书)。

王有孚(无日期):《牧令书》辑录(见该书)。

王又槐(无日期):《办案要略》,见张廷骧编《入幕须知五种》,无出版地:浙江书局,1892。

吴光耀(1903,序文日期):《秀山公牍》。

《新法令辑要》(1911[1910]),上海:商务印书馆。

薛允升(1905):《读例存疑》,黄静嘉编校,五卷,台北:中文研究资料中心,1970。

张晋藩编(1994):《清朝法制史》,北京:法律出版社。

郑秦(1993):《清代法律:律和例的形成及运行》,1993年8月8—10日,加利福尼亚大学洛杉矶分校"中国法律中的成文律法与实践讨论会"提交论文。稍经删节发表于《近代中国》(*Modern China*),21.3(1995年7月),310—345。

郑秦(1988):《清代司法审判制度研究》,长沙:湖南教育出版社。

《中国法律年鉴,1990年》,北京:中国法律年鉴社。

《中国农村惯行调查(1952—1958)》,中国农村惯行调查刊行会,仁井田陞编,六卷,东京:岩波书店。

《中国统计年鉴,1990年》,北京:中国统计出版社。

滋贺秀三(1984):《清代中國の法と裁判》,东京:创文社。

滋贺秀三(1981):《清代訴訟制度における民事的法源の概述の檢討》,《东洋史研究》,40.1:4—102。

英文

Alford, William P. (1984). "Of Arsenic and Old Laws: Looking Anew at Criminal Justice in Late Imperial China," *California Law Review*, 72.6: 118—1256. 安守廉(1984):《砒霜与旧法律:对帝制中国晚期刑事法制的再考察》

Alford, William P. (1986). "The Inscrutable Occidental? Implications of Roberto Unger's Uses and Abuses of the Chinese Past," *Texas Law Review*, 64: 915—972.——(1986):《令人費解的西洋人?罗伯

托·昂格尔对中国历史的运用与滥用》

Allee, Mark Anton (1994). "Code, Culture, and Custom: Foundations of Civil Case Verdicts in a Nineteenth-Century County Court," In Bernhardt and Huang, 1994b, 122—141. 马克·安东·艾力(1994):《律法、文化、习俗:十九世纪一个县衙门民事判决之基础》

——(1987). "Law and Society in Late Imperial China: Tan-shui Subprefecture and Hsin-chu County, Taiwan, 1840—1895," Ph. D dissertation, University of Pennsylvania. ——(1987):《帝制中国晚期的法律与社会:台湾淡水分府和新竹县》

Annual Report of the Director of the Administrative Office of the United States Courts, 1981. Washington D. C. : U. S. Government Printing Office.《1981年度美国法院行政处主任年报》

Bernhardt, Kathryn (1994). "Women and the Law: Divorce in the Republican Period," In Bernhardt and Huang, 1994b: 187—214. 白凯(1994):《妇女与法律:民国时期的离婚现象》

——1992. *Rents, Taxes, and Peasant Resistance: The Lower Yangzi Region, 1840—1950.* Stanford, Calif. : Stanford University Press.——(1992):《长江下游地区的地租、赋税与农民的反抗斗争(1840—1950)》

Bernhardt, Kathryn, and Philip C. C. Huang (1994a). "Civil Law in Qing and Republican China: The Issues," In Bemhardt and Huang, 1994b: 1—12. 白凯、黄宗智(1994a):《清代和民国时期中国的民法:争论的问题》

——eds. (1994b). *Civil Law in Qing and Republican China.*

Stanford, Calif. : Stanford University Press.——(1994b):《清代和民国时期中国的民法》

Bodde, Derk, and Clarence Morris(1967). *Law in Imperial China, Exemplified by 190 Ch'ing Dynasty Cases.* Cambridge, Mass. : Harvard University Press. 德克·卜德、克莱伦斯·莫里斯(1967):《帝制中国的法律:附190件清代案例》

Bourdieu, Pierre(1977). *Outline of a Theory of Practice.* Cambridge, Eng. : Cambridge University Press. 皮埃尔·布迪厄(1977):《实践理论大纲》

Brockman, Rosser H. (1980)."Commercial Contract Law in Late Nineteenth-Century Taiwan." In Jerome A. Cohen, Randle Edwards, and Fumei Chang Chen, eds. *Essays in China's Legal Tradition*, pp. 76—136. Princeton, N. J. : Princeton University Press. 罗沙·布洛克曼(1980):《十九世纪后期台湾的商业合同法》

Buxbaum, David(1971)."Some Aspects of Civil Procedure and Practice at the Trial Level in Tanshui and Hsinchu from 1789 to 1895," *Journal of Asian Studies*, 30.2(Feb.).255—279. 包恒(大卫·巴克斯鲍姆)(1971):《1789至1895年淡水新竹之民事审判中的程序与实践的若干方面》

Ch'ü T'ung-tsu(1962). *Local Government in China under the Ch'ing.* Cambridge, Mass. : Harvard University Press. 瞿同祖(1962):《清代地方政府》

Ch'ü T'ung-tsu(1961). *Law and Society in Traditional China.* Paris: Mouton.——(1961):《中国法律与中国社会》

Cohen Jerome A. (1967). "Chinese Mediation on the Eve of Modernization," *Journal of Asian and African Studies*, 2.1[April]: 54—76. 杰罗姆·柯恩(1967):《中国人在现代化前夕的调解行为》

Conner, Alison Wayne(1994). "Lawyers and the Legal Profession During the Republican Period." In Bernhardt and Huang, 1994b: 215—248. 爱里森·韦恩·康纳(1994):《民国时期的律师和法律职业》

Conner, Alison Wayne(1979). "The Law of Evidence During the Qing," Ph. D. dissertation, Cornell University.——(1979):《清代的证据法》

Crook, David, and Isabel Crook(1959). *Revolution in a Chinese Village: Ten Mile Inn.* London: Routledge & Kegan Paul. 大卫·克鲁克、伊沙拜尔·克鲁克(1959):《十里铺:一个中国村庄的革命》

Ebrey, Patricia Buckley, and James L. Watson, eds. (1986). *Kinship Organization in Late Imperial China, 1000—1940.* Berkeley: University of California Press. 帕特里夏·巴克利·伊伯利[伊佩霞]、詹姆士·L. 华生编(1986):《帝制中国晚期的宗族组织(1000—1940)》

Fairbank, John King(1983). *The United States and China*, 4th ed. Cambridge, Mass: Harvard University Press. 费正清(1983):《美国和中国》

Fei Hsiao-tung(1939). *Peasant Life in China: A Field Study of Country Life in the Yangtze Valley.* New York: Dutton. 费孝通(1939):《中国的农民生活:长江流域乡村生活之调查研究》

Gamble, Sidney (1963). *North China Villages: Social, Political, and Economic Activities Before 1933*. Berkeley: University of California Press. 西德尼·甘布尔(1963):《华北村庄:1933年前的社会政治经济生活》

The German Civil Code. 1907. Translated and annotated, with a Historical Introduction and Appendixes, by Chung Hui Wang. London: Stevens & Sons.《德国民法典》(1907)

Habermas, Jurgen (1989). *The Structural Transformation of the Public Sphere: An Inquiry into a Category of Bourgeois Society.* Tr. by Thomas Surger. Cambridge, Mass.: MIT. Press. 尤根·哈贝马斯(1989):《公共领域的结构转型》

Henderson, Dan Fenno (1965). *Conciliation and Japanese Law: Tokugawa and Modern.* Seattle: University of Washington Press. 旦·费诺·亨德森(1965):《日本德川和近代时期的调停与法律》

Herderson Dan Fenno, and Preston M Torbert (1992). "Traditional Contract law in China and Japan," In *International Encyclopedia of Comparative Law*, 7: Contracts in General.6-2-6-40. 旦·费诺·亨德森、普雷斯顿·M. 托伯特(1992):《中日两国的传统合同法》

Hsiao Kung-ch'uan (1979). "Compromise in Imperial China," Seattle: School of International Studies, University of Washington. 萧公权(1979):《帝制中国的妥协和解》

Huang, Philip C. C. (1994). "Codified Law and Magisterial Adjudication in Qing China," In Bernhardt and Huang, 1994b: 142—186.

281

黄宗智(1994):《清代中国的成文法律与州县判决》

Huang, Philip C. C. (1993a). "'Public Sphere'/'Civil Society' in China? The Third Realm Between State and Society," pp. 216—240, in Huang, ed. "'Public Sphere'/'Civil Society' in China? Paradigmatic Issues in Chinese Studies, I," *Modern China* 19.2 [April]: 107—240.——(1993a):《中国亦有"公共领域"或"市民社会"？社会与国家之间的第三领域》

Huang, Philip C. C. (1993b). "Between Informal Mediation and Formal Adjudication: The Third Realm of Qing Justice," *Modern China*, 19.3 [July]: 251—298.——(1993b):《介于非正式调解与正式审判之间:清代调判的第三领域》

Huang, Philip C. C. (1991a). "The Paradigmatic Crisis in Chinese Studies: Paradoxes in Social and Economic History," *Modern China*, 17.3 [July]: 299—341.——(1991a):《中国研究的规范认识危机:社会经济史中的悖论现象》。中文版见黄宗智《中国农村的过密化与现代化:规范认识危机及其出路》,上海:上海社会科学院出版社,1992。繁体字版见《中国研究的规范认识危机》,香港:牛津大学出版社,1994。

Huang, Philip C. C. (1991b). "Civil Justice in Rural China During the Qing and the Republic." Paper presented at the conference on Civil Law in Chinese History, UCLA, Aug 12—14, 1991.——(1991b):《清代和民国时期中国乡村的民事调判》

Huang, Philip C. C. (1990). *The Peasant Family and Rural Development in the Yangzi Delta, 1350—1988*. Stantord. Calif.: Stanford

University Press.——(1990):《长江三角洲的小农家庭与乡村发展》。中文版,北京:中华书局,1992。繁体字版,香港:牛津大学出版社,1994。

Huang, Philip C. C. (1985). *The Peasant Economy and Social Change in North China*. Stanford, Calif. : Stanford University Press.——(1985):《华北的小农经济与社会变迁》。中文版,北京:中华书局,1986。繁体字版,香港:牛津大学出版社,1994。

Huang, Philip C. C. (1982)."County Archives and the Study of Local Social History Report on a Year's Research in China" *Modern China*,8.1[Jan.]:133—143.——(1982):《县衙门档案与地方社会史研究:在华一年研究之报告》

Jones, William C. (1987)."Some Ouestions Regarding the Significance of the General Provisions of Civil Law of the People's Republicof China," *Harvard International Law Journal*,28.2[Spring]:309—331. 威廉·C. 琼斯(1987):《有关中华人民共和国民法通则之意义的若干问题》

Jones, William C. tr. , with the assistance of Tianquan Cheng and Yongling Jiang. (1994). *The Great Qing Code*. New York: Oxford University Press.——译著(成天全、江永凌[译者]协助)(1994):《大清律例》

Karasawa, Yasukiko(1994)."Between Speech and Writing:Textuality of the Written Record of Oral Testimony in Qing Legal Cases," Seminar paper, UCLA. 唐泽靖彦(1994):《说写之间:清代案例中的口供笔录之行文》

Karasawa, Yasukiko (1993). "Composing the Narrative: A Preliminary Study of Plaints in Qing Legal Cases," Paper presented at the conference on Code and Practice in Chinese Law, UCLA, Aug. 8—10, 1993.——(1993):《叙述的构成:清代案例中的告状之初步研究》

Kuhn, Philip A. (1900). *Soulstealers: The Chinese Sorcery Scare of 1768.* Cambridge, Mass. : Harvard University Press. 孔飞力:《叫魂:1768 年中国妖术大恐慌》

Macauley, Melissa A. (1994). "Civil and Uncivil Disputes in Southeast Coastal China, 1723—1820." In Bernhardt and Huang, 1994b: 85—121. 麦丽莎·麦考利(1994):《中国东南沿海的民事和非民事纠纷(1723—1820)》

Macauley, Melissa A. (1993). "Trickster Tales: A Preliminary Discussion of Non-Official Sources Concerning Litigation Brokers," Chap. 6 of Macauley, "The Civil Reprobate: Pettigoggers, Property, and Litigation in Late Imperial China, 1723—1850," Ph. D. dissertation, University of California, Berkeley.——(1993):《行骗故事:有关讼师的非官方材料之初步研究》

Mann, Michael (1986). *The Sources of Social Power.* 1: *A History of Power from the Beginning to A. D. 1760.* Cambridge, Eng. : Cambridge University Press. 迈克尔·曼(1986):《社会权力的来源 1:从原初至 1760 年的权力史》

Mann, Michael (1984). "The Autonomous Power of the State: Its Origins, Mechanisms and Results," *Archives européennes de sociologie*, 25: 185—213.——(1984):《国家机器之自主权力:起源、机制与后

果》

Reed, Bradly (1994). "Scoundrels and Civil Servants: Clerks, Runners and Local Administration in Late Imperial China," Ph. D. dissertation. University of California, Los Angeles. 白德瑞(1994):《爪牙:清代县衙的书吏与差役》

Reed, Bradly(1993). "Clerks, Runners, and Local Judicial Administration: A Study of Baxian County, Sichuan in the Late Qing." Paper presented at the conference on Code and Practice in Chinese Law," UCLA, Aug. 8—10, 1993.——(1993):《吏役与地方司法行政:晚清四川巴县之研究》

Scogin, Hugh T. Jr. (1990). "Between Heaven and Man: Contract and the State in Han Dynasty China," *Southern California Law Review*, 63.5:1325—1404. 小休斯·A. 斯科金[宋格文](1990):《天人之际:汉代中国的契约与国家》

Shiga Shuzo (1974—1975). "Criminal Procedure in the Ch'ing Dynasty, with Emphasis on Its Administrative Character and Some Allusion to Its Historical Antecedents," *Memoirs of the Research Department of the Toyo Bunko*, (2 parts), 32: 1—45; 33: 115—138. 滋贺秀三(1974—1975):《清代的刑事程序——侧重其行政性以及某些历史先例》

Skinner G. William (1977). "Cities and the Hierarchy of Local Systems," In G. William Skinner, ed. *The City in Late Imperial China*. Stanford Calif: Stanford University Press, pp. 275—351. 施坚雅(1977):《城市与地方体系的等级》

Sommer, Matthew Harvey(1994). "Sex, Law, and Society in Late-Imperial China," Ph. D. dissertation, University of California, Los Angeles. 苏成捷(1994):《中华帝国晚期的性、法律与社会》

State Court Caseload Statistics Annual Report(1980). *Court Statistics and Information Management Project 1984.* National Center Publication No. R-092.《州法院案件统计:1980 年年度报告》

Unger, Roberto M. (1976). *Law in Modern Society.* New York: Free Press. 罗伯托·M. 昂格尔(1976):《现代社会中的法律》

Wakefield, David(1992). "Household Division in Qing and Republican China: Inheritance, Family Property, and Economic Development," Ph. D. dissertation, University of California, Los Angeles. 大卫·威克斐尔德(1992):《清代和民国时期中国的分家:继承、家产与经济发展》

Wang Yeh-chien (1973). *Land Taxation in Imperial China, 1750—1911.* Cambridge, Mass. : Harved University Press. 王业键(1973):《帝制中国的田赋(1750—1911)》

Watson, Alan(1981). *The Making of the Civil Law.* Cambridge, Mass. : Harvard University Press. 爱伦·华生(1981):《民法的形成》

Weber, Max(1968). *Economy and Society: An Outline of Interpretive Sociology.* 3 Vols. New York: Bedminster Press. 马克斯·韦伯(1968):《经济与社会:诠释社会学大纲》

——(1954). *Max Weber on Law in Economy and Society.* Ed. Max Rheinstein. Cambridge, Mass. : Harvard University Press.——

(1954):《韦伯论经济与社会中的法律》

Yang, C. K. (1959). *Chinese Communist Society: The Family and the Village*. Cambridge, Mass.: MIT. Press. 杨庆堃(1959):《中国的共产主义社会:家庭与村庄》

Yang, Martin(1945). *A Chinese Village: Taitou, Shantung Province*. New York: Columbia University Press. 杨懋春(1945):《一个中国村庄:山东省台头村》

Zelin, Madeleine(1986). "The Rights of Tenants in Mid-Qing Sichuan: A Study of Land-Related Lawsuits in the Baxian Archives," *Journal of Asian Studies*, 45.3[May]: 499—526. 玛德林·泽林[曾小萍](1986):《清代中叶四川佃农的权利:巴县档案中土地诉讼案件之研究》

Zhou Guangyuan(1993). "Narrative and Action: A Study of Qing Case Reports and Revews," Paper Presented at the conference on Code and Practice in Chinese Law, UCLA, Aug. 8—10, 1993. 周广远(1993):《叙述与行动:清代案件报告与批谕之研究》

索引

页码后加"n",指本条目出现在此页脚注中。

A

阿尔弗德,威廉[安守廉],8n,23n
艾力,马克,98,127n
案件记录,5,14,16,17,22,29,36,40,42,46,47,134,148,153,159,253
昂格尔,罗伯托,8n,23n

B

巴克斯堡姆,大卫[包恒],4n,8n,13n
巴县,4, 21, 51, 88, 91—98, 100, 106, 109, 113, 115, 125—127, 129—136, 138, 144, 148, 152—154, 156, 157—158, 159—162, 175—178,180n,185—186,203—208,223n,240;庭审制度,153,158,239;婚姻案件,105—109;民事官司,127,152;案件审结,143n;讼民,157;讼费,203
白凯,23n,44n,137n,203n
半官半民的纠纷处理,见第三领域的纠纷处理,123,150

宝坻,4,13,21,27,33,35—38,39—40,42,45,46—48,50—51,55,84,88,96—97,100—103,105—109,116,125—127,131—134,135—139,141—143,145,148,152—154,155—162,175—178,180—187,193—196,213,215,223n,236;婚姻纠纷,35,106,109;继承纠纷,36;非正式借贷,38—43;法庭记录,54;民事案例,127n,152,191—197;案件处理,131;乡保,140—148;法庭,153—157;诉讼当事人,159;商品化,186

"卑幼私擅用财"(律88-1),119

北法信,51

悖离/背离/相悖/矛盾:表达与实践之间的,10—16;官方审判与民间调解之间的,16;德治文化与实用文化之间的,223;实体主义与理性主义之间的,249—250;世袭家长制与官僚制之间的,242—244

背离:表达与实践之间的,3,10,16,153,219

边廷禄,142

辩诉,5,137,152,159,170

表达,官方的:民事诉讼之,1,12,17;当事人之,1,12,154,212;审判之,1,12,17—20,120,227;州县官之,1,19—22,120—123,220;诉讼之,1,220—223;权利之,9,18,121;与过去的研究,12;民间调解之,15;行政权力之,16,121;清律中的,84;讼师之,167,237;讼棍之,171,237;良性诉讼助理人之,178,180;衙蠹之,206;地方官府之,206,218;衙役胥吏之,206—208;弊端之,208—210;中的理想与反理想,218,236—238

表达主义,16,17

卜德,德克与克莱伦斯·莫里斯,9,13n,17,118,259

不服从判决,154,157;在淡水-新竹,157,159

布迪厄,皮埃尔,65n

布洛克曼,罗沙,23n

C

财产,2,7;家,29—34;相关纠纷,

70,73—76,148—151,154,212；与讼费,201—203

蔡家,142

茶园,168

产权,122；相关律法,88—91,94—98；与坟地,144

陈德,115

陈和与寇福生,106

陈宏谋,221

陈茂林,138

陈起,116

陈庆门,227,228,234

陈万年,115

陈文志,107

陈秀,116

城隍庙,74

程序：标准化,19；坦白,19；告状,123—128；移交乡保,126；移交衙役,126,131；殴伤,127n,133；州县官之初批,125—130；堂前对质,128n,130；证人,130—134；民间调处,132—134；销案或结案,132；当事人之甘结,132—134,135,162—165；堂审,132—139；再次开庭,135,154,157,170；催呈,161；衙门与代书,213；诉讼代理人,213；质讯原告,236；代书考试,236—239；公布状词,238；衙役轮值,238；销票,238；区分细事与重情,239—241；关于证据的规则,248

程序主义,246,248,249

惩罚,18,34,37,72,90,102,105,107,108,110,115,120,169,174,180；土地纠纷中的,90—93；诬告案中的,94—98,101—104,167,171,174—179；婚姻案中的,106—108；诱拐,115

重庆,108,161,186

崇文起,67

褚昆与褚福生,97

传票,128—134,136—141,144,148,157

春香,107

催呈,131,234

村落、村民,5,25—29,199—201；参见社区

村长/村正,37,48—53,63,67—69,73,78,80,85

D

大陆法,7,9,120,246

《大学》,221,222

代书,125—126,171,179—181,213,238

代人诉讼,181

戴炎辉,51,104n,127n,137,146n,203

淡水分府,4,164;参见淡水-新竹

淡水-新竹(淡-新),21,112,153,209—213;案件记录,28,33,34,51,55,88,91;告状,123—128;民事官司,128n,153—155;讼民,122,131,152;案件处理,4,133—139;乡保,125—130,132,139,140—148,152;庭审制度,159;不依从判决,154,157,161,164,167;滥用诉讼,167—178;律师,178,181—185;合伙团体,185—187

道理,10,75,114

"盗卖田宅"(律93条),89,90

德国民法典,6—10

德化,15,17,218,223,223,225,226,229;与诉讼,159,195;实践中的,225,243

德怀,97

德治,225,238

德治文化,14,30;赡养与,36—38;州县官之,225—229;与法律制度,242—244

地方政府,159,188,189,207,239,243,255,256,257;参见州县官,乡保,衙门,衙门胥吏,衙役

地租,39,44;地契与,63—65;租金,48,63,64,95,113;相关律文,89,92;田面租,161—164;相关纠纷,166,185

地主,45,47—48,64,84,85,93,115,152,159—161,162,166,177

第三领域的纠纷处理,136,144,148,148;与民事官司,124—135;法庭与,136—143;之滥用,143—147

典地,见典卖

典卖,40—46,48,55,61,90,93,120,149,191n

"典卖田宅"(律95),89,93—95

佃户,44,47,164—168,170,173,

291

177,186；与土地法律,85,90—93

调查：州县官的,130—134；乡保的,137,141—147,152

董三,115

赌博,240

杜春,69

杜清吉,172,210

杜祥,61,66,68

杜学珠,95

杜延年,46

"蠹役",参见衙蠹,206

段魁,94

E

儿媳,79,82,113

F

法国民法典,9

法家,17,87,119,255,259

法律,52,55,59,70—77,189—220,223,224,226—234,237,240—244,257—261；参见正式/官方法律

法律文化,243

法律话语,见国法,情理,人情,天理；参见官方话语

法制制度,10—13,259；清代,1—24,150—153,157；民国,241；与政治,253—258；参见民法；正式审判

法治,2

樊宝山,49,68,74

樊增祥,191,194

"凡于他人田园,擅食瓜果之类……"（律99）,96

"犯奸"（律366—367）,104,107,108,109

方大湜,224,228,231,234,235,238；《平平言》,224

方焕,176

非官方审判,见民间调解

非理性,见"卡迪法"；理性,实体的

非正式法律制度,11,13,21,124,148—151,252—254,258—261；刑事案中的,51—54；中的滥用,76—79；中的妥协,75；与权力,80

匪患,53,106,195n

费廷辉,95

费正清,13n

分家, 29—34, 68—73, 76, 119, 126, 135, 138, 148, 149

分权化, 253

坟地, 95, 142, 144

封建制, 251, 253, 254

冯福德, 147

冯福和, 148

冯氏, 139

冯致和, 147

夫马进, 23n, 188

傅菊, 62, 65

腐败, 207, 210, 218, 237

父权制, 257

G

甘结, 132—135, 230

高盛林, 143

高锁儿, 109

个人政治权利, 8

耿德旺, 156

谷正立, 231

雇工, 53, 83, 128

公布状词, 238; 衙役轮值, 238; 销票, 238

"公共领域", 23, 252n; 参见市民社会

工具性的法律, 245—247

共产革命, 25, 59

官方表达, 见表达

官方法律, 9, 11, 14—15, 143, 200, 223; 见正式法律

官方话语, 见国法; 官方表达; 法律话语

官吏, 253—255; 参见州县官

"官吏受财"(律 344), 101

官僚制: 相关纠纷, 49—51; 世袭君主制的, 253—258

官司: 社会背景, 4—7; 民事, 1—3, 5—24, 191—199, 201, 206; 结束, 133—137, 216; 参见民事案; 民法

关系, 69, 70

光裕, 97

国法, 6—17, 69—72

郭明玉, 47

郭氏, 92

郭玉成, 99

H

哈贝马斯, 尤根, 252n

韩喜, 140

韩延寿,140

韩延寿与敬德、韩喜,140

郝常东,47

郝狗成,69

郝国梁,37,68,69

郝老凯,47

郝洛克与弟媳及其二女,73

郝抓子,66,69

何长江,62

合伙团体,186—187;涉讼,164,169,173

亨德森,旦,14n,23n

洪亮吉,207

侯定义,40,50,53,70

侯定义与邻居,53,70

侯家营,6,25,35,46,48,49,50,51;敲诈,74;和解,46,51,52;自杀案,78—80

侯老荫,46

侯氏,205

侯小单,36

侯心如,50

侯荫堂,50

侯永福,68,70

侯振祥儿媳自杀案,79,205

侯治东,46

后夏寨,48,53n,63

胡欣,177

户房,240,241

户律,7

华北平原,185,186

黄阿爱,95

黄静嘉,17n

黄君祥,95

黄六鸿,222,223,224,232,238;《福惠全书》,222

黄一志,93

皇帝,18,20,86—87,231,247—248,253—258,259

贿赂,147

婚姻:与纠纷,30,83—85;相关官司,26,32—36,126;调解,59—90;律文与,103—108;表达与,220

J

继承,31n;相关官司,6—10,26,31,34—37;律文及案例,110—113

继承纠纷,35—37;调解,59—88;

财产纠纷,69—73
记忆,集体的,13
嘉庆皇帝,167
家庭,5,30;分家与,30—36;婚姻纠纷,34—36;继承问题与,36—37;赡养与,36—38;族人调解,62,69,163;中的权力关系,82
疆界纠纷,128,142,167—169,176
蒋荣富,158
《叫魂》(库恩)[孔飞力],87n
借贷,144;正式性的,41—43,60—62;非正式性的,39—42;索诈,101;用于购地,164,202;参见债务
"金六和",168
金氏,91,113
近代西方法律,7,246
晋文德与杨福贵,84,103,128n
经君健,52,107
敬德,140

K

"卡迪法",2,23,246—252,261
康纳,艾礼森,128n
客观主义,16—21

库恩,菲利普[孔飞力]:《叫魂》,87
酷刑,19,164

L

蓝鼎元,189,190
滥用:民间调解中的,49,68,70;纠纷处理第三领域中的,142—145;衙门胥役的,145—148,170—172,188,189—211;法律制度中的,154,167—172,235—240
雷二,101
冷水沟,39,46,53,66—68
离婚,27,34—36,106,107,199
李宝书,35
李长华,46
李春有,111
李大,157
李芳,147
李广恩,213
李国英,138
李俊,47,53
李坤章,138
李鲁占,100
李茂长,111
李茂富,111

李濡源,67,68,76

李套,156

李万来,139

李文斗,46

李祥,45

李兴俊,66

李严林,49,74

李义,142

李永祥,66

李注源,75—77

李广恩,75—77

礼物,62,65,71,79

里德,布拉德利[白德瑞],161n,203n,208,239,240n

理性,2,8n,23,245—254,158—261;

实体的,124,249,261;参见形式主义

理性主义,246—252

例,16,81,115,119,120,124,248

"立嫡子违法"(律78条),110

利率,41

梁国泰,106

梁章钜,191

粮食,40,203

廖登魁,157

廖恩俸,115

廖琼林,168,169

林狡,147

林姓,183

邻居,32—38,40,41,46,66—71

刘长安,115

刘长江、刘存贵父子与路兰生,76—81

刘朝修,102

刘桂春,162—163

刘琴五,162—164

刘和,45

刘衡,208,209,228,234—238

刘起祥,40

刘生兰,46,47,53

刘士存,63

刘顺,45

刘锡九,100

刘姓,167—170

刘义太,109

刘永祥,48,63

刘泽见,101—102

刘振魁,138

刘佐汉,97

龙九川,107
乱伦,108
"略人略卖人",104,104
罗阿圆,168
罗柏,109
路兰生,78
律,1—24,119—121,239—255,257—261;关于土地,81—99;关于债务,99—105;关于婚姻,105—110;关于继承,109—112;律师,181—185
律文:与民事案,94,95;清律,7,11,12,57,76,86n,87n,88—91,206;民国律法,30—33,71—75

M

马常,63
马福刚,143
马瑞元,63
马永才,106
马忠,142,143
麦丽莎,麦考利(Melissa Macauley),167,189
满铁调查,6n,25,49,53,63,65,66,77

曼,迈克尔,250n
美国:与美国的比较,197—200
蒙永顺,97
民国民法,6,11n,33,43,45,73;分家与,30—33;土地纠纷与,44—47;中的民事案件,197—201
民国时期,4—11,25—29,34,35,38,45,47,49—57,60—62,80,197,201—204,241—242;乡村诉讼,180;土地纠纷;官府控制,49;法庭记录,53
民间调解,6,11—16,235,242—243,251—252,256—260;中的妥协,74;参见调解
民权,8,16—19,260—261
民事,1,2,5—24,86,87,116—122;界定,4,181;参见细事
民事案件,1—6,10,13—16,19—20,51,54—58,120—121,152;与律法,96—98;阶段演变,124—138;数量,191—201
民事法律,6,9,120;界定,6,181;村庄与,25—30;清代,27—34;清代与民国之间的连续性与变化,36—38,242

297

民事审判及调解,7,15
民事诉讼,5,12,13
民宅:所有权,90;买卖,93,191n
闽粤,185
明朝,186
《牧令书》,220—223,224—229,231—236
《幕学举要》(万维翰),188

N

那苏图,103
南满洲铁道株式会社,参见满铁调查,5
泥井镇,50
农民,小农社会,178,201;之识字率,180;与讼费,204—207;借贷,201—203,;调解与,215—217
农业工人,84
奴婢,107

O

殴伤案,128

P

潘春荫,163

彭老邦,1384
彭许火炎,169
《平平言》(方大湜),224

Q

妻妾:"出逃",35;卖妻,107;之表达,213—216
齐(镇长),50
齐永祥,106
旗田巍,74
契约:相关纠纷,38;借贷,38—42;土地买卖,42—47;租佃,47;婚姻,104—110
契约权利,9
钱谷幕友,146,240,241
钱祥保,191
乾隆皇帝,231,248,255n
强奸,78—79,108
抢劫,52,53
敲诈,49,50,80,93,144—147
妾,94,103—108
情,12,15,19—24,108,109,113—117,221—226,229—239
"情",231,242
情理,75,231;参见情实,人情,

天理

情实,114,231

瞿同祖,58n,107,207,209,259

琼斯,威廉,8n,17n

权力:与民间调解,79—99;世袭家长制的与官僚制的,250—252;政治的,220

权利,88,92,93,122;参见民权,契约权利,人权,继承权,产权,社会权利

R

人情,15,71,75,76,114,212,216,229,231,243

人权,8,88

人治,221;参见仁治

仁和镇,76

仁治,119,206,218,220—221,243,256;德治,225,238

儒家,15,30,75,85,114,118,119,218—223,255;与法律,121,122

阮本炎,191

芮文清,140

S

萨默,马修[苏成捷],107n

沙井,5,25—29,30,39,48—51,53,59,61—74,71—85,213;调解,44—48,59—88;与石门,50,72—75;财产纠纷,37,199,202

杀人,52

商品化,186,187

上诉,20;参见辩诉

社会等级秩序,119,260

社会权利,260

社区调解,15,16,20,21,24,72,77,81;见民间调解

审案中的调解,见正式的调解

审判,15—18,20,21,215—219,236;正式的,215,216,238;参见州县官

沈氏宗族,44

石门,51,68,71,74

实际诫谕:县官手册中的,22,242

实践;与表达,8—15,86,121;中的权利,65—66;与律法,87—121;州县官之,167,178

实情,87

实用文化,223

实体法,246,251

"实体理性",见理性,实体的

实体主义,10,245—248,251,252

市廛;见市场

市场,100,101

市民社会,8,252n;参见"公共领域"

世袭君主制,250—251

收入:胥吏与衙役的,207—210

树,113,157,168,169

孀妇/寡妇,7,33,37,38,74,100,113,117

税收,7n,49,51,80

顺义县,4—5,6n,26,27,33,35—40,45—50,194,201,204;婚姻纠纷,33—35;任职纠纷,50;强奸案,106;讼费,203,205

私法,见民事法律

斯科金,休斯,(宋格文),23n

寺北柴,5,25—27,30,36,37,45—48,49,52,53,59,63,66,68—74,85;土地纠纷,45,46,71,88

四庄宗族,169

讼费,188,201,203,205,208

讼棍,152—155,167,171—175,178;之行为,157,171—175

讼师,152—155,162,167—177,178—184,232—244;之良性含义,182,194;之行为,157,171

诉讼;滥用,154,157,167,171,177,179,206—208;费用,137,188,201—205,209;规模,188—191,194,196

诉讼当事人/讼民,1,230;告状,213,224,228;之角色,124;之处理,130—134;之行为,189;之社会构成,159—162;之描绘,209—212;之表达,213—215

孙大夸,42

孙克勇,109

T

台湾,33

摊款,50;见税收

谭德能,115

谭光阳,157

坦白,18,19

唐代,149

唐国祥,40

唐五,40

唐泽靖彦,179,214n

陶玉珩,91,113

天津,47

天理,15,71,75,114

田发,106

田福禄与田有年,91,156

田面:出租,162,163,185

田瑞,106

田永恒,156

田有全,117

田子华,91

田子山,91

调解,59—88,213—219;之过程,134—139;正式借贷与,59—64;租地契约中的,64—65;售地之,65,138;婚姻之,64—66,145—147;亲邻之,65—73,77,123,132,137;中的妥协,69—75;财产纠纷之,75—77;州县官与,86—89;庭外之,124,129—134;乡保与,140—145;参见民间调解

调解不公,76—80

调解人,62—80,84,87,112,116,125,132,138—151,183

调判,17,21,33—54,258,260;参见正式审判;非正式/民间调解;"卡迪法";第三领域中的调判

庭审记录:县衙门,53—58

庭审制度,154—157

庭外和解,见非正式调解

通道,76—77

通货膨胀,44

通奸,35,104,106,108,109

偷窃,196,225

土地,126,128;相关官司,6—8,26,88—102;与正式借贷,39—42,60—62;典卖,41—45,48,61,89,90,93,120,149,191;相关纠纷,42—48,66—69,73,115,161—167,170—172,182—187;绝卖,42—50;租佃契约,42—50,61—62;买卖,64,65;出租,43—44,63,85,162—167;通过权,94—98;纠纷文契,126—129;坟地,142,144,158;售卖,191n,238;诬告起诉,174—178;讼费,79,181n,188,201,203,205,208,212

托伯特,普雷斯顿,23n

妥协:非正式调解中的,70—80;州县官的,111—115;参见正式调解,非正式调解,"帝制时期中国

301

的妥协和解"(萧公权)

W

万维翰,225,232—236;《幕学举要》,225

汪辉祖,58n,182,190—191,195n,204—205,221—222,224,226—232,234—239;《学治臆说》,221;论听讼,226—232;论词状,232—234

王春,147

王殿发,137

王君恒,138

王林,142

王绍支,40

王泰安,97

王桐,112

王希贤,108

王锡全,45

王义方,170—171

王永增,45

王有孚,181,182,241—242

王又槐,233,239—243

王赞周,48,85

王植,231

望泉寺,68

"威力制缚人"(律312条),89,92

"违禁取利"(律149条),89,94,99,119

韦伯,马克斯,11n,245;论法律制度,22—24;论政治制度,245—254

尉秉恭,231

尉道亨,231

文化相对主义,12

文契,126,128

诬告,167—179,183,186,225,231,232,235,236;与疆界纠纷,167;与土地纠纷,170—178

"诬告"律文,88,95,101,110—114

"诬告者",174—176

吴邦,170

吴大勇,103

吴店,49n,53n

吴光耀,237

吴家,146

吴氏,146,178,237

吴士梅,177

"吴顺记",166,167

吴天泽,111

X

细事,1,7,237—243;参见民事

现代化,245

县官手册,16,220—162;中的"情实",230—234;论词讼,19,231;论玩法,235;论官吏,236;德治文化与,242—244

乡保,125—130,132,133;之角色,140—142;之滥用权力,142—145,152

萧春魁,147

萧公权:"帝制时期中国的妥协和解",59;信贷,38—42,98,126

谢金銮,221

谢妈愿、谢文辉(代理人)与林姓、彭姓,182—184

新竹县,4,203n,208,240

辛旺,45

兴福寺,97

刑部,211

刑房,128,138,143,211,240—241

刑律,117

刑名幕友,146,181,211,220,225,227,233,235,237,240—241;参见万维翰;汪辉祖

刑事,2,6,12,216

刑事案,19;非正式处理,77—80;婚姻律令与,104;传案与,101—130

刑事审判,51—54

形式主义,11n,87,245—231

行政法规,118

行政权,9,17—18,98,121,251;州县官的,148,221,223,234,243

性关系,非法的,79—81,124—93

兄弟,29—34,36

熊和尚,100

徐春姑,107

徐栋,220,223

徐福玉与其母,71—72

徐家,164,165

徐天一,107

徐小毛与徐德和,71

徐玉音,144

徐子中,98

许国,175—177

许国桢,166

许其芬,93

许乞食,175—176

许添丁,91
许万发与杨宗魁,140—141
胥吏,见衙门胥吏,1,13—14,129,158,171—172,188—189,201,205—209,214,218,256—258
薛允升,3,7,118
《学治臆说》(汪辉祖),221

Y

衙蠹,206—207,210,218,238
衙门,14,140—147,149,152—159,161—180,182—187,189—193,197,201,206—219,221—224,234—239,243,256;内部划分,240;受理之词讼,189—191
衙门胥吏,1,157,188,201,218,256;之词讼舞弊,172,188,206;之收入,209,256
衙役,125—130,143—148,171,172,177,180,183,238;之角色,128,131,159;之滥用权力,145—151,188,206—208;之收入,208,256;之概念,256—258
杨福贵,84,103,128n
杨懋春,25n

杨汝栋,46
杨璞增,69
杨瑞,146
杨绍增,69
杨文举,144
杨永才,67,76
杨永源,66
杨源,67,68
杨泽,48,68,69,85
杨正,68,69
杨宗魁,140,216
阳一,116
养赡,26—29,37,55,57,259
叶从青,92
依附,251,253,254
英美习惯法,9,90,246
雍正皇帝,247
诱拐,106,107,115,215
余在银,101—102
裕谦,223,237
袁守定,224,231
苑奇,142
岳祥,137

Z

郑秦,13n,23n,248

"郑吉利",164—166
早川保,82
泽林,玛德林(曾小萍),4n
曾朝宗,164,165
曾逢春,165
"曾国兴",165
曾家,165,166
曾金容,165
曾联升,177
曾荣光,138
曾益吉,164,165
曾云坛,113
债务,55—58,61,143,158;相关官司,5,26,38—42,98—104,142—145,229—232;与地权,95,162—165
张才,101
张德仁,116
张恩浦,142,144
张福,109
张幅亮,102
张国起,139,140
张汉,139
张晋藩,13n,23n
张景禹,42

张奎,42
张乐卿,48,53,63,68—69,71,85
张亮才,157—158
张六,139—140
张洛宗,40
张模,116,117
张七,138
张钳,170—171
张瑞,67
张顺益,170—171
张庆泰,156
张文通,67n
张我观,190—191
张喜儿,102
张姓知县,229
张永仁,62
张玉,116—117
张玉生,142
张元海,170,171
"找价",44
"找贴",44,93—94
赵建佩,101
赵老有,63
赵连,42
赵洛和,35

赵凤林,49

赵绍廷,67,68

赵廷魁,68

赵文有,76,213

赵永,45

真相,18—19,214,227,231

郑兆祥,102

郑邦超,112

郑邦试,112

郑文科,107

正式审判,11,19—21,124,141,150;土地案件与,88—99;债务案件与,99—104;婚姻案件与,104—110;继承案件与,110—113;民事官司与,124—138

正式调解,见调解

政治权利,8—9,251,260

政治制度:清代,253—261

中人,126;调解过程与,60,139;正式借贷与,61—62;土地问题与,62—65;婚配与,65—66;邻里、家庭调解与,66—70;债务案中的,99—100

中日战争,53

钟文方,158—159

仲裁人,117,135;州县官作为,17—21,117,228

重情,104,129

周福来,96

周福顺,96

周氏,100

周树棠,67

州县官,86,87,88,113,121,127—131,139,148,220—243;之行为,17—24;作为父母,17,231;手册,22;与皇帝,86;作为调停人,62,139—141,152,225—227;与佃户,85;与土地纠纷,92—95;与和解,112;作为法官,114;作为仲裁人,116;之裁决,120—121;之考评,121,257;受理案件,124—126,233—236;评估案情,127—129;调查,130—135,143—148;与民间调解,143;案件处理,135—139,143;之意见,139;之工作量,189—192;之原则,220—222,226,229—232;之视事实情,223—224

朱光吉,116

朱贵,99

主观主义,见表达主义

助人诉讼,180—181

专制主义,86—88,255n

状词:投告,124—129,138—147,178—181,213—219;不实,168—172;撰写,179,180;收受,191;处理,221,223—229;手册中之,232—234;受理,234;与代书,238

滋贺秀三,14,20,87

自杀,53,79—80,205,229

自由主义,8,252

左正安,106